U0515034

文化产业重大课题研究计划成果集

中国文化
投资报告 (2014)

REPORT ON
CHINA'S CULTURAL
INVESTMENT
2014

中央文化企业国有资产监督管理领导小组办公室
中国社会科学院文化研究中心 编

社会科学文献出版社
SOCIAL SCIENCES ACADEMIC PRESS (CHINA)

从 2012 年开始，中国社会科学院文化研究中心获得了财政部"国家文化产业发展专项资金"的支持，设立了国内首个文化产业的研究类专项资金——"文化产业重大课题研究计划"。

本书是"文化产业重大课题研究计划"项目"中国文化投资研究"（CIRP1301002）的成果，并受该计划资助。

课题组单位：北京新元文智咨询服务有限公司

课题组负责人：刘德良

课题组成员：林　林　丁文超　温一帆　段卓杉

　　　　　　曾　军　郑小娟　包　璐　邓　娜

目录
CONTENTS

总报告

B. 1 中国文化产业投资的现状与趋势 ·············· 3

  一 文化产业投资政策环境 ·············· 4

  二 我国文化产业投资现状 ·············· 7

  三 我国文化产业对外投资与并购状况 ·············· 20

  四 我国文化产业投资资金外部来源分析 ·············· 24

  五 我国文化产业投资存在的问题与趋势 ·············· 29

  六 文化投资未来发展几点建议 ·············· 32

宏观视野

B. 2 文化无形资产与文化产业投资的范畴 ·············· 37

  一 文化再生产的独特规律 ·············· 37

  二 文化产业投资的界定 ·············· 38

B. 3 我国文化产业投资发展历程 ·············· 41

  一 国家统筹包办阶段（1992 年之前） ·············· 41

  二 文化产业投资市场化起步阶段（1992～2000 年） ·············· 42

  三 文化产业投资市场化扩张阶段（2000～2007 年） ·············· 43

  四 文化产业投资市场化快速发展阶段（2007 年至今） ·············· 45

B.4 国内文化投资服务环境研究 ···························· 49

　　一　文化投资经济环境分析 ························· 49

　　二　文化投资公共服务平台建设分析 ··············· 51

　　三　文化投资环境中存在的问题 ··················· 58

　　四　文化投资环境优化的建议与策略 ··············· 60

B.5 文化产业海外投资分析报告 ························· 62

　　一　文化产业海外投资政策环境 ··················· 63

　　二　国内文化企业海外投资 ······················· 65

　　三　国内文化企业海外并购投资重点领域 ··········· 71

　　四　文化产业海外投资建议 ······················· 76

B.6 文化固定资产投资分析报告 ······················· 78

　　一　文化固定资产投资概况 ······················· 78

　　二　主要文化行业的固定资产投资特点 ············· 83

　　三　文化及相关产业固定资产投资资金来源情况 ····· 89

　　四　文化固定资产投资未来趋势及存在的问题 ······· 91

　　五　文化及相关产业固定资产投资建议 ············· 93

行业报告

B.7 文化信息传输行业投资分析报告 ··················· 97

　　一　文化信息传输行业投资政策分析 ··············· 98

　　二　文化信息传输行业投资状况分析 ··············· 100

　　三　文化信息传输行业社会资金提供情况 ··········· 104

　　四　文化信息传输行业发展趋势与投资机遇 ········· 107

　　五　文化信息传输行业的投资建议 ················· 112

　　附录　相关数据说明 ··························· 114

B.8 新闻出版发行行业投资分析报告 ··················· 115

　　一　新闻出版发行行业投资政策分析 ··············· 115

　　二　新闻出版发行行业投资状况分析 ··············· 118

　　　三　新闻出版发行行业社会资金提供情况 ……………………… 129

　　　四　新闻出版发行行业投资趋势和机会 ……………………… 131

　　　五　新闻出版发行行业投资政策建议 ………………………… 135

　　附录一　2009～2012年新闻出版发行行业投资政策汇总 ……… 136

　　附录二　相关数据推算依据 …………………………………… 139

　　附录三　统计口径的说明 ……………………………………… 140

B.9　广播电影电视行业投资分析报告 ……………………………… 141

　　　一　广播电影电视行业投资政策分析 ………………………… 141

　　　二　广播电影电视行业重点领域投资分析 …………………… 144

　　　三　广播电影电视行业社会资本投资状况 …………………… 151

　　　四　广播电影电视行业投资趋势和机会 ……………………… 156

　　　五　广播电影电视行业投资建议 ……………………………… 158

　　附录一　相关数据推算 ………………………………………… 159

　　附录二　2009～2013年6月影视专项投资基金成立状况 ……… 161

B.10　文化艺术服务行业投资分析报告 …………………………… 162

　　　一　文化艺术服务行业投资政策分析 ………………………… 162

　　　二　文化艺术服务行业投资状况分析 ………………………… 164

　　　三　文化艺术服务行业投资趋势和机会 ……………………… 169

　　　四　文化艺术服务行业投资建议 ……………………………… 171

B.11　文化创意和设计服务行业投资分析报告 …………………… 173

　　　一　文化创意和设计服务行业投资政策分析 ………………… 173

　　　二　文化创意和设计服务行业投资状况分析 ………………… 174

　　　三　文化创意和设计服务行业社会资金提供情况 …………… 176

　　　四　文化创意和设计服务行业投资存在问题分析 …………… 178

　　　五　文化创意和设计服务行业投资趋势和机会 ……………… 179

　　　六　文化创意和设计服务行业投资政策建议 ………………… 184

　　附录一　2004～2012年文化信息传输行业投资政策汇总 ……… 185

　　附录二　相关数据说明 ………………………………………… 186

B. 12　文化休闲娱乐服务行业投资分析报告 ……………………… 188

　　一　文化休闲娱乐服务行业的投资状况分析 ………………… 188

　　二　文化休闲娱乐服务行业社会资金提供情况 ……………… 193

　　三　文化休闲娱乐服务行业投资发展趋势与投资机会 ……… 196

　　四　文化休闲娱乐服务行业投资的几点思考 ………………… 199

　　附录　相关数据说明 …………………………………………… 201

资金来源

B. 13　文化产业市场融资渠道与资金来源分析 ………………… 205

　　一　文化产业市场融资资金来源发展概况 …………………… 205

　　二　文化产业股权投资资金来源分析 ………………………… 207

　　三　文化企业上市融资渠道分析 ……………………………… 210

　　四　文化产业债券市场融资渠道分析 ………………………… 212

　　五　文化产业信托融资情况分析 ……………………………… 217

　　六　文化产业银行信贷融资情况分析 ………………………… 219

　　七　文化产业市场融资的几点思考 …………………………… 220

B. 14　国内公共财政文化投入状况分析 ………………………… 222

　　一　2010～2012 年全国财政文化投入整体形势分析 ……… 223

　　二　公共财政文化支出主要使用领域 ………………………… 226

　　三　文化科技公共财政投入状况分析 ………………………… 233

　　四　公共财政文化投入区域分布状况 ………………………… 234

　　五　财政文化投入存在的问题与发展建议 …………………… 236

B. 15　国际文化投资模式研究 …………………………………… 240

　　一　国外文化产业发展的基本情况 …………………………… 240

　　二　国外文化投资政策环境 …………………………………… 243

　　三　国外文化投资运作模式分析 ……………………………… 247

　　四　国外文化投融资创新模式 ………………………………… 254

　　五　国外文化投资发展给中国的借鉴和启示 ………………… 256

区域报告

B.16 北京文化产业投资报告 ⋯⋯⋯⋯⋯⋯⋯⋯⋯⋯⋯⋯⋯ 263

　　一　北京文化产业政策体系概述 ⋯⋯⋯⋯⋯⋯⋯⋯ 263

　　二　北京文化产业投资规模及行业分布 ⋯⋯⋯⋯⋯ 267

　　三　北京文化产业投资资金来源构成 ⋯⋯⋯⋯⋯⋯ 272

　　四　北京文化产业投资未来展望 ⋯⋯⋯⋯⋯⋯⋯⋯ 278

B.17 广东文化产业投资报告 ⋯⋯⋯⋯⋯⋯⋯⋯⋯⋯⋯⋯⋯ 280

　　一　广东省文化产业政策体系概述 ⋯⋯⋯⋯⋯⋯⋯ 280

　　二　广东文化产业投资规模及行业分布 ⋯⋯⋯⋯⋯ 282

　　三　广东文化产业投资资金来源构成 ⋯⋯⋯⋯⋯⋯ 286

　　四　广东文化产业投资的相关期待 ⋯⋯⋯⋯⋯⋯⋯ 290

B.18 上海文化产业投资报告 ⋯⋯⋯⋯⋯⋯⋯⋯⋯⋯⋯⋯⋯ 292

　　一　上海文化产业政策体系概述 ⋯⋯⋯⋯⋯⋯⋯⋯ 292

　　二　上海文化固定资产投资现状 ⋯⋯⋯⋯⋯⋯⋯⋯ 295

　　三　上海文化产业投资资金来源构成 ⋯⋯⋯⋯⋯⋯ 299

　　四　上海文化产业未来发展的展望 ⋯⋯⋯⋯⋯⋯⋯ 302

个案研究

B.19 北京歌华文化发展集团文化产业投资特点分析 ⋯⋯⋯⋯⋯ 307

　　一　北京歌华文化发展集团经营概况 ⋯⋯⋯⋯⋯⋯ 307

　　二　北京歌华文化发展集团投资历程 ⋯⋯⋯⋯⋯⋯ 309

　　三　北京歌华文化发展集团资金来源分析 ⋯⋯⋯⋯ 313

　　四　北京歌华文化发展集团未来投资计划分析 ⋯⋯ 314

　　五　北京歌华文化发展集团投资特点和借鉴 ⋯⋯⋯ 315

B.20 横店集团控股有限公司文化产业投资 ⋯⋯⋯⋯⋯⋯⋯⋯ 316

　　一　横店集团控股有限公司经营分析 ⋯⋯⋯⋯⋯⋯ 316

二 横店集团控股有限公司投资历程 …………………………… 318

三 横店集团控股有限公司资金来源分析 …………………… 320

四 横店集团控股有限公司未来投资计划分析 …………… 321

五 横店集团控股有限公司投资特点和借鉴 ……………… 321

B. 21 华侨城集团公司文化产业投资 …………………………… 323

一 华侨城集团公司经营状况 ………………………………… 323

二 华侨城集团公司投资历程 ………………………………… 324

三 华侨城集团公司资金来源分析 ………………………… 325

四 华侨城集团公司投资特点和借鉴 ……………………… 327

B. 22 华谊兄弟传媒股份有限公司文化产业投资 …………… 328

一 华谊兄弟传媒股份有限公司经营状况 ……………… 328

二 华谊兄弟传媒股份有限公司投资现状分析 ………… 329

三 华谊兄弟传媒股份有限公司资金来源分析 ………… 332

四 华谊兄弟传媒股份有限公司未来投资计划分析 …… 333

五 华谊兄弟传媒股份有限公司投资特点分析 ………… 334

B. 23 曲江文投（集团）文化产业投资 ………………………… 335

一 曲江文投经营状况 ………………………………………… 335

二 曲江文投投资历程 ………………………………………… 336

三 曲江文投资金来源分析 ………………………………… 338

四 曲江文投未来投资计划分析 …………………………… 339

五 曲江文投投资特点和借鉴 ……………………………… 340

大事记

B. 24 2012 年中国文化投资大事记 …………………………… 345

总 报 告

General Report

B. 1

中国文化产业投资的现状与趋势

摘要： 在政策红利和经济发展双重推动下，我国文化产业投资5年间实现了规模翻番，投资年均增幅达20%，同时文化产业境外投资也整体呈现快速增长趋势。当前，产业发展、资本体系、技术革新、人力资源（创意资源）及商业模式与政策结合，逐步构成文化产业投资增长的主要驱动力。我国文化产业的投资经验积累仍不足，专业的文化产业投资人才缺乏；政策红利或产业发展的驱动使得资金集中于局部行业或领域，而忽视了行业的发展特点和规律，投资存在过快过热的问题。未来，必须对发展模式和结构进行相应的调整，由以量带动增长向以质带动增长的方向迈进，增强投资成效，提高投资收益，推动文化产业提升的集约化、规模化发展水平。

关键词： 文化产业投资、无形资产投资、文化金融、公共财政文化投入

随着国务院《文化产业振兴规划》的颁布和《中共中央关于深化文化体制改革推动社会主义文化大发展大繁荣若干重大问题的决定》的发布，文化产业迎来了历史上最好的投资机遇，社会资本迅速响应大规模文化产业的投资，投资规模逐年上升，2008～2012年间平均投资增长率达20%。2012年，我国文化产业投资总规模同比增长39.06%，境外投资在文化行业、投资区域和投资规模上持续扩大，各渠道的文化产业融资保持稳步增长，文化投资整体保持强劲的发展势头。随着我国文化产业投资政策支持力度的加大、文化产业投融资体系不断健全以及文化无形资产得到充分的认识，我国文化产业投资的未来发展空间十分广阔。

一 文化产业投资政策环境

2005 年 4 月，国务院出台《国务院关于非公有资本进入文化产业的若干决定》（以下简称《决定》），明确指出了非公有资本可进入的文化产业领域及相关的限制条件，鼓励和支持非公有制企业大力参与发展社会主义先进文化。此项《决定》正式打开了社会资本投身文化产业领域的大门。国务院、中宣部、财政部、文化部、广电总局、新闻出版总署等部委和各行业的主管部门先后出台了一系列鼓励和扶持政策，积极引导资本进入文化产业，大力推进文化产业的发展。

国家对文化产业投资的促进措施主要包括如下几个方面：第一，降低投资准入门槛，鼓励引导各类社会资本进入文化产业，鼓励上市融资，培育文化产业领域的战略投资者。第二，在相关条件的许可范围内，引导社会资本以多种形式参与国有经营性文化单位转企改制，参与重大文化产业项目实施和文化产业园区建设。第三，鼓励和培育文化产业领域机构投资者，鼓励风险投资基金、私募股权基金等积极进入新兴文化业态。第四，财政扶持。中央财政设立"文化产业发展专项资金"，财政部发起成立中国文化产业投资基金，都是为了引导和带动社会资本投资文化产业。第五，政府补贴和税收优惠。政府对内容产业文化产品的生产给予了资金补助和信贷贴息等支持。

（一）降低投资准入门槛，鼓励引导各类社会资本进入文化产业

2009 年 7 月，国务院颁布《文化产业振兴规划》（以下简称《规划》）。《规划》进一步提出要降低投资准入门槛，积极吸收社会资本和外资进入政策允许的文化产业领域，参与国有文化企业股份制改造。文化部为落实《文化产业振兴规划》关于积极吸收社会资本进入文化产业领域的要求，根据我国文化产业发展的现实情况和《规划》提出的发展方向，制定了《文化部文化产业投资指导目录》（以下简称《指导目录》），将文化产业划分为鼓励类、允许类、限制类和禁止类四大类型，重点鼓励非公资本进入演艺服务业、网络文化和动漫服务业、文化休闲娱乐服务业、文化科技服务业、其他文化服务业和文化用品、设备及相关文化产品的生产销售业中的某些细分领域。

2012 年 6 月，文化部出台了《文化部关于鼓励和引导民间资本进入文

化领域的实施意见》，作为对社会资本进入文化产业的肯定，提出国有文化单位与民营文化单位一视同仁的政府公共服务要求；明确加大财政、税收、金融、用地等方面对文化产业的扶持力度，营造有利于民间资本进入文化领域的舆论氛围，同时明确将文化部管理的文化领域向民间资本全面开放，鼓励民间资本积极参与国有文艺院团转企改制、公共文化服务体系建设、文化产业发展、非物质文化遗产传承保护、对外文化交流和文化贸易等。

（二）加大财政资金投入力度，多种方式支持文化产业发展

2009年3月，文化部与中国进出口银行、中国进出口银行与深圳华强集团合作协议签约仪式在文化部举行。根据文化部和中国进出口银行签订的《关于扶持培育文化出口重点企业、重点项目的合作协议》，在5年的合作期内，中国进出口银行将向文化企业提供不低于200亿元或等值外汇的信贷资金。

2011年7月，财政部会同中银国际控股有限公司、中国国际电视总公司和深圳国际文化产业博览交易会有限公司发起成立中国文化产业投资基金，该基金目标总规模为200亿元，这成为财政支持文化产业发展模式的创新之举，引导和带动社会资金投资文化产业。

2012年5月，财政部发布《关于贯彻落实十七届六中全会精神做好财政支持文化改革发展工作的通知》（以下简称《通知》）。《通知》提出，为支持文化产品创作生产和对外文化传播，未来将设立国家文化发展基金，并扩大有关文化基金和专项资金规模，支持文化产业的发展。在具体资金投入和管理方面，财政部称未来将通过政府采购、项目补贴、定向资助等政策措施，重点支持社会力量兴办文化事业。另外，文化产业投资基金亦将继续受到政策鼓励。

（三）健全文化投融资政策，促进金融和文化产业实现全面对接

2010年3月，中宣部、中国人民银行、财政部、文化部、广电总局、新闻出版总署、银监会、证监会、保监会联合下发《关于金融支持文化产业振兴和发展繁荣的指导意见》。该指导意见是近年金融支持文化产业发展繁荣的第一个宏观金融政策指导文件，其最大意义在于实现了金融和文化产业的正式对接，直指文化产业的资金"瓶颈"，有利于破解文化企业

的"融资难"问题。

2011 年 1 月，保监会、文化部联合下发《关于保险业支持文化产业发展有关工作的通知》，该通知鼓励保险公司投资文化企业发行的债券，支持符合条件的保险公司投资符合条件的文化产业投资基金。保险机构可与信贷、债券、信托、基金等多种金融工具相结合，为文化企业提供一揽子金融服务。

2012 年 6 月，文化部出台《文化部关于鼓励和引导民间资本进入文化领域的实施意见》，提出鼓励民间资本投资文化产业。支持民营文化企业通过信贷、信托、基金、债券等金融工具融资，支持民营文化企业通过并购重组、上市等方式融资。鼓励和引导民间资本参与的金融机构、中介组织、各类投资基金进入文化产业领域。

2012 年 5 月，《文化部"十二五"时期文化改革发展规划》正式发布。该规划提出，"十二五"时期，将促进文化产业与金融业全面对接，推进银行业全面支持文化产业。并推动上市融资，扩大直接融资规模，支持文化企业通过债券市场融资。促进文化产业投资，推动文化产业保险市场建设。此外，还将加强对文化产权交易的管理，并完善文化类无形资产确权、评估、质押、流转体系。同时，鼓励各地实施文化消费补贴制度，支持建设、改造剧院等文化消费基础设施，并开发适宜互联网、移动终端等载体的网络文化产品。

（四）实现税收优惠政策，引导文化资本投入重点文化领域

2009 年 3 月，财政部、海关总署、国家税务总局联合发布《关于支持文化企业发展若干税收政策问题的通知》。该通知规定，出口图书、报纸、期刊、音像制品、电子出版物、电影和电视完成片按规定享受增值税出口退税政策；在文化产业支撑技术等领域内，依据《关于印发〈高新技术企业认定管理办法〉的通知》和《关于印发〈高新技术企业认定管理工作指引〉的通知》中规定认定的高新技术企业，减按 15% 的税率征收企业所得税；文化企业开发新技术、新产品、新工艺发生的研究开发费用，允许按国家税法规定在计算应纳税所得额时加计扣除。

2010 年，《关于金融支持文化产业振兴和发展繁荣的指导意见》提出，中央和地方财政可通过文化产业发展专项资金等，对符合条件的文化企业给予贷款贴息和保费补贴。

2012 年 2 月，根据《文化部"十二五"时期文化产业倍增计划》和

《国家文化科技创新工程纲要》的陈述，对于政府扶持的十一个重点行业和九个重点项目或工程以及其中涉及的相关行业，将会给予优惠的税收政策，比如文化科技行业，可能最后以软件业的税收标准来征收；比如动漫行业，对其营业税、增值税、所得税、进口关税及进口环节增值税等税种实施优惠政策，扶持企业发展。

表1　2005～2012年我国文化产业主要投资政策

单位：年

序号	颁布时间	政策名称	颁发部门
1	2005	《关于非公有资本进入文化产业的若干决定》	国务院
2	2005	《关于文化领域引进外资的若干意见》	文化部等五部委
3	2006	《国家"十一五"时期文化发展规划纲要》	国务院
4	2009	《文化产业振兴规划》	国务院
5	2009	《文化产业投资指导目录》	文化部
6	2010	《关于金融支持文化产业振兴和发展繁荣的指导意见》	银监会、证监会、广电总局等九部委
7	2010	《关于保险业支持文化产业发展有关工作的通知》	文化部、保监会
8	2010	《关于鼓励和引导民间投资健康发展的若干意见》	国务院
9	2010	《关于推进文化产业投融资服务巩固部行合作机制的通知》	文化部
10	2011	《关于推进文化企业境内上市有关工作的通知》	文化部
11	2011	《关于深化文化体制改革推动社会主义文化大发展大繁荣若干重大问题的决定》	中共中央
12	2012	《国家"十二五"时期文化改革发展规划纲要》	中共中央办公厅、国务院办公厅
13	2012	《文化部关于鼓励与引导民间资本进入文化领域的实施意见》	文化部
14	2012	《"十二五"时期文化产业倍增计划》	文化部
15	2012	《"十二五"时期文化改革发展规划》	文化部

二　我国文化产业投资现状

（一）我国文化产业投资概况

受文化投资政策红利和文化产业发展形势的影响，资本近几年加快进入文化产业。2012年，按照国家统计局出台的《文化及相关产业分类

（2012）》，我国文化产业投资总规模为 21306.35 亿元，同比增长 39.06%；其中固定资产投资规模为 15642.63 亿元（含生产性固定资产投资、传播渠道固定资产投资和生产性文化服务类固定资产投资），无形资产投资规模为 5663.71 亿元，同比分别增长 49.75%、16.16%。剔除 2012 年文化产业分类引起的统计口径不一的影响，文化产业的投资资金规模从 2008 年的 9390.73 亿元增长至 2012 年的 19259.14 亿元，5 年间实现了产业投资规模翻番，投资规模年均增幅达 20%。

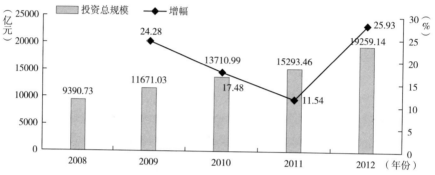

图 1 2008～2012 年文化产业投资规模及增长率

注：已剔除 2012 年重新分类的影响。

数据来源：课题组根据国家统计局数据合理推算。

（二）文化产业投资结构状况

1. 文化资本偏重固定资产投资，看轻无形资产投资

从历年文化投资趋势来看，公共财政资金实现了政府职能主导文化公共产品的投资，拉动了文化艺术服务和文化休闲娱乐服务行业的固定资产投资。同时，以规模较大的固定资产投资为主的文化地产、文化旅游项目成为文化产业投资的热点行业，促使文化产业的固定资产投资所占比重增大，增长速度较快。而文化产业的无形资产没有得到社会的广泛重视和认可，并且无形资产投资与资本对接的渠道、手段比较缺乏，投资经验积累也较少，导致无形资产投资规模的增幅相对于固定资产投资则较为迟滞，资本倾向于文化固定资产投资。

剔除 2012 年文化产业重新分类引起的统计口径不一的影响，2012 年我国文化产业投资同比增长为 25.93%，其中固定资产投资增幅为 36.28%，无形资产投资增幅为 3.82%，二者投资比接近 3∶1。无形资产的投资比重由 2008 年的 54.81% 下降至 2012 年的 26.28%。

表2 文化产业固定资产和无形资产投资规模比重状况

单位：%

年 份	固定资产投资比重	无形资产投资比重
2008	45.19	54.81
2009	52.10	47.90
2010	54.83	45.17
2011	68.12	31.88
2012	73.72	26.28

注：①已剔除2012年重新分类的影响。②统计范围包括新闻出版发行、广播电影电视、文化艺术服务、文化信息传输服务、文化创意和设计服务、文化休闲娱乐服务共六个行业。

数据来源：课题组根据国家统计局、公开资料、行业平均水平等数据进行的合理推算。

2. 文化传播渠道固定资产投资成为重点投资领域

近两年，国家加强文化传播体系建设，从新闻媒体建设、新兴媒体建设、文化传播渠道建设三方面加以推进，把渠道与内容置于同等重要的位置。同时国家级应急广播体系建设，与新媒体发展相适应的统一广播影视监管平台的建设都在有序开展。随着新闻出版、广播电影电视、新媒体等文化行业的快速发展，文化传播渠道近两年建设较快，投资比重最大，约占产业总投资规模的四成以上。2012年文化传播渠道固定资产投资达到8603.96亿元，增幅达到33.60%。

表3 2012年文化产业投资结构状况

单位：亿元，%

项 目	2012	2011	增幅
生产性固定资产投资	5536.31	3945.44	40.32
传播渠道固定资产投资	8603.96	6440.07	33.60
生产性文化服务类固定资产投资	56.71	60.03	-5.53
固定资产投资小计	14196.98	10417.70	36.28
基于内容生产的无形资产投资	5062.16	4875.76	3.82
合 计	19259.14	15293.46	25.93

注：已剔除2012年重新分类的影响。

数据来源：课题组根据国家统计局数据合理推算。

（三）我国文化产业投资行业分布概况

根据《文化及相关产业分类（2012）》的标准，2012年，文化创意和设计服务行业、文化专用设备生产行业的投资增幅迅速，出现翻倍增长，增长率分别超过 330%、133%；新闻出版发行行业出现投资增幅轻微下滑迹象，下滑幅度达到 4.41%。但剔除 2012 年文化产业重新分类引起的统计口径不一的影响，文化信息传输服务、文化创意和设计服务行业的投资增幅也出现较为明显的下滑现象，下滑幅度分别为 20.13% 和 62.85%。整体而言，文化产业各行业的投资比重并未出现明显变化，资金逐步趋向文化艺术服务和文化用品的生产行业。

表 4　2012 年分类调整前后文化产业各行业投资状况对比

单位：亿元

文化行业	未剔除分类调整影响		已剔除分类调整影响	
	2012 年	2011 年	2012 年	2011 年
新闻出版发行	1265.79	1324.15	1265.79	1324.15
广播电影电视	2806.94	2736.21	2806.94	2736.21
文化艺术服务	2546.13	1283.05	2038.07	1283.05
文化信息传输服务	583.23	481.8	384.82	481.8
文化创意和设计服务	1228.63	285.49	106.05	285.49
文化休闲娱乐服务	6049.59	5116.45	5892.20	5088.62
工艺美术品生产	710.44	548.66	710.44	548.66
文化产品生产辅助生产	2346.72	1578.74	2342.40	1578.74
文化用品生产	3246.99	1743.06	3246.02	1743.06
文化专用设备生产	521.89	223.68	466.41	223.68
合　计	21306.35	15321.29	19259.14	15293.46

数据来源：课题组根据国家统计局数据合理推算。

1. 新闻出版发行行业投资状况

2008～2012 年新闻出版发行行业的投资格局和规模基本保持稳定。产品生产性固定资产投资、传播渠道固定资产投资与无形资产投资的比重维持在 1∶10 以内。

2012 年新闻出版发行行业投资规模为 1265.78 亿元，其中产品生产性固定资产投资 69.35 亿元，传播渠道固定资产投资 32.94 亿元，无形资产投资 1163.49 亿元。与 2011 年相比，传播渠道固定资产投资增加了 11.83 亿元；由于个别报纸期刊在 2012 年被撤销或停办，产品生产性固定资产投资和无形资产投资出现小幅度下滑，行业投资总规模轻微下降 4.41%。

表 5 新闻出版发行行业投资状况

单位：亿元，%

年　份	2008	2009	2010	2011	2012
产品生产性固定资产投资	66.62	57.37	51.89	81.56	69.35
传播渠道固定资产投资	25.32	22.19	28.69	21.11	32.94
小计	91.94	79.56	80.58	102.67	102.29
"无形资产投资"	1087.19	1120.04	1191.11	1221.49	1163.49
合　计	1179.13	1199.6	1271.69	1324.16	1265.78
增长率		1.74	6.01	4.13	-4.41

数据来源：课题组根据国家统计局数据合理推算。

　　新闻出版发行行业的进入门槛虽然在逐步放宽，但是其承担意识形态传播主要途径的职能，使除了音像制品、出版物发行、印刷复制外，社会资本的进入依然存在不少的阻力，包括进入渠道、进入方式等，进而投资规模的增幅相对缓慢。同时行业收入增长主要依赖于出版物发行、印刷复制领域收入的增加，行业发展模式并未根本转变，行业的利润率也一直处于10%以下。

　　从投资角度看，新闻出版发行行业的发展关键要理顺行业产业和事业之间的关系，转变行业的管理监督模式，包括报纸领域的"采编和经营业务相分离模式"、图书期刊领域的书号控制、出版社数量控制等，从而进一步释放行业的生产力；适度加快行业改制变革的步伐，降低社会资本进入门槛。在理顺行业管理监督模式的基础上，加快行业体制改革，降低相关领域社会资本进入的门槛，通过引进社会资本，吸收先进经验和管理模式推动行业发展；充分发挥资本的推动作用，通过引入数字化、信息化手段，改变行业发展和增长模式，提高行业整体利润。

表 6 新闻出版发行行业投资收益情况分析

单位：亿元，%

年　份	2008	2009	2010	2011	2012
投资规模	1179.13	1199.6	1271.69	1324.16	1265.78
投资增长率	—	1.74	6.01	4.13	-4.41
利润总额	769.14	893.3	1075.9	1128	1317.39
利润增幅	4.44	16.14	20.44	4.84	16.79
行业收入	8984.76	9478.5	11262.1	13146.5	14613.36
收入增幅	4.64	5.50	18.82	16.73	11.16
行业利润率	8.56	9.42	9.55	8.58	9.01

数据来源：课题组根据国家统计局数据合理推算。

2. 广播电影电视行业投资状况

2010 年国家出台《关于促进电影产业繁荣发展的指导意见》，支持电影业以/用债券、短期融资券、中期票据，利用银行贷款、风险投资基金、重组上市等手段进行融资；鼓励大型企业通过参股、控股等方式投资电影和培育战略投资者；引导和鼓励拓展适合电影产业发展的融资方式和配套金融服务，这有力地促进了广播电影电视行业投资的稳步增长。

2012 年广播电影电视行业投资规模为 2806.94 亿元，其中产品生产性固定资产投资 54.60 亿元，传播渠道固定资产投资 188.22 亿元，无形资产投资 2564.12 亿元。

表 7　广播电影电视行业投资状况

单位：亿元，%

年　份	2008	2009	2010	2011	2012
传播渠道固定资产投资	145.39	163.12	233.03	173.8	188.22
产品生产性固定资产投资	10.27	9.65	15.11	20.83	54.6
小计	155.66	172.77	248.14	194.63	242.82
无形资产投资	2165.79	2250.77	2484.1	2541.58	2564.12
合　计	2321.45	2423.54	2732.24	2736.21	2806.94
增幅		4.40	12.74	0.15	2.58

数据来源：课题组根据国家统计局数据合理推算。

虽然广播电影电视行业收入维持着每年 17% 以上的增幅，优于投资的增幅，但是行业的总投资均高于行业的总收入（即投资收益比低于 1），进入产业内的资金相当一部分未能通过运营转化成为收入，从而造成资金利用效率的低下甚至浪费，行业总体投资收益不明显。

表 8　广播电影电视行业投资收益概况

年　份	2008	2009	2010	2011	2012
行业总投资	2317.56	2417.07	2689.74	2719.86	
行业收入 1（含财政收入，单位：亿元）	1668.24	1959.50	2459.08	2894.79	3699.93
收入增幅 1（含财政收入，单位：%）		17.46	25.50	17.72	27.81
行业收入 2（不含财政收入，单位：亿元）	1459.95	1714.32	2184.33	2580.70	3306.70

续表

年　份	2008	2009	2010	2011	2012
收入增幅2（不含财政收入，单位：%）		17.42	27.42	18.15	28.13
投资收益比1（含财政收入）	0.72	0.81	0.91	1.06	—
投资收益比2（不含财政收入）	0.63	0.71	0.81	0.95	—

　　注：①统计范围为广播、电视、电影的制作发行和放映。②投资收益比＝行业投资/行业收入。

　　数据来源：国家统计局、广电总局研究中心。

　　广播电影电视行业的投入资金利用效率低下、浪费及投资收益不明显集中体现在电影和影视录音服务领域。一是电影院票房平均收入下滑，增长模式单一。目前电影院和电影银幕的增长，只是粗放式的以量换收入的增长模式，并未使影院票房增长出现质的突破。二是国产电影制作放映率低，每年均有超过一半的投资可能打水漂。2008~2012年电影的制作数量出现跨越式的增长，但是竞争态势也甚为激烈。一方面虽然能上映的国产电影数量越来越多，但每年仍只有不到一半的国产电影能在国内电影院放映，同时历年来单部国产电影平均票房收入基本持平；另一方面国产电影票房收入比重在逐渐下降，并让位于进口电影，国产电影整体的市场竞争力在下降。三是广播电视领域无形资产投资不足，节目供应量少，复播率偏高。广播电视节目的多次重复播放（广告除外）意味着领域的投资出现短缺。某些广播电视节目时段不能出现空白，运营方不得不重复播放同一种节目内容，因而课题组用广播电视内容的重复播放情况来衡量行业投资是否充足。从领域上看，电视内容的复播率比广播内容的复播率高出三倍；复播率高并非由于广告的重复播放，而是其他类型节目的重复播放拉高了行业复播率。

3. 文化艺术服务行业投资状况

　　文化艺术服务行业主要包括艺术表演场馆、图书馆、档案馆、文物及文化保护、博物馆、烈士陵园、纪念馆、群众文化活动、社会人文科学研究等领域，承担着向公众提供公共文化产品的职能，行业营利性色彩较弱。2012年文化艺术服务行业投资规模为2038.07亿元，其中产品生产性固定资产投资86.09亿元，传播渠道固定资产投资为1912.59亿元，无形资产投资为39.39亿元。近年来文化艺术服务行业投资规模在持续大幅度增长，投资年均增幅近40%。

文化艺术服务行业投资和占行业投资的比重在逐步增加，意味着国家越来越重视公共文化氛围的培育和公共文化产品的提供。我国文化艺术服务行业的投资经营主体是政府相关部门，行业投资规模呈现良好的增长态势，但是公共文化产品的投入效果目前暂无公认的方式予以量化衡量，公共文化产品投入规模的多寡，缺少判定的标准和依据，可能造成部门产品的重复提供，导致投资的浪费。

表9　2008~2012年文化艺术服务行业投资状况

单位：亿元，%

年　份	2008	2009	2010	2011	2012
传播渠道固定资产投资	515.37	809.9	1074.23	1218.66	1912.59
产品生产性固定资产投资	9.98	29.59	37.98	36.77	86.09
小计	525.35	839.49	1112.21	1255.43	1998.68
无形资产投资	11.56	18.47	24.47	27.62	39.39
合　计	536.91	857.96	1136.68	1283.05	2038.07
增幅	—	59.80	32.49	12.88	58.85

数据来源：课题组根据国家统计局数据合理推算。

4. 文化信息传输服务行业投资状况

2008~2012年期间，文化信息传输服务行业投资整体呈持续增长的态势，投资格局基本保持稳定，但各年投资增幅波动较为明显。2012年文化信息传输服务行业投资规模为583.23亿元，其中传播渠道固定资产投资450.05亿元，无形资产投资133.18亿元；与2011年相比，总投资规模呈现快速增长的趋势。

表10　文化信息传输服务行业各领域投资规模及增长率

单位：亿元，%

年　份	2008	2009	2010	2011	2012
互联网信息服务	319.05	369.11	333.34	366.52	435.11
年度增长率	—	15.69	-9.69	9.95	18.71
有线广播电视传输服务	73.92	94.5	110.04	88.58	104.62
年度增长率	—	27.84	16.44	-19.50	18.11
无线广播电视传输服务	16.94	16.14	13.85	21.58	23.49
年度增长率	—	-4.72	-14.19	55.81	8.85

续表

年　份	2008	2009	2010	2011	2012
卫星传输服务 *	1.55	5.18	18.05	5.11	20.02
年度增长率	—	234.19	248.46	- 71.69	291.78
合　计	411.46	484.93	475.28	481.79	583.24
年度增长率	—	17.86	- 1.99	1.37	21.06

注：带 * 表示该领域属文化产业范畴才纳入统计口径。

数据来源：课题组根据国家统计局数据合理推算。

按照行业特性来划分，文化信息传输服务行业可以划分为两大领域，即广播电视提供配套支持的广电传输服务（含有线广播电视传输服务、无线广播电视传输服务和卫星传输服务 *）、互联网新兴技术为载体的互联网信息传输领域（含 2012 年重新分类后的其他电信服务文化部分）。在投资、技术及新兴商业模式等多种因素推动下，文化信息传输服务行业保持着持续增长的势头，但增幅出现逐步放缓的迹象。尤其是互联网的开放性使得互联网信息传输领域本身的产业发展具有高度的开放性，新事物、新技术、新商业模式不断涌现，使得该领域生机蓬勃，投资规模和营业收入均居行业主要地位；同时也较大程度影响了文化产业其他行业的发展，包括新闻出版发行、广播电视电影、文化创意和设计（即行业发展的信息化、网络化），已经成为文化信息传输服务行业的核心。

表 11　文化信息传输服务行业营业收入状况

单位：亿元，%

年　份	2008	2009	2010	2011	2012
互联网信息服务	804	1141	1470	1750	1924
广播电视传输服务	250	285	506	564	656
合　计	1054	1426	1976	2314	2580
增长率	—	35	39	17	11

注：①为减少对比影响，增值电信服务带 * 暂不纳入统计口径；②广播电视传输服务含卫星传输服务 *；③带 * 表示该领域属文化产业范畴才纳入统计口径。

数据来源：中国广播电视年鉴、互联网领域研究报告。

5. 文化创意和设计服务行业投资状况

2012 年文化创意和设计服务行业的投资规模为 1228.63 亿元，其中生产性文化服务领域固定资产投资 461.76 亿元，产品生产性固定资产投资

195.25 亿元，无形资产投资 571.62 亿元。

剔除 2012 年重新分类的影响，文化创意和设计服务行业仅剩广告业。2012 年广告业投资规模为 82.80 亿元，其中生产性文化服务领域固定资产投资 56.71 亿元，无形资产投资 26.09 亿元；与 2011 年相比，分别增长 6.10%、–5.53% 和 44.85%。无论各年的投资波动如何，广告渠道依然是行业投资的重点。

表 12 2008~2012 年广告业投资状况

单位：亿元，%

年 份	2008	2009	2010	2011	2012
生产性文化服务领域固定资产投资	26.16	35.11	34.81	60.03	56.71
无形资产投资	4.97	12.64	12.18	18.01	26.09
合 计	31.13	47.75	46.99	78.04	82.80
增幅	—	53.39	– 1.58	66.06	6.10

数据来源：课题组根据国家统计局数据合理推算。

进入 2000 年后，各地积极推进广告产业园区建设，并吸引了大批优质广告企业入驻，但是行业企业小而散的特点并未发生根本性的变化。投资规模的增加基本上被经营主体数量的增加所摊薄，单个经营单位的平均投资规模依然较小，投资的增加在单个经营单位的平均收入中并未有明显的体现。未来应更为注重通过资本注入合理调整行业经营主体的结构，提高单个企业经营的效益和质量，同时应通过资本撬动行业商业模式的创新，为行业的发展注入新的活力。

表 13 2008~2012 年广告业营业收入状况

年 份	2008	2009	2010	2011	2012
营业收入（亿元）	1900	2041	2341	3125	4698
增长率（%）	9	7	15	33	50
广告经营单位（万户）	18.58	20.5	24.3	29	37.8
增长率（%）	21	10	19	19	30
单个经营单位平均收入（万元）	102.26	99.56	96.34	107.76	124.29
单个经营单位平均投资（万元）	1.68	2.33	1.93	2.69	2.19

数据来源：公开资料、行业研究报告。

6. 文化休闲娱乐服务行业投资状况

2012 年文化休闲娱乐服务行业投资规模为 6049.59 亿元，其中传播渠道固定资产投资 4850.33 亿元，产品生产性固定资产投资 7.37 亿元，无形资产投资 1191.91 亿元；与 2011 年相比，分别增长 18.24%、14.93%、−51.51% 和 35.27%。剔除 2012 年行业重新分类的影响，2012 年文化休闲娱乐服务行业投资总规模、传播渠道固定资产投资、产品生产性固定资产投资、无形资产投资与 2011 年相比增幅分别为 18.89%、15.70%、−51.51% 和 35.27%。

表 14　文化休闲娱乐服务行业投资状况

单位：亿元，%

年　份	2008	2009	2010	2011	2012
传播渠道固定资产投资	1963.13	2927.36	3669.59	4220.14	4850.33
产品生产性固定资产投资	9.53	10.02	9.08	15.2	7.37
无形资产投资	402.76	592.8	761.4	881.11	1191.91
合　　计	2375.42	3530.18	4440.07	5116.45	6049.61
增幅	—	48.61	25.77	15.23	18.24

注：未剔除 2012 年重新分类的影响。

数据来源：课题组根据国家统计局数据合理推算。

随着人们休闲娱乐类文化享受需求的增加、休闲娱乐特别是旅游景区建设和服务质量的提升，文化休闲娱乐服务行业保持着持续增长势头，增幅出现逐年提高的良好趋势。行业的固定资产投资推动着景点、动物园、植物园等以观赏游览为主的旅游景区的发展，在景区建设和娱乐服务质量等方面均出现了质的提升，进一步满足了人们休闲娱乐的需求。但是近年来各地以文化旅游为噱头的旅游景点的大量推出，景点同质性建设明显，旅游娱乐项目缺乏创意，可能造成投资的浪费。旅游景点的开发建设和环境保护的协调问题，也将是文化休闲娱乐服务投资要面对的首要命题。

表 15　文化休闲娱乐服务行业主要领域营业收入状况

单位：亿元，%

年　份	2008	2009	2010	2011	2012
A 级旅游景区	1496	1742	2151	2659	3190
休闲娱乐业	379	409	442	477	566

续表

年 份	2008	2009	2010	2011	2012
摄影扩印服务	891	958	1030	1107	1190
合 计	2766	3109	3623	4243	4947
增幅	10.24	12.40	16.53	17.11	16.59

注：①景点、动物园、植物园等收入，以 A 级旅游景区为统计口径；②休闲娱乐业指歌舞厅娱乐活动、电子游艺厅娱乐活动、网吧活动、其他室内娱乐活动。

数据来源：课题组根据公共资料、行业研究报告合理推算。

7. 工艺美术品生产行业投资状况

2012 年工艺美术品生产行业投资规模为 710.44 亿元，其中产品生产性固定资产投资 561.22 亿元，传播渠道固定资产投资 149.22 亿元，与 2011 年相比，分别增长 29.48%、8.81% 和 353.69%。

目前，工艺美术品生产行业投资占文化产业的比重较低，行业主要由数量多且零散的手工个体组成，行业规模企业较少，并且行业商业模式定位不清晰，工业化生产支持力度较低。工艺美术品生产的主要资产价值并未依附于工艺美术品本身，而依赖于制作的工艺，但目前会计制度无法对生产工艺的价值进行有效评估，投资价值缺乏科学根据，导致工艺美术品的资产评估难以界定，给行业的投资行为带来了一定的制约。

表 16 工艺美术品生产行业投资状况

单位：亿元，%

年 份	2008	2009	2010	2011	2012
生产性固定资产投资	323.74	353.68	412.44	515.78	561.22
传播渠道固定资产投资	18.7	25.48	28.97	32.89	149.22
合 计	342.44	379.16	441.41	548.67	710.44
增幅	—	10.72	16.42	24.30	29.48

数据来源：课题组根据国家统计局数据合理推算。

8. 文化产品辅助生产行业投资概况

2012 年文化产品辅助生产行业投资规模为 2346.72 亿元，其中产品生产性固定资产投资 1102.76 亿元，传播渠道固定资产投资 1243.96 亿元；与 2011 年相比，分别增长 48.64%、39.88% 和 57.39%。剔除 2012 年行业重新分类的影响，2012 年文化产品辅助生产行业投资规模为 2217.44 亿元，其中产品生产性固定资产投资 977.81 亿元，传播渠道固定资产投资 1239.63 亿元；与 2011 年相比，分别增长 40.46%、24.03% 和 56.84%。

表17 文化产品辅助生产行业投资状况

单位：亿元，%

年　份	2008	2009	2010	2011	2012
传播渠道固定资产投资	422.42	550.27	658.28	790.37	1243.96
产品生产性固定资产投资	484.33	614.07	743.13	788.38	1102.76
合　计	906.75	1164.34	1401.41	1578.75	2346.72
增幅	—	28.41	20.36	12.65	48.64

注：未剔除2012年重新分类的影响。

数据来源：课题组根据国家统计局数据合理推算。

9. 文化用品生产行业投资概况

2012年文化用品生产行业投资规模为3246.98亿元，其中产品生产性固定资产投资3159.57亿元，传播渠道固定资产投资87.41亿元；与2011年相比，分别增长86.28%、99.05%和-43.89%。剔除2012年行业重新分类的影响，2012年文化用品生产行业投资规模为3246.01亿元，其中产品生产性固定资产投资3159.57亿元，传播渠道固定资产投资86.44亿元；与2011年相比，分别增长86.22%、99.05%和-44.51%。

表18 文化用品生产行业投资概况

单位：亿元，%

年　份	2008	2009	2010	2011	2012
产品生产性固定资产投资	1032.2	1190.73	1302.75	1587.29	3159.57
传播渠道固定资产投资	74.29	131.66	120.41	155.78	87.41
合　计	1106.49	1322.39	1423.16	1743.07	3246.98
增幅	—	19.51	7.62	22.48	86.28

注：未剔除2012年重新分类的影响。

数据来源：课题组根据国家统计局数据合理推算。

10. 文化专用设备生产行业投资概况

2012年文化专用设备生产行业投资规模为521.89亿元，其中产品生产性固定资产投资443.91亿元，传播渠道固定资产投资77.98亿元；与2011年相比，分别增长133.32%、106.56%和789.17%。剔除2012年行业重新分类的影响，2012年文化专用设备生产行业投资规模为466.41亿元，其中产品生产性固定资产投资443.91亿元，传播渠道固定资产投资22.50亿元；与2011年相比，分别增长108.52%、106.56%和156.56%。

表 19　文化专用设备生产行业投资状况

单位：亿元，%

年　份	2008	2009	2010	2011	2012
产品生产性固定资产投资	113.23	152.89	179.39	214.91	443.91
传播渠道固定资产投资	9.37	9.15	4.39	8.77	77.98
合　计	122.60	162.04	183.78	223.68	521.89
增幅	—	32.17	13.42	21.71	133.32

注：未剔除 2012 年重新分类的影响。

数据来源：课题组根据国家统计局数据合理推算。

三　我国文化产业对外投资与并购状况

目前，我国文化产业海外投资主要包括兼并重组和直接投资两种方式。2003 年至 2013 年 7 月约十年间，我国文化产业发起海外投资事件 77 起（并购 44 起，直接投资 33 起），平均每年有 7.7 起的投资事件，文化产业海外投资增长迅速。投资区域主要集中在美国和韩国，投资行业以网络游戏、电影电视、互联网为主，投资重心以渠道为主，总体来看，我国文化产业海外投资正处于初级阶段。随着我国文化产业海外投资政策支持力度的加大，文化产业海外投资体系的不断健全以及对海外投资成本的控制，未来我国文化产业的海外投资发展空间将十分广阔。

（一）文化产业海外投资规模不断扩大

随着文化产业海外业务扩展需求的不断增大和全球产业布局速度的不断加快，我国文化产业海外投资的规模不断扩大，虽然受 2008 年金融危机波及，文化产业海外投资信心不足，导致投资下滑，但 2010 年以后，文化企业海外投资仍表现出增长趋势，已公布并购金额事件中，2010 年并购金额 15.56 亿元，2011 年并购金额 20.3 亿元，2012 年并购金额 190.95 亿元，文化产业海外投资规模快速增长。单个并购事件的金额规模也在不断增长，2009～2012 年连续三年的平均并购规模呈现 2.5 倍以上的增长速度，排除万达 26 亿美元并购 AMC 提高了 2012 年并购规模的因素，我国文化产业海外投资规模仍然呈现快速增长的趋势。

表 20　不同年份文化产业海外并购金额对比

单位：万元，%

年　份	并购事件数	并购总金额	平均规模	总金额占比
2004	1	75895	75895	3.22
2008	3	10593	5296	0.45
2009	1	2731	2731	0.12
2010	7	155567	25927	6.60
2011	3	202954	67651	8.61
2012	7	1909465	272780	81.01

数据来源：新元文智据公开资料整理。

（二）文化产业海外投资主要集中于文化传播渠道领域

我国文化产业的海外投资主要以渠道投资为主，2008 年蓝海电视台建立，2009 年西京集团有限公司收购 PROPELLER 电视台，松联国际传媒和天星传媒联合购得美国洛杉矶天下卫视华语电视台，2010 年俏佳人并购美国 ICN 国际卫视，凤凰卫视设立欧洲、美洲分公司，东方卫视在日本、澳洲、北美、亚洲、欧洲设立分台，俏佳人在德法设立办事处，以及阿里巴巴设立欧洲办事处，2012 年中国国际广播电台完成了 13 个整频率落地项目，海外整频率落地电台达到 83 家，由此可见我国广播电视电影海外投资主要以渠道投资为主。

其他领域的投资也以渠道投资为主，如昆明新知集团在柬埔寨、老挝、马来西亚、缅甸投资书局，建立海外图书销售渠道，阿里巴巴等企业先后建立分支机构，天创国际并购白宫剧院，77 起投资事件中有 41 起涉及渠道建设，这些都表明我国文化企业海外投资仍以渠道投资为主。

（三）中国文化产业海外投资的区域范围不断扩大

我国文化产业海外投资区域的范围不断扩大，投资区域主要分布于美国和韩国，但随着海外投资进程的加快，投资地区范围逐渐向欧洲、日本、泰国、柬埔寨、老挝、马来西亚、越南等地区和国家扩张。

美国对网络游戏、互联网、广播电影电视服务领域的文化投资最具吸引力。由于美国经济、文化产业发达，国际投资环境好，我国 42% 的投资事件集中在美国，投资重点集中在游戏、广播电影电视、互联网等领域。其中广播电影电视服务领域投资占总投资的 39%，网络游戏占总投资的

22%，互联网占总投资的29%，其他领域的投资占总投资的10%，这主要是由于美国的游戏、影视和互联网产业发达，需求市场辐射范围广，吸引了大批企业进入该地区投资。2008年蓝海电视台建立，俏佳人并购美国ICN国际卫视，以及2012年万达并购AMC主要是为了获得该企业的电影院线播放渠道，阿里巴巴、腾讯、盛大、完美等企业也在不断增加美国市场的投资，通过并购和直接投资快速获得市场渠道、技术等资源，快速布局文化"走出去"的美国市场。

韩国成为国内网络游戏投资的首选区域。文化产业在韩国的投资事件约占总投资的18%。由于韩国游戏产业发达，游戏企业众多，中国代理韩国游戏众多，熟悉韩国市场，导致我国网络游戏企业投资主要集中于韩国，10起投资事件全部涉及游戏产业。

（四）文化产业海外投资行业范围不断扩大

目前我国文化产业海外投资主要集中在网络游戏、广播电影电视服务、互联网三大领域，其中网络游戏领域投资事件约占总量的32.5%，广播电影电视服务领域事件约占总投资的26%，互联网领域投资事件约占总投资的18%，其他领域的投资也出现一定的发展，投资领域不断增加。

1. 中国网络游戏企业通过兼并和直接投资的方式加快海外市场争夺

2000年以来，文化企业的海外并购、投资事件中，网络游戏领域达到25件（并购21件，投资4件），占整个文化产业并购、投资总量的32.5%。网络游戏海外投资主要以并购为主，企业通过并购获得被并购方资源（技术、渠道等）和游戏代理权等。

韩国的游戏产业发达，游戏企业众多，中国代理游戏多来自韩国，中国网络游戏企业对韩国游戏产业很熟悉，这就导致中国网络游戏海外投资事件的40%集中在韩国，2010年腾讯先后并购韩国StudioHon、ReloadedStudios、Toppig、Nextplay、EyedentityGames、GH HopeIsland 6家游戏企业，腾讯、盛大、九城等中国网络游戏公司先后在韩国建立子公司，引领大批中国网络游戏企业进入，推进网游企业的全球化进程。

美国网络游戏投资事件约占总投资的36%，美国网络游戏行业成为休闲娱乐领域的龙头，行业发展环境优良。中国游戏企业进入美国市场，主要是为了获得股权、游戏代理权和营销渠道。2008年腾讯并购Riot Games获得股份和《英雄联盟》中国代理权；而2010年盛大并购Mochi Media公司就是看重其全球游戏分销平台和大量的合作伙伴，推进盛大游戏海外渠道建设。

2. 我国影视行业注重于在渠道建设和内容制作等领域的文化投资

广播电视电影服务的投资以建立分支机构为主。近几年，东方卫视、凤凰卫视、中央电视台等纷纷开设海外分台，扩大电视传输渠道。2006年，温州商人王伟胜并购阿联酋的电视台——阿拉迪尔电视台，2008年蓝海电视台建立，2009年西京集团有限公司收购 PROPELLER 电视台，松联国际传媒和天星传媒联合购得美国洛杉矶天下卫视华语电视台。2010年俏佳人并购美国 ICN 国际卫视，我国民营资本进入电视台领域的投资不断增加。2012年底，中国国际广播电台完成了13个整频率落地项目，海外整频率落地电台达到83家。这些都说明我国广播电视电影海外投资以渠道投资为主，通过渠道来扩大市场辐射范围，布局全球市场。

直接投资逐渐渗透到电影电视制作领域。我国电影电视企业主要是通过成立新电视台、新公司或合作加入某个影视项目，逐渐渗透到影视制作领域。华谊兄弟传媒股份有限公司的《狂怒》，中博传媒与韩国 SBS、KBS、MBC 电视台共同投资制作的《北京我的爱》、《飞天舞》、*Remember*，华谊兄弟投资成立的传奇东方公司，中博传媒有限公司投资成立的 ZON-BO-BALCON 公司，以及蓝海电视台都是通过投资成立新的企业，进入该地区影视节目制作领域，不断提高企业在全球的市场竞争力。随着我国影视产业"走出去"步伐的加速，影视制作领域的投资不断增长。

3. 我国互联网以并购为主，快速占领海外市场

随着我国互联网产业的不断发展，互联网企业为获得客户、渠道、技术等现有资源，不断加快该领域"走出去"的步伐。近年来互联网领域的海外并购、投资事件14起，达到并购和投资事件总数的18%，该领域的海外市场以并购为主要途径，互联网并购是为了获得被并购方企业的客户、渠道、技术等现有资源，快速进入目标市场。2010年7月阿里巴巴收购 VendioServices 的目的是获得8万美国中小企业客户，而收购 Auctiva 公司以及子公司 Vendio 及收购 SingleFeed 则是为了获得渠道和技术等资源。

4. 新闻报刊出版和演艺服务等文化行业的海外投资影响不断扩大

我国文化企业其他行业的投资也在不断增加，新闻报刊出版和演艺服务等其他领域投资对行业的影响不断扩大。昆明新知集团在柬埔寨、老挝、马来西亚、缅甸国家投资书局，新闻出版领域改变了单纯产品输出的形式；天创国际并购白宫剧院，打破了我国演艺领域服务的输出方式，这些都代表未来我国整个文化产业海外投资的趋势。我国文化产业海外投资

由网络游戏、广播电视电影、互联网领域向新闻书刊出版、演出服务等其他领域扩张，文化产业海外投资的行业范围不断扩大。

四 我国文化产业投资资金外部来源分析

2009 年国家开始大举振兴文化产业以来和 2010 年九部委文件出台后，文化金融工作实现了快速发展，资本市场也明显加大了对文化产业支持的力度。中国进出口银行、国家开发银行、中国银行、中国工商银行等十家银行机构加大了对文化产业的信贷支持力度，建立文化产业信贷一体化合作机制，为各类文化企业、文化产业项目提供全方位的金融支持。保险业先后推出了演艺活动财产保险、艺术品综合保险、文化产业知识产权保险等 11 个为文化产业量身定做的试点险种。各类社会资本积极投入文化产业，为文化企业选择多样化的融资方式提供了方便。各类文化产业投资基金纷纷涌现，6 年时间内多达 35 支文化产业综合股权投资基金发起设立，总募资金额目标高达 1187.5 亿元。同时，一批经营稳定、管理成熟的优质文化企业逐步登陆资本市场，利用多层次资本市场将企业做大做强，文化企业资本市场融资逐步成熟。

（一）社会资本投入文化产业状况

1. 银行信贷产品逐步成熟，信贷融资增速高于全行业平均水平

文化产业信贷融资上，随着"创意贷""文创贷""展业通"等成熟型文化信贷产品的价值开始凸显，包含无形资产与收益权等（抵）质押方式的扶持创新开始应用，从 2009 年起，文化产业贷款就已经成为文化产业融资的重要方式之一。据中国人民银行统计，截至 2013 年 3 月，全国文化产业中长期贷款余额高达 1291 亿元，同比增长 35.1%，高出全行业平均增速的 24.9%，有效地支撑了产业的发展。

2. 中国银行间债券市场已经成为文化企业债券融资的核心市场

文化企业在中国银行间债券市场和中小企业私募债两大领域开展债券融资。截至 2013 年 7 月，约有 80 多家文化企业在银行间市场进行了 180 多次各类债券融资工具交易，融资规模累计达 1820 亿元左右，约占文化企业债务融资总量的 95%。文化休闲娱乐服务（含旅游业）、广播电影电视服务、新闻出版服务占据融资总额的前三名，融资数额和比例分别为：1350 亿元，75%；226.82 亿元，13%；200.25 亿元，11%。

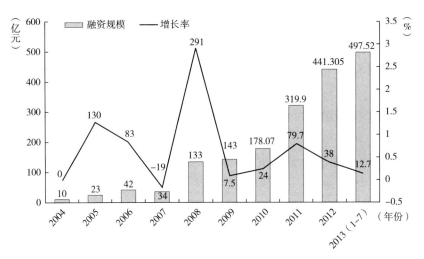

图2 中国银行间市场债务融资规模及年增长率

数据来源：新元文智据公开资料整理。

在文化产业私募债融资方面，2004年到2013年1~7月数据显示，约有21家企业在上海证券交易所和深圳证券交易所（以下称为"两交所"）进行债券融资，融资总金额达96.2亿元，约占文化企业总债务融资额的5%，其中上海证券交易所文化企业债券融资为58亿元，深圳证券交易所为38.2亿元。

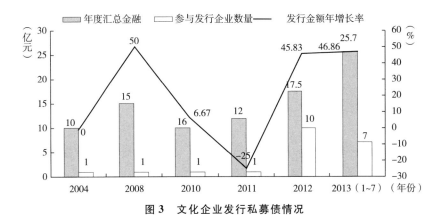

图3 文化企业发行私募债情况

数据来源：新元文智据公开资料整理。

3. 文化企业信托融资实现高速增长，2012年创造历史新高

在国家政策带动下，依托信托融资方式本身的产品灵活多样（有贷款

融资产品、权益性融资产品、资产证券化融资产品、股权信托等），信托财产独立性强（既独立于委托人的财产，也独立于信托担保公司的财产），市场化程度高的优势，从 2011 年起信托融资逐渐成为文化企业融资的新手段。据不完全统计，截至 2013 年 7 月，文化产业通过发行信托产品进行124 次融资，融资总金额达到了 198.56 亿元。

统计显示，2004 年到 2010 年参与主体数量少，融资金额少。2011 年发展较为迅速，增长率达 244.39%，发行次数增长到 11 次，金额达到18.01 亿元。2012 年文化产业信托产品发行 64 次，融资规模达到 116.28亿元，同比增长 545.57%。2013 年 1~7 月发行次数为 33 次，融资额度达到 55.84 亿元。

图 4　文化产业信托市场情况分析

数据来源：新元文智据公开资料整理。

4. 私募股权融资近两年实现融资事件数量和融资规模双向快速增长

以移动互联网为代表的信息传播技术的发展，不断延展文化产业的规模经济和范围经济的能力，行业间融合、互动、整合能力强，边界更加模糊，给文化产业未来发展带来更大空间，促使私募股权机构纷纷投资文化产业，寄希望于文化企业在股市上的变现能力，以此获取高溢价收益。据不完全统计，2006~2012 年我国文化产业领域内就发生私募股权融资事件 711 起，其中公布规模的投融资事件有 464 起，投融资涉及金额规模折合 1026.9 亿元。有迹象表明，2011 年文化产业私募股权融资出现拐点，表现为融资事件猛增、融资规模变大，融资领域重点以互联网文化信息与软件服务、数字化内容生产与制作等创新性业务为主。

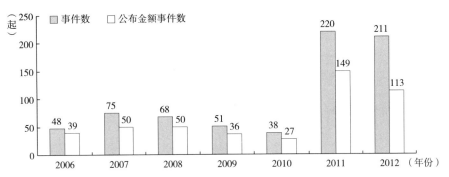

图5 2006～2012年我国文化产业各年度私募股权投融资事件数

数据来源：新元文智据公开资料整理。

5. 上市融资成为优质文化企业逐步登陆资本市场的重要途径

近年来，一批经营稳定、管理成熟的优质文化企业逐步登陆资本市场，利用多层次资本市场做大做强。截至2012年，我国共有100家文化企业成功上市，IPO上市文化创意企业融资规模达到1057.85亿元。2012年我国文化创意企业共有17家成功登陆资本市场，11家IPO上市的企业中，上市融资规模折合人民币103.44亿元。同时，2013年8月，国务院、证监会明确提出中小企业股份转让系统将正式扩容，此举将极大地提高具有高成长性和创新性的文化传媒企业获得资本市场青睐的概率。

（二）公共财政文化投入基本状况

《国家"十二五"时期文化改革发展规划纲要》提出，"保证公共财政对文化建设投入的增长幅度高于财政经常性收入增长幅度，提高文化支出占财政支出比例"。近年来，中央财政不断加大投入力度，从广播电视"村村通"到乡镇和社区综合文化站，再到农家书屋工程，基层文化投入体系进一步完善。

1. 公共财政文化投入保持两位数高速增长，近九成属于地方文化投入

据国家财政部数据显示，2010～2012年全国公共财政文化投入总额度达4430.6亿元，由2010年的1150.03亿元增长到2012年的1814.08亿元，年度平均增长率为13.37%。其中，中央财政投入占比为10.53%，累计投入金额达466.66亿元，年均投入金额为155.55亿元，年均增长率为8.98%，远低于地方财政投入19.49%的增幅水平。但中央资金充分发挥

了其导向性和示范性作用，致使地方财政将有限资金投向了文化事业发展的重点项目。

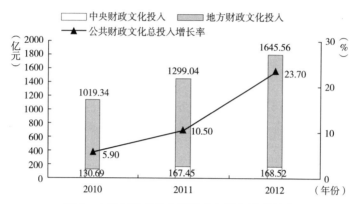

图6 中央与地方公共财政文化投入及增长率

数据来源：国家财政部。

2. 中央财政重点投入媒体传播能力建设，地方财政则以公共文化服务建设为主

据调查显示，近三年中央财政支出主要用于广播影视和新闻出版两大领域，投入额分别为176.1亿元和129.65亿元。二者占中央本级总体支出的65.52%。可见，中央财政更加倾向于加强媒体国际传播能力建设。在地方财政支出中公共文化服务支出额最高，达1569.95亿元，占地方财政总体支出的39.61%，其次是广播影视领域，支出额为1007.27亿元，占地方总体支出的25.41%。可见，地方财政以保障公民的基本文化生活权利及提供公共文化产品与服务为首重。

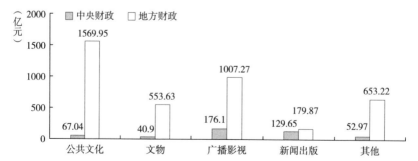

图7 2010～2012年中央与地方公共财政各文化领域投入规模对比

数据来源：国家及地方财政支出年度决算。

3. 科学技术投入总额逐年上升，项目支出年度总额增幅较大

据调查数据显示，近三年文化部、广播总局、新闻出版总署三部门科学技术支出总计 119785.33 万元，其中 2010 年科学技术支出额累计达 28363.40 万元，2011 年科学技术支出额为 43120.9 万元，比上年增长了 52.03%；2012 年科学技术支出 48301.03 万元，相比 2011 年增长了 12.01%，整体呈现快速增长趋势。其中，2012 年文化部、广播总局、新闻出版总署在科学技术方面基本经费支出总计 16190.23 万元，项目支出额达 32110.80 万元，其增长率分别为 6.75% 和 14.87%。总体来看科学技术方面项目支出的年度增长水平远高于基本支出的年度增长水平，且项目支出额都高于基本支出额。

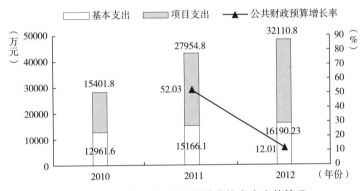

图 8 2010 ~ 2012 年三部门科学技术支出的情况

数据来源：文化部、广播总局、新闻出版总署。

五 我国文化产业投资存在的问题与趋势

（一）投资政策将会更具体和更有针对性，个别行业投资增幅将放缓

随着产业改革逐步进入深水区，大而泛的政策可能在操作层面难以执行。"十二五"期间文化产业发展纲要也已定调，需要通过相关部门出台落实补充文件或年度计划予以执行，因而文化产业的投资政策将会更具体和更有针对性，具体化和针对性的特点将包括以下方面。

第一，以行业为分类对象，细分行业主管部门将针对其辖行业出台相应政策。例如新闻出版行业的"十二五"规划，电影产业振兴规划等。

第二，以所管辖的事项为分类对象，涉及的多个部门联合出台文件。例如原新闻出版总署和对外贸易经济合作部颁发的《外商投资图书、报纸、期刊分销企业管理办法》。

第三，以支持配套行业为主体出台的相关政策文件。例如银监会、证监会、广电总局等九部委出台的《关于金融支持文化产业振兴和发展繁荣的指导意见》，文化部、保监会出台的《关于保险业支持文化产业发展有关工作的通知》。

第四，政策的内容将更细化。例如《关于金融支持文化产业振兴和发展繁荣的指导意见》，明确广播影视节目的制作、传输、集成和电影放映等企业，可发放融资租赁贷款。在日后的政策中，细化的条款将陆续出现。

文化产业各个细分行业或领域商业模式的多样性，必然要求有健全的与其匹配的金融配套设施，但是现阶段处于文化资本发展的起步阶段，系列的资本配套政策和设施仍在探索和完善中，例如网络版权保护、影视作品的完片担保、版权预售、夹层资本等。受制于配套设施的未完善，个别行业例如新闻出版发行行业、广播电影电视行业的投资增幅将有所放缓。

（二）多重因素结合将构成文化产业投资的驱动力

文化产业投资将会随着政策的支持鼓励、产业的深入发展，资本市场体系的进一步完善及技术的革新应用而持续增长。政策红利不是文化产业投资的唯一或首要驱动力，产业发展、资本体系、技术革新、人力资源（创意资源）及商业模式将与政策红利结合，逐步构成文化产业投资增长的主要驱动力。

（三）产业发展模式和结构需继续优化，增强投资成效

文化产业发展的驱动因素包括政策、创意、技术、资源、资本和消费等六个方面。虽然在投资的作用下文化产业出现明显的发展，但是仍较为依赖在数量和规模上的增加并由此带动行业收入的增长（例如在电影行业，较为依赖增加电影银幕数量和电影院数量以增加票房收入，但是单个影院和银幕的平均票房并未出现明显增长）。产业必须对发展模式和结构进行相应的调整，由以量带动增长向以质带动增长的方向迈进，提高投资的成效。

（四）文化产业各行业（领域）投资冷热不均将持续

投资资金将随着文化产业内各行业准入门槛、发展特点、投资收益、金融配套措施的差异而出现投资规模的非均衡分布。但目前我国文化产业的投资经验积累仍不足，专业的文化产业投资人才缺乏；政策红利或产业发展的驱动使得资金集中于局部行业或领域，而忽视了行业发展特点和规律，投资过快过热的趋势在某些细分领域内，例如电影制作、电影放映、手游等领域表现得较为明显。而另一方面，资本和产业发展模式仍在改革和完善，例如广播电视节目的制作，资金的供给和文化产品的生产相对不足。

（五）自发性的风险平衡机制将对文化投资产生重大影响

文化产业的金融配套措施仍在完善，投资者为平衡投资风险，将根据投资项目本身自发形成风险平衡机制，而这种机制将影响着投资者的投资策略。例如在电影拍摄制作领域，由于夹层资本和完片担保等措施未到位，外部投资者要求制作方（往往是个人）对完片或者是投资者的投资成本予以担保。类似于这种自发性的风险平衡机制，虽然能在一定程度上补充金融配套措施的不足，但是却左右着投资者的策略；并且在配套措施未完全建成时，自发性的风险平衡机制将长时期在文化产业投资中予以运用。

（六）"商业模式＋创意"将成为投资者衡量文化产业投资的价值基准

无形资产是文化产业的重要特征，同时也是文化产业盈利的首要驱动力，而这种无法单纯以传统会计准则和数理方式量化来体现和衡量的资产，价值的判断基准是投资者投资的重大难题。

商业模式是投资者投资信心的来源，而创意则是文化产业能创造价值和财富的核心，虽然在理性量化方面投资者无法给予精确的估值，但"商业模式＋创意"的组合，能最大限度地满足投资者的理性分析和文化产业本身的感性魅力这一双重要求，此判断组合将成为投资者衡量文化产业投资价值的基准。

（七）技术革新促进文化产业新兴领域的投资热潮

技术革新使得文化产业与技术相结合，诞生更多的新兴领域，甚至改变行业结构，同时带来更多的投资机会。例如无线网络技术、智能手机和广告的结合，诞生了手机广告领域；又如数字阅读平台与社交网络平台相结合，形成新型的出版领域，等等。技术革新将在推动产业更新换代的同时，拉动产业的资金需求，促进投资的增长，包括技术革新本身需求的投资，新技术应用所需的投资，新技术应用带动的上下游产业所需的投资等。

（八）文化"走出去"的政策扶持力度有待进一步加强

中国文化企业对外投资还处于初始探索阶段，没有形成成熟的投资模式和较大的规模优势，相互之间缺少沟通和合作，没有统一的产业对外投资布局。文化企业在对外投资过程中，缺乏懂文化、会经营、懂法律、熟悉国际文化市场运作规律的复合型专业人才团队，导致文化对外投资风险评估和规避不足，同时企业投资前期费用高、综合运作成本大，银行、基金等领域的融资渠道有限，这都已成为文化企业"走出去"的重要瓶颈。

（九）文化企业融资能力较弱，文化金融产品多元化不足

我国文化企业普遍存在规模小、固定资产少、盈利方式不确定等特点。现有金融产品主要服务于传统产业，重视企业规模和有形资产，对人力资源、著作权、版权等无形资产的评估没有统一标准，致使文化企业受文化产业轻资产特点和经营管理能力的限制，仍不善于灵活运用多元化的金融工具。目前，大多数文化企业常用的融资方式局限于银行信贷，且较多采用固定资产抵押的担保方式。这对于处于成长期的文化企业来说很难达到银行对抵押物和风险控制的要求，同时满足条件的文化企业面临贷款审批手续繁杂、时间较长和成本较高等问题。

六 文化投资未来发展几点建议

（一）以改革发展为核心，创造宽松完善的文化产业投资政策环境

文化产业仍处于事业体制向产业化和市场化改革的阶段，需要以改革发展为核心，以行业体制改革为手段，以促进产业发展为目的，创造更为宽松的投资政策环境，更为完善的投资政策体系。

第一，理顺文化产业和事业的关系和结构，适度加快放宽产业投资的

行政门槛。

第二，文化产业相关行政主管部门应强化市场化调控，弱化行政化调控，避免"一刀切"的简单行政手段。

第三，改革行业管控措施，例如新闻发行行业的书号控制、电影发行放映的审核，降低资金的投资政策风险。

第四，通过综合运用相关政策措施，例如实施允许、禁止、鼓励、支持等措施，引导资金在文化产业内的流向，减少资金不合理分布，调整局部领域投资过热过快。

第五，促进和维护行业的有序竞争，特别是加大对文化产业知识产权的保护，最大限度地降低盗版对文化产业的影响。

（二）加快文化金融体系建设，推动文化金融产品创新

随着文化产业投融资的实践创新，未来要深化文化金融体系建设理论研究，推动文化产业投融资平台建设，加快夹层资本、完片担保等金融衍生品的创新，完善文化产业配套的金融产品体系，以理论支撑、产品创新等方式促进资本和文化的融合。

（三）成立专门的管理与研究机构，加强文化境外投资服务

基于对中国文化国际化的长远规划，建议成立专门的境外文化投资的管理与研究机构，并对海外投资进行协调、规划，支持在国内市场表现优秀的企业率先"走出去"。重点加强对世界各国相关法律、行政程序、资源状况、市场行情特色及投资行为进行研究论证，为投资者提供信息咨询和技术服务，完善海外投资企业的风险监管机制。建立海外投资风险的评估体系；引导鼓励风投、基金、银行贷款、民间资本等资金参与文化海外投资，扩大文化企业筹资渠道。

在我国投资、援外重点区域，在中国文化渗透较好的地区，在组织开展文化自贸区谈判及互惠关系的地区（如东盟），建立文化产业境外投资基地，吸引文化企业海外投资。

（四）加强资本与创意、技术对接，构建多重因素结合投资驱动力架构

随着政策的支持鼓励、产业的深入发展、资本市场体系的进一步完善及技术的革新应用的持续，政策红利不是文化产业投资的唯一或首要驱动

力，未来需要加强引导资本与文化创意、文化技术的对接，协调平衡文化投资作用，即通过投资扩大现有的产能，拉动产业的增长，同时也通过协调投资革新现有技术和文化创意，推动产业的商业模式创新，形成投资的吸引点，从而逐步构成产业发展、资本体系、技术革新、人力资源（创意资源）及商业模式与政策结合的文化产业投资驱动力架构。

（五）大力培养文化产业专业投资人才和文化金融人才

当前，专业的文化投资人才和文化金融人才奇缺，国家应积极鼓励高等院校和社会机构开发培训课程或设立相关专业，培养一大批专业人才，从而满足产业提升投资效益的需求。

宏观视野

Overview

B. 2

文化无形资产与文化产业投资的范畴

摘要：文化再生产从创作环节进入生产环节和传播环节的过程中，有着与物质再生产完全不同的规律，文化的商标权、版权、软件著作权等无形资产可以用于其他类型或载体文化消费产品的生产，也可与生产制造业相融合而产生版权和商标权授权收入，因此，我们认为文化产业投资分为：基于内容生产的无形资产投资、产品生产性固定资产投资、传播渠道固定资产投资和生产性文化服务领域的固定资产投资四个类别。

关键词：文化产业投资、无形资产投资、固定资产投资、文化再生产

与物质再生产不同，文化再生产的四个环节是：创作、生产、传播和消费。创作是文化再生产的起点，既包括通常所说的文学创作、美学创作，也包括学术创作。作品是创作的成果，有些作品可直接作为产品（如美术作品）经过传播转化为商品（创作和生产合二为一），有些则要经过生产环节方能转化为产品（如书报刊、影视剧、漫画图书、动画片），并借助传播环节供人们消费。

一 文化再生产的独特规律

文化再生产从创作环节进入生产环节和传播环节的过程中，有着与物质再生产完全不同的规律。

文化有着多种产品形态与渠道。与物质再生产只有单一的产品形态所不同，文化有着电影、电视剧、演艺、图书、杂志、漫画图书、动漫影视等多种形态，相互之间可以转化，并通过多种渠道传播。随着新技术的发展和新兴技术终端的普及，数字出版、网络传播、数字电视、互联网电视

等传播渠道快速成为文化传播的重要渠道。文化产品形态和传播渠道的不断丰富，是文化扩大再生产随着时代发展不断创新的核心体现。

文化再生产对经济发展有着巨大的推动力。一方面文化再生产不断延伸产品形态和传播渠道，带动了文化生产和传播所需的装备制造、终端设备、基础设施等方面的需求，带动了这些领域的投资和产品生产；另一方面，文化再生产的外部性为其他产业源源不断地提供中间产品，促进产业转型升级和产品创新。

文化再生产过程中，从创作环节到生产环节，不但生产出最终消费品，还会生产出版权、软件著作权、商标权等资本性产品，这些资本性产品进入下一个文化生产之中产出最终消费品。

同时在文学、艺术、影视、动漫、演艺等内容生产中，产出的商标权、版权、软件著作权等无形资产，不仅仅可以用于其他类型或载体文化消费产品的生产，有一部分还可以作为中间产品与生产制造业相融合，作为文化元素植入文具、玩具、服装、家具等消费品之中，从而产生版权和商标权的授权收入。

国民经济对于投资的定义是指货币转化为资本的过程。当前国民经济统计中将文化产业中的固定资产投资等同于文化产业投资。这种定义是不符合文化产业特性和运作规律的。

文化产业中内容生产中的版权、商标权、软件著作权等无形资产的产生过程符合国民经济对于投资是货币转化为资本过程的定义，应纳入国民经济投资的范畴之中。2013年8月，美国对其经济统计方法做出的修订也验证了上述分析的合理性。

美国经济统计方法修订的根据是联合国最新修订的第五版国民账户体系（SNA）。在美国GDP的新算法中，企业、政府和非营利机构的研发费用支出将被视为固定投资，有关娱乐、文学及艺术的原创支出也将作为固定投资纳入统计数据，另一个类别包括电影、长期电视节目、图书、录音等。这些新指标的纳入将影响包括GDP、GNP和GDI等经济数据。

另外，据新闻媒体报道，到2014年，欧盟国家也将调整统计方式以符合SNA为最新标准。

二 文化产业投资的界定

根据上述分析，在本次研究中，我们对文化产业投资定义为：通过资本投入形成文化固定资产及著作权、版权、商标权等文化无形资产的过程。

经过进一步分析，我们认为下表中的投资行为属于文化无形资产投资行为。

细分领域	文化产业特殊的无形资产投资行为
图书出版	出版社向作者支付版税或稿费以获取出版权的行为
电影、电视剧、电视节目	制作企业购买小说改编权、剧本、节目创意策划并组织创作团队拍摄生产出影视剧和电视节目的行为，影视剧和电视节目既是消费产品，同时又是版权资产
演艺剧目	制作企业购买小说、影视等改编权或演艺剧本或自行创作并组织排练成演艺剧目的行为，演艺剧目既是消费产品，同时也是版权资产
网络文学	文学网站向作者支付签约费、稿费或其他费用以获取文学作品并获得文化作品版权运营权的行为
数字出版发行	数字出版运营企业向出版社购买数字出版的版权或者采取分账形式获得版权以在数字传播渠道上获得收入的行为
影视节目信息传输	电视台、视频网站、数字电视、IPTV（交互式网络电视）、互联网等运营商向制作企业购买版权的行为
制作或信息传输软件	信息传输、内容产品制作等过程中开发软件并取得著作权的行为
数字信息库	开发集成文化元素、作品、文化产品的数字信息库的行为
艺术品	艺术品经营公司向创作者提供报酬以获取艺术作品或组织艺术品展览的行为
音像制品出版	音像制品出版企业购买版权的行为
文化用品生产	生产企业购买设计方案、商标授权、版权授权的行为
网络游戏开发	网游企业通过策划、程序开发等开发网络游戏的行为

根据文化产业的特性，我们可以进一步把文化产业投资分为以下四个类别。

1. 基于内容生产的无形资产投资

该类别是指文化内容生产过程的资金投入，是以能够生产最终消费品同时产生版权、著作权、商标权等无形资产为标准。在这个领域中，电影、电视剧、新闻图书、演艺剧目、艺术品、工艺美术品、网络游戏等内容产品的资金投入，都可以看作是文化内容生产投资。

2. 产品生产性固定资产投资

该类别是指用于生产物质化的文化产品、文化装备和文化消费终端的固定资产投资，包括了印刷设备、电视节目制作设备和终端、电影制作设备、文化用品、工艺美术品等领域的固定资产投资。

3. 传播渠道固定资产投资

该类别是指用于文化传播的固定资产投资，包括建设电影院、演出剧场、电视台、出版物发行、艺术品拍卖场所、书店、网络游戏平台、数字出版平台、互联网信息平台、数字文化素材库、游艺厅、网吧、主题乐园等。

4. 生产性文化服务领域固定资产投资

该类别是指文化产业服务其他产业领域中的固定资产投资，包括广告、设计等，基本上对应国家统计局《文化及相关产业分类（2012）》中文化创意和设计服务业的第1、第3、第4的分类细项。

B.3

我国文化产业投资发展历程

摘要：纵观国内文化产业发展整个历程，文化产业投资可分为国家统筹包办、文化产业投资市场化起步、文化产业投资市场化扩张和文化产业投资市场化快速发展四个发展阶段。现阶段，文化产业投资呈现文化产业的资本门槛进一步放开，文化金融产品进一步丰富，文化产业投融资渠道和手段多样化，社会化、市场化资本逐步成为文化产业发展的主要力量等特征。

关键词：文化产业投资、文化产业投融资、文化产业投资特征

一 国家统筹包办阶段（1992 年之前）

从 20 世纪 80 年代开始，社会经济建设成为我国的工作重心，文化产业随着社会公众文化消费需求的逐步释放开始复苏。伴随着 20 世纪 80 年代大众传媒的发展以及西方传播学进入我国尤其是进入科研机构和大学课堂，文化产业的早期代名词"新闻媒介""大众传播媒介""大众传播事业"等用语开始在我国城市中流行。随着商品经济概念逐渐成熟，人们认识到文化不仅仅是政治宣传，而且是一个经济门类，它能带动人们消费并促进经济发展。为释放文化产业的生产力，我国文化部门也开始积极探索改革和发展的路子，但是文化生产和流通的机制还没有完全从计划经济体制的束缚中解放出来，文化产业的投资、文化产品的生产流通基本上仍以国家统筹为主，文化商品无论在数量上和质量上，都远远不能满足居民的需求。这一时期文化产业投资主要有以下特征。

第一，人们的文化产品需求逐步复苏，文化产业概念逐渐形成，但是仍处于计划经济体制之内，文化产业的投资、文化产品的生产流通基本以

国家统筹包办为主。

第二，国内资本市场处于起步阶段，缺少相应资本要素，国内的非公有资本缺乏，未能为文化产业发展提供有效支持。

第三，受到体制约束，包括文化产业体制和国内资本体制，非公资本进入文化产业领域的渠道受到限制。

第四，文化产业的业态较为狭窄，以新闻媒介（新闻出版）、大众信息传播媒介（广电传播）、大众娱乐（休闲娱乐）、文化消费品（文化用品）等基本业态为主，各细分行业的产业化、市场化水平较低，产业公众投资和非公资本投资的产业基础薄弱。

二 文化产业投资市场化起步阶段（1992～2000 年）

20 世纪 80 年代中后期启动的文化体制改革，自 1992 年起，我国文化市场开始进入空前繁荣的阶段。90 年代中期以来，文化产业已被一些城市，特别是中心城市列入发展战略和规划之中。1996 年，北京市提出要"重新认识文化产业的巨大潜力，迅速壮大北京的文化产业"，"使其成为北京的支柱产业，使北京成为全国重要的文化产业基地"。1999 年，上海市提出的文化产业发展目标是：体现上海高档次、多样化、开放型的文化发展水平，形成以高新技术为支撑的多元化的产业格局，成为增强上海中心城市功能的重要支柱和推进文明城市建设的强大动力。2000 年，在党的十五届五中全会通过的《中共中央关于制定国民经济和社会发展第十个五年计划的建议》中，第一次明确提出了"文化产业"。

在政府的大力支持下，我国文化产业化的浪潮，从多种所有制进一步扩展到了国有大型骨干文化单位，而且文化产业也逐渐由流通业向制造业、服务业扩展并出现了文化企业集团化的趋势。比如，上海的文汇新民联合报业集团、北京紫禁城影视公司、上海东方明珠股份有限公司、湖南广播电视中心，等等。

而在资本市场方面，1992 年开始，沪深两市的建立和相关经济及金融法律法规的出台，例如《公司法》（1994 年）、《票据法》（1995 年）、《担保法》（1995 年）、《保险法》（1995 年）、《证券法》（1999 年），全国性资本市场得以形成和初步发展，形成了文化产业投资的资金渠道，以东方明珠、华侨城、＊ST 传媒、电广传媒为代表的文化创意企业通过 IPO（首次公开募股）和借壳上市的方式，打通了企业向公众募资的渠道。

这一时期文化产业投资的主要特征包括以下方面。

第一，部分文化创意企业享受到改革的头一杯羹，企业在改革的进程中把握住机遇，逐步壮大发展，成为文化产业市场化投融资的先行者。

第二，随着资本市场要素的逐步建设，全国性的资本市场已有雏形并得到初步发展，文化产业投融资的基本渠道和工具得以形成，包括银行信贷、保险、担保、证券及股票交易，文化产业市场化投融资正式起步。

第三，首批体制改革的先行企业，成功登陆股票交易市场，实现公众化、社会化投融资。

第四，文化产业投资的主体结构开始发生深刻的变化，随着市场化投融资渠道和工具的诞生，文化产业国家统筹包办的投资方式已成为过去，社会化资金及市场化资金通过金融工具逐步进入文化产业当中，文化产业投融资形成了公有资本为主，非公资本为辅的资本格局。

第五，在投融资渠道放开，资本逐步进入文化产业的推动下，文化产业的细分行业业态开始逐步丰富，影视、动漫、网络化文化信息、景区游览服务等行业得到发展，成为传统媒体（报刊、广播、电视）、大众娱乐（舞厅、卡拉OK）等业务的重要补充。

三 文化产业投资市场化扩张阶段（2000～2007年）

2001年，我国正式加入WTO，通过制度创新和技术创新推动文化产业结构升级，扩大文化市场的准入范围，逐步允许存在各类资本金融文化产业已经成为该阶段文化产业投融资的主题。

2002年，党的十六大报告中指出：发展文化产业是市场经济条件下繁荣社会主义文化、满足人民群众精神文化需求的重要途径。完善文化产业政策，支持文化产业发展，增强我国文化产业的整体实力和竞争力。2003年，中宣部、文化部、国家广电总局、出版总署下发了关于文化体制改革试点工作的意见，全国各地先后开展了大量的工作，明确深化文化体制改革是发展文化产业的根本途径，加快产业结构调整是发展文化产业的重要前提，广泛吸纳社会资本是壮大文化产业的积极举措，培养文化人才队伍是发展文化产业的关键环节。其中，首先要把文化投融资体制改革提上议事日程，目的在于：突破资金瓶颈，解决加快发展文化产业和文化基础设施建设的资金来源，以社会"增量"资本来激活国有"存量"资本，优化国有文化企业的资本结构，建立现代文化企业制度和现代文化产权制度。

2006 年，党的十六届六中全会上通过的《中央关于构建社会主义和谐社会若干重大问题决定》中指出：要"完善文化产业政策，培育国有和国有控股骨干文化企业，鼓励非公有资本依法进入文化产业，以重大文化产业项目带动发展，推动集约化经营，提供价格合理、形式多样的文化产品和服务，增强文化产品国际竞争力"。

而在 2000～2007 年期间，文化产业出现了高速的发展。以 2006 年为例，据 2007 年我国文化产业蓝皮书统计，当年我国文化及相关产业实现增加值 5123 亿元，比 2005 年增长 17.1%，增速高出同期 GDP 增速 6.4 个百分点。文化产业增加值占 GDP 的比重为 2.45%，文化产业在提供就业机会、优化经济结构方面的重要作用日益显现，已成为国民经济的支柱产业。

这一时期文化产业投资的主要特征包括以下方面。

第一，加入 WTO 后，国家在文化产业上开始逐步放开资本进入的门槛，并出台相关的政策措施鼓励和促进非公资本（包括外资）进入文化产业。2002 年新闻出版总署、对外贸易经济合作部出台的《设立外商投资印刷企业暂行规定》提出，国家允许设立从事出版物、包装装潢印刷品、其他印刷品印刷经营活动的中外合营印刷企业，允许设立从事包装装潢印刷品印刷经营活动的外资印刷企业。2004 年国家工商行政管理总局、商务部发布《外商投资广告企业管理规定》提出，外商投资广告企业符合规定条件，经批准可以经营设计、制作、发布、代理国内外各类广告业务。2005 年国务院出台《关于非公有资本进入文化产业的若干决定》，最大限度地降低了非公有资本进入文化产业的门槛，鼓励和支持非公有资本进入不含意识形态的文化产业领域，包括文艺表演团体、演出场所、博物馆和展览馆、互联网上网服务营业场所、艺术教育与培训、文化艺术中介、旅游文化服务、文化娱乐、艺术品经营、动漫和网络游戏、广告、电影电视剧制作发行、广播影视技术开发运用、电影院和电影院线、农村电影放映、书报刊分销、音像制品分销、包装装潢印刷品印刷等。

第二，文化产业投融资的资本要素逐步发展，文化产业投融资渠道和手段得到扩充。随着我国加入 WTO 后，金融市场快速发展，新兴的现代金融工具在国内得到兴起和发展，包括风险投资、天使投资、私募股权基金、信托、中小板资本市场等金融工具和产品在文化产业得到广泛应用，为文化产业发展提供了较为大量的资金，促进了文化产业的跨越式发展。同时，在资本层面，国内的文化创意企业不再局限于国内的资本市场，在外国投资机构、券商和金融服务中介的推动下，国内文化创意企业登陆海外的资本市场进行融资，进而消除了文化产业投资者的国别界限。

第三，借鉴科技金融的投融资模式，以网络科技为载体的文化信息行业成为投融资的亮点。2000～2007年期间，网络科技发展迅速，与文化产业的相关领域迅速融合形成细分的文化产业领域，在社会化、市场化资本的推动下，形成特有的文化产业商业模式，成就了行业的佼佼者，代表企业包括百度、腾讯、分众传媒、盛大、51job等。

第四，文化产业投资主体格局发生了明显变化，社会化、市场化资本已经成为文化产业投融资的重要组成部分，在非公共产品的文化产业上，"国退民进"（公有资本比重降低，非公资本比重增加）的迹象相对明显。

四 文化产业投资市场化快速发展阶段（2007年至今）

文化产业经过2000～2007年的蓬勃发展，在产业规模上已经成为国家经济发展的重要产业之一。而跨进2007年后，国家对文化产业的重视程度日益加深，特别是在如何有效利用资本手段，改善文化产业的增长发展模式，合理优化产业结构上，文化主管部门、金融部门均出台了不同的规划和政策措施，通过相关的整合措施、手段将当前"散、乱、小"的产业格局做大做强。2009年国务院出台的《文化产业振兴规划》，强调文化产业坚持以结构调整为主线，深化文化体制改革，降低准入门槛，积极吸收社会资本和外资进入政策允许的文化产业领域，形成公有制为主体、多种所有制共同发展的文化产业格局，这意味着我国文化产业经过多年的探索性发展，将进入一个高速增长周期，开启文化产业大发展的序幕。

在这一阶段，文化产业相关领域的主管部门也抓住这一历史发展机遇，继续深化产业改革，多层次的资本市场和多元化的金融投资产品也正在完善。这一时期文化产业投资的主要特征包括以下方面。

（一）文化产业的资本门槛进一步降低，推动非公有资本进入文化产业建设

2010年，国务院出台的《关于鼓励和引导民间投资健康发展的若干意见》，银监会、证监会、广电总局等九部委颁布的《关于金融支持文化产业振兴和发展繁荣的指导意见》和2012年广电总局出台的《关于鼓励和引导民间资本投资广播电影电视产业的实施意见》等多项政策文件均扩充

了文化产业对非公有资本开放的领域及降低了非公有资本进入的门槛，并给予非公有资本与国有资本同等的待遇。

（二）文化金融产品得到进一步丰富，文化产业投融资渠道和手段多样化

1. 文化产业投资基金的兴起进一步丰富文化产业投资主体

在 2007 年，中国电影集团公司与美国国际数据集团（IDG）成功发起了国内第一支文化产业专项投资基金 IDG 中国媒体基金。2009 年，一壹影视文化股权投资基金在天津核准设立，成为国内首支以影视文化产业为主要投资方向的人民币私募股权投资基金（PE）。

2009 年 4 月，文汇新民联合报业集团、上海东方惠金文化产业投资有限公司、国开金融有限责任公司、上海大众集团资本股权投资有限公司、深圳天正投资有限公司、宽带资本等机构联合发起的华人文化产业投资基金则成为国内第一支综合型的文化产业投资基金。2010 年 8 月，华人文化产业投资基金正式入股星空卫视，成为综合型的文化产业投资基金首个投资案例（根据已公开的资料反映）。

2. 文化产业投融资金融产品的逐步丰富

（1）银行信贷产品方面。

2009 年 4 月 24 日，中国银行和文化部签署《支持文化产业发展战略合作协议》。中行将为各类文化企业及文化产业中的重大项目提供包括商业银行、投资银行、保险在内的多元化金融服务，具体包括授信及融资服务、现金管理服务、资本市场专业化服务、财务顾问和保险服务、咨询与培训服务、国际结算、银团贷款服务和其他创新产品。2009 年 8 月 12 日，中行与出版总署签署《支持出版业发展战略合作备忘录》。2010 年 1 月，农业银行与出版总署签署了《全面战略合作协议》，将在未来 3 年内，提供总额不低于人民币 500 亿元的意向性信用额度，打造一批国内一流、国际知名的大型出版传媒集团和市场空间大、成长性强的"专、精、特、新"型中小出版企业。而新型的信贷产品也在陆续地推出，例如工商银行北京市分行推出过文化创意产业的专项金融产品——"融慧贷"；北京银行为支持文化创意企业及文化创意集聚区建设，推出了"创意贷"文化创意贷款，包括 10 项子产品；中国银行上海市分行首次推出中小企业播映权质押融资；中国银行浙江省分行提供首笔文化创意产业贷款，由辖内滨江支行向浙江中南集团旗下的浙江中南集团卡通影视有限公司发放 2000 万元

流动资金贷款，推出"影视通宝"业务；交通银行北京市分行开发了文化创意企业贷款，首推文化产业版权贷款。

（2）金融保险产品方面。

2009 年 3 月北京市发布了《北京市文化创意产业担保资金管理办法（试行）》，按照风险共担原则引入再担保机制，降低担保机构风险，合作担保机构为文化创意企业提供担保服务，符合条件的可享受再担保补贴和担保业务补助支持。2010 年 8 月，上海市委宣传部、市金融办、市发展改革委、市财政局、市文广影视局、市国资委、市出版局、人民银行上海分行、上海银监局、上海证监局、上海保监局联合发布了《上海市金融支持文化产业发展繁荣的实施意见》，对于中小规模的文化企业，通过加强与融资性担保公司的合作，扩大担保贷款规模。在具体的金融保险产品上，2010 年 6 月，著作权交易保证保险产品在北京诞生。产品由信达财产保险公司推出，北京东方雍和国际版权交易中心担任独家代理人，为文化产业提供保险服务。著作权交易保证保险赔偿著作权交易合同的买方因所购著作权存在瑕疵被诉侵权索赔而遭受的损失。买方可以依据该保险合同，直接获得信达财产保险股份有限公司的赔偿，而不需要首先向卖方索赔。新浪、优酷等 3 家公司作为首批该保险产品用户在产品发布会上签署了合作协议。

（3）权益证券化创新方面。

2011 年深圳世纪领军影业投资有限公司提出以电影收益权融资模式拍摄古装动作悬疑片《大唐玄机图》。《大唐玄机图》总投资预算 1 亿元，出品人李菲等投资关联方出资 2500 万~4000 万元后，剩下的 6000 万~7500 万元融资额将拆成若干份额权，通过深圳前海金交所向普通投资者发售，每份初始价格为 1 万元，投资门槛最低 30 份，即 30 万元。投资者定向认购后，在该项目存续期间内可将权益份额通过深圳前海金交所交易转让。如果投资者不想在二级市场转让自己手里的"电影股票"，可以等到影片上映后获取票房收益。

3. 借助社会资本改善产业发展模式，盘活存量的文化产业资源

由于文化产业的特性和我国金融体系的对接融合仍在进一步探索中，国家在相关政策文件中多次提及要探索和建设文化金融体系，改变资本机构对于文化产业有钱投不出去的怪现象。2009 年，各地开始掀起文化产业交易所的建设热潮，文化金融服务机构开始逐步兴起，将积极引导市场化、社会化资金流向文化产业的相关环节，推动文化产业发展的变革。

4. 社会化、市场化资本逐步成为文化产业发展的主要力量

在产业经营范畴内，公有资本主要起投资引导作用（包括意识形态的引导，投资方向的引导），非公有资本则作为产业投资建设的主要支持和支撑；在公共文化产品建设上，政府改变全包干的模式，适当启动采用政府采购模式，引导非公有资本进入公共文化建设领域。

B. 4

国内文化投资服务环境研究

摘要：本文主要对国内文化投资的环境作了一个综合研究，首先对国内文化投资的经济环境作了细致分析，然后具体介绍了文化产权（版权）交易所平台和网络投融资平台的发展情况，其中文交所数量增长很快且区域分布差异大，众筹模式依托互联网金融，成本低、覆盖广、发展快。随后，报告对文化投资环境存在的不足和问题提出了相关对策建议。

关键词：文化投资、文化产业、投融资平台、文交所

我国庞大的人口、文化消费需求、产业结构演变，使得文化产业充满了超常盈利的机会和无可限量的空间。当代社会各种产业利润主要靠领先的自主创新和技术进步来实现，而文化产业正是自主创造和技术含量高的一个门类，是投资回报最好的行业之一。

一 文化投资经济环境分析

（一）国内宏观经济稳定增长，促进文化产业发展

2013 年上半年，我国 GDP（国内生产总值）248009 亿元，按可比价格计算，同比增长 7.6%。其中，一季度增长 7.7%，二季度增长 7.5%。从环比看，一季度 GDP 增长 1.6%，二季度 GDP 增长 1.7%。GDP 增长速度在年初确定的 7.5% 增长目标内。

上半年的经济运行情况，可以三句话来概括，即经济运行总体平稳，结构调整稳中有进，转型升级稳中提质。而文化产业是跟经济整体的实力有关的，是跟文化积淀有关的。2012 年我国 GDP 为 519322 亿元，第三产业增加值 231626 亿元，占 GDP 的比重为 44.60%。其中文化产业增加值

18071 亿元，占第三产业比重为 7.80%，占 GDP 的比重为 3.48%。总体来看，2013 年，我国文化产业面临着产业外部宏观经济形势下行的压力，以及产业内部政策效应衰减的影响，增长速度会在 2012 年的基础上继续放慢。

（二）国内文化产业总体规模不断扩大

依据《文化及相关产业分类（2012）》新标准进行测算，2012 年我国文化及相关产业法人单位实现增加值 18071 亿元，文化产业对当年经济总量增长的贡献为 5.5%，占当年 GDP 的 3.48%。

2006～2011 年，我国文化及相关产业法人单位增加值现价的年平均增长速度为 21.55%，高于同期 GDP 现价增长速度 5.15 个百分点，法人单位增加值占 GDP 的比重由 2006 年的 2.45% 逐年提高到 2011 年的 2.85%。为与 2012 年的数据比较，我们对 2011 年数据按照新分类标准进行了同口径修正，将 2011 年文化及相关产业法人单位增加值修订为 15516 亿元，与当年 GDP 之比修正为 3.28%，这样，2012 年文化及相关产业法人单位增加值占 GDP 的比重比 2011 年提高了 0.2 个百分点，增加值现价比上年增长了 16.5%，比同期 GDP 现价增速高出 6.8 个百分点。

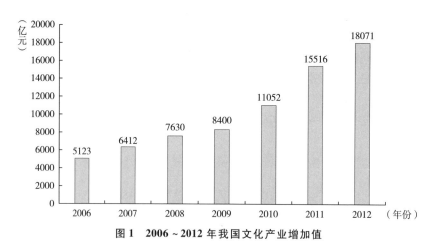

图 1　2006～2012 年我国文化产业增加值

数据来源：国家统计局、新元文智咨询服务有限公司（以下简称新元文智）。

（三）国内文化消费整体规模呈增高趋势

根据近十年的统计数据可以看出，随着人们收入水平的不断提高和物质生活质量的逐步改善，城乡居民越来越重视文化生活，城乡居民人均文化消费逐年增长，文化消费整体规模呈现增高趋势。

2011年城乡居民人均文化消费分别达到1102元和165元，比2002年分别增长170.7%和251.1%，年均分别增长11.7%和15.1%，年均增速分别快于人均消费支出0.9和2.7个百分点。2011年城乡居民文化消费占消费支出的比重分别为7.3%和3.2%，比2002年分别提高0.6和0.7个百分点。文化消费的快速增长必将成为中国经济扩大内需、拉动消费的新引擎，中国也将成为世界文化产品生产与消费的重要一极。

伴随着城乡居民文化消费的不断发展，特别是农村居民文化消费的快速发展，城乡居民文化消费的差距虽有所缩小，但依然较大。2011年城乡居民的文化消费比为6.7:1，较2002年的8.7:1有所缩小，但仍远大于城乡居民的可支配纯收入比（3.1:1）和消费支出比（平均约为2.9:1）。2011年城乡居民文化消费占消费支出的比重之差为4.1个百分点，与2002年基本持平。我国农村居民文化消费的发展潜力还很大，如何发展和提高农村居民的文化消费水平仍是今后一段时期需要着重考虑的问题，应引起足够的重视。

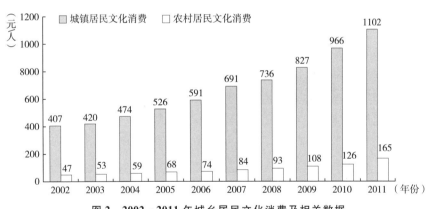

图2　2002～2011年城乡居民文化消费及相关数据

数据来源：《2012年中国统计年鉴》、城乡住户调查资料。

二　文化投资公共服务平台建设分析

文化投资公共服务平台可以分为两大类：一是文化产权交易平台，如文交所、拍卖行等。二是网络投融资服务平台，如文化部文化产业投融资公共服务平台、为中小文化企业提供投融资服务的商业网站和网络服务平台、为各类文化企业或项目提供网络筹资平台的网络社区平台，以及各类众筹网站等。

（一）文化产权（版权）交易所平台发展状况

1. 文交所数量增长很快

2009 年 6 月 15 日，国内首个综合性文化产权交易平台——上海文化产权交易所成立，随后深圳、成都等地也先后成立了文化产权交易所。2010 年 3 月，各省、自治区、直辖市收到了来自北京的一份名为《关于金融支持文化产业振兴和发展繁荣的指导意见》的文件。"指导意见"的下发，确立了"文交所"产业的法律地位。此后，"文交所"开始在全国如雨后春笋般兴起。截止到 2012 年底，国内注册的文交所已超过 70 家，其中有 50 多家已经开始初步运作。目前国内的文交所主要有：上海文化产权交易所、天津文化艺术品交易所、郑州文化艺术品交易所、成都文化产权交易所、深圳文化产权交易所等。

2. 文交所区域发展不平衡

文交所多集中在国内经济发达地区。北京、上海、天津、华东、中南地区发展较快，其中北京地区现有各类文化产权交易所、交易中心 7 家，上海地区达到 5 家，天津地区共有 4 家，华东地区共有 12 家、中南地区共有 7 家。值得注意的是，西安市文交所数量达到 5 家，且其中三家文交所发起机构为同一家——陕西文化产业投资控股（集团）有限公司。可见，陕西地区凭借其地域、历史资源优势，文化产权交易市场存在较大发展空间。我国华北、东北、西南、西北等地文化产权交易市场开发力度不够，如青海、甘肃等地均没有设立文交所。

3. 文交所可分为三大类型

随着文化产业的红火发展，沿海和经济发达地区的文交所不再满足于单纯的艺术品交易，开始由此衍生出从事细分领域的文交所，比如专注于版权交易的北京东方雍和国际版权交易中心，又比如 2013 年 7 月在安徽上线的首个以声音产权为交易内容的"声交所"。总体来说，文化产权（版权）交易所按照其所从事的交易内容，具体可以分为以下三大类。

（1）以艺术品产权交易为核心的平台。

这类平台以上海文化产权交易所为代表，是以文化物权、债权、股权、知识产权等各类文化产权为交易对象的专业化市场平台，是目前我国文化市场的主流平台。其具体分布如表 1 所示。

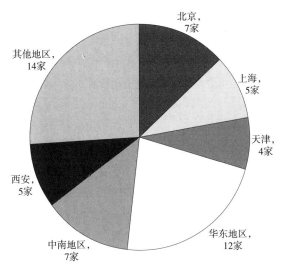

图3 2012年我国文交所区域分布

数据来源：新元文智据公开资料整理。

表1 以艺术品产权交易为核心的平台

直辖市和华北地区	东北和华东地区	中部和西部地区
北京皇城艺术品交易中心所	大连鑫汇文化艺术品交易所	郑州文化艺术品交易所
国粹苑艺术品交易中心	通化关东文化产品交易市场	湖南文化艺术品产权交易所
北京华彬艺术品产权交易所	北方文化产权交易所	湖北华中文化产权交易所
北京九歌艺术品交易所	南京文化艺术产权交易所	湖北华中文化产权交易所宜昌有限公司
中国工艺艺术品交易所	浙江文化艺术品交易所	南方文化产权交易所
汉唐艺术品交易所	杭州文化产权交易所	深圳文化产权交易所
上海文化产权交易所	合肥文化艺术品交易中心	广西文化艺术品产权交易所
天津文化艺术品交易所	泰山文化艺术品交易所	成都文化产权交易所
天津文化产权交易所	潍坊文化产权交易所	贵州阳光产权交易所
重庆艺术品版权交易中心	海峡文化产权交易所	西藏文化产权交易中心
内蒙古文化艺术品交易所	海峡文化产权交易所	陕西省文物艺术品交易中心
内蒙古科尔沁文交所		雁塔艺术品交易中心
鄂尔多斯文化产权交易所	江西省文化艺术品交易所	陕西文化产权交易所
		宁夏产权交易所

（2）以版权交易为核心的平台。

这类平台以北京东方雍和国际版权交易中心为代表，主要是搭建一个版权交易的市场，从版权资产、文化核心资产的存量和增量融资两个方面，发挥资源配置和信用增进两个作用，为版权价值的挖掘推广而服务。其具体分布如表2所示。

表2　以版权交易为核心的平台

直辖市	其他地区
北京东方雍和国际版权交易中心	江苏紫金版权交易中心
上海版权交易中心	青岛国际版权交易中心
重庆艺术品版权交易中心	

（3）以细分领域的文化产权交易为核心的平台。

这类平台以安徽"声交所"为代表，专注于文化产业底下某一细分领域的文化产权的交易与推广。如安徽的"声交所"，主要以声音产权为交易内容；如国家动漫游戏产业产权交易中心，其交易品种主要有股权类、项目资产类、虚拟游戏装备类、动漫游戏商品化权类和动漫游戏经济权类五大类权益。其具体分布如表3所示。

表3　以细分领域的文化产权交易为核心的平台

东部地区	西部地区
上海文化产权交易所——音乐产权交易中心	安徽"声交所"
联合国南南全球技术产权交易所	中国西安电视剧版权交易中心
国家动漫游戏产业产权交易中心	陕西书画艺术品交易中心
天津海泰数字版权交易服务中心	旺角玉石文化交易市场
天津滨海国际知识产权交易所	奇石宝玉文化交易市场

4. 文交所的服务功能较完善

我国文化产权（版权）交易所主要包括文化产权交易平台、文化产业投融资平台、文化企业孵化平台、文化产权登记托管平台四类平台。文化产权交易平台，即通过高效的信息发布平台和电子交易系统，广泛征集卖家和买家，充分发现市场价格，提高文化产权交易效率；文化产业投融资平台，则面向投资人，设计开发符合文化产权交易特性的融资产品和投资工具，为各类文化企业及项目提供融资支持；文化企业孵化平台，提供文化企业改制、重组、股权登记托管、融资等完善的服务，提高孵化效率，加速其成长，辅导其走入资本市场；文化产权登记托管平台，承担文化产权登记职能，办理各类文化产权托管，提供交易见证、过户、质押登记等服务。

5. 文交所发展中出现较大问题，政府介入整改

文化艺术品份额化和证券化导致了市场的虚假繁荣，其中引发的问题也导致了政府的介入。2011年底，国务院开始对文交所进行整改，发布了《关于清理整顿各类交易场所切实防范金融风险的决定》（简称"38号令"）。随后，中宣部、文化部、广电总局、新闻出版总署以及商务部等五部委联合发布《关于贯彻落实国务院决定加强文化产权交易和艺术品交易管理的意见》（简称"49号令"），以清理整顿各类交易场所、加强文化产权交易和艺术品交易管理。两大禁令明确否定了天津、泰山、汉唐、联合利国等文交所存在的"等额拆分""集中竞价""持续挂牌交易""T+0实时交易""人数未限"的交易模式。文件明确提出交易所"五个不得"（任何交易场所均不得将任何权益拆分为均等份额公开发行；不得采取集中竞价、做市商等集中交易方式进行交易；不得将权益按照标准化交易单位持续挂牌交易；任何投资者买入后卖出或卖出后买入同一交易品种的时间间隔不得少于5个交易日；除法律、行政法规另有规定外，权益持有人累计不得超过200人），戳中了文交所的"软肋"，迫使艺术品证券化紧急叫停，全国各类交易场所进入整顿期。

2013年，随着检查验收和批复工作的逐步展开，随着联席会议同意保留和备案的交易场所名单的陆续公布，长达一年多的全国范围的各类交易场所清理整顿工作基本接近尾声。文交所运行的政策环境逐渐明朗，文交所迎来了真正意义上的"元年"。然而，对于瞬间兴起却遭遇波折的文交所来说，清理整顿之后的考验才刚刚开始。

6. 文交所未来发展稳中求新

2012年9月，天津、山东、安徽、湖北、广州5省市文化产权交易所组成战略联盟，抱团寻求出路。2012年10月，18个省、自治区、直辖市的26家文化产权交易平台机构成立了第一个全国性文化产权交易行业自律组织，即全国文化产权交易共同市场。2013年，文化产权交易市场的"生存、突围、重组"三大主题贯穿全年。在"整肃令"下发之后，各地文交所对自己的未来也做出了不同的规划。在文交所这场轰轰烈烈的革命中，无论其探索过程是如何曲折而艰难，是联手闯关还是转型股改，各地文交所的积极探索对文化产业的发展都是有益的。文交所作为市场的"新生儿"，的确还有许多地方需要成长，但只要文交所不

断探索与寻求自己的定位，做好金融体系与文化艺术产业的衔接工作，同时相关部门做好政策保障与法律规范等工作，未来文交所注定是会发展得越来越好的。

（二）网络投融资平台的发展状况

1. 网络投融资平台功能趋于细分化

文化产业投融资服务网络平台数量呈上升趋势，其中政府创办的较多，企业创办的（含众筹网站）相对较少；从区域分布上看，企业机构创办的文化产业投融资服务网络平台主要分布在互联网技术及应用更为普遍的发达地区，如北京、上海、深圳。网络投融资平台按服务功能可分为以下几种。

政府设立的文化产业投融资服务网络平台。平台主要功能是发布最新资讯、政策法规、项目及产品、行业资料等信息，在线受理信贷申请、产权交易、补贴申报等业务，开展项目推介、上市推荐、产品发布、业务咨询等服务。

企业设立的文化产业投融资服务网络平台。平台从服务内容的差异方面又可分为传统文化产业投融资服务网络平台和创新型文化产业投融资服务网络平台（如众筹网站），目前前者数量较少，后者数量较多。

传统文化产业投融资服务网络平台。平台面向具有发展潜力的动漫、游戏、数字媒体、数字影视制作等高科技的、创新的文化企业，如上海市东方惠金文化产业投融资服务网络平台。

以众筹网站为代表的创新型文化产业投融资服务网络平台。众筹网站是用团购＋预购的形式，向网友募集项目资金，从而运作项目以取得盈利。

2. 众筹模式依托互联网金融，成本低、覆盖广、发展快

所谓网络众筹，简言之即通过网友募捐筹款来实现一些创意、创业项目。众筹网站为网络募捐和项目筹资人提供实现项目对接的服务平台，任何人都可以通过众筹网站为某个项目捐赠指定数目的资金，众筹网站通过向项目发起者收取很低的佣金（国内众筹网站一般收取 1%～10% 的佣金）维持网站运营。网络众筹模式最早出现在美国，现在已经初具规模，具有一定的市场影响力，如世界知名的众筹网站 Kickstarter、Indiegogo 等。之后，韩国和日本的动漫业、影视业也开始采用网络众筹方式为项目筹集资金。值得关注的是，网络众筹业目前正在全球迅速发展，

全球众筹资金从 2009 年的 5.3 亿美元上升到 2012 年的 26.6 亿美元。在 2007 年，全球网络众筹平台不足 100 个，到 2013 年初已经有 700 多个。

目前，我国逐渐开始尝试网络众筹这种新兴的投融资模式，市场上雨后春笋般地出现了一些专门为网络众筹提供平台服务的众筹网站，如点名时间、追梦网等。就我国文化产业投融资领域而言，目前电影业、动漫业、新闻业、音乐业正在尝试通过众筹网站，进行文化项目众筹。据不完全统计，我国专门提供网络众筹服务的众筹网站平台约有十几家，主要的几家具体分布如表 4 所示。

表 4　我国主要众筹网站介绍

众筹网站名称	成立时间	注册地点	众筹项目类型	备　注
点名时间	2011 年 4 月	北京	设计、科技、音乐、影视、动漫、出版、游戏、摄影等	中国最大的众筹平台
追梦网	2011 年 9 月	上海	设计、科技、摄像、音乐、人文、出版、活动等	免向项目发起人收取佣金
淘梦网	2012 年 2 月	北京	最大的微电影众筹网站	项目成功后，按比例收取手续费（个人项目按最终筹集资金的 5% 收取，公司项目按 10% 收取）。项目不成功则不收取任何费用！发行计划：完全免费
亿觅网	2012 年 9 月	深圳	生活创意	
乐童音乐	2013 年 5 月	北京	音乐制作、现场演出、音乐周边、音乐出版等	截至 2013 年 9 月已接收 80 多个音乐项目，成功项目 27 项、失败 39 项
鸿元众筹	—	江苏常州	设计、科技、影视、摄影、音乐、出版、活动、旅游等	运作模式：项目必须在发起人预设的时间内获得超过目标金额才算成功。没有达到目标的项目将退回所有支持者的款项以保障支持者的权益。项目成功后，工作人员将监督项目发起人执行项目，确保支持者的权益

三 文化投资环境中存在的问题

1. 文化产业投融资体系初步建立仍需完善

2010 年九部委文件出台后，文化金融工作实现了快速发展。目前多层次多渠道多元化的文化产业投融资体系已经初步建立，并正在深入完善。第一，文化部先后与中国进出口银行、国家开发银行、中国银行、中国工商银行等十家银行机构建立了合作关系，各合作银行机构加大了对文化产业的信贷支持力度，为各类文化企业、文化产业项目提供全方位的金融支持。第二，文化部启动保险业对文化产业进行支持，同时认定了中国人民财产保险公司、中国太平洋保险公司等三家文化产业试点保险公司，推出了演艺活动财产保险、艺术品综合保险、文化产业知识产权保险等 11 个为文化产业量身定做的试点险种，其中大部分开发完成的试点险种已经投入市场。之后又确定了保险重点项目 110 个，涉及企业 76 家，保险金额 5349.26 万元，实现文化产业风险投资 531.94 亿元。第三，各类社会资本积极投入文化产业，多种融资方式为文化企业选择多样化的融资提供了方便。在文化产业间接融资迅速发展的同时，各类文化产业投资基金纷纷涌现，很多传统企业将目光投向文化产业，如万达集团进军娱乐、演艺等文化产业领域。第四，文化企业资本市场融资逐步成熟。近年来，一批经营稳定、管理成熟的优质文化企业逐步登陆资本市场，利用多层次资本市场做大做强。2011 年 4 月，为科学引导符合条件的文化企业上市融资，文化部出台了《关于推进文化企业境内上市有关工作的通知》，建设文化企业境内上市资源储备库，及时掌握优秀文化企业的上市意愿和进展情况，并联合沪深交易所等部门机构在全国范围内开展了文化企业上市培训。建立辅导和推荐机制，形成储备一批、培育一批、申报一批、发行一批的批次格局，为企业的上市融资打下了基础，截至 2012 年在上海、深圳交易所公开上市的文化企业已达 77 家，总市值达到 2059 亿元。

2. 文化企业融资渠道较窄，融资成本较高

虽然近两年金融机构支持文化产业的积极性很高，但同时需要看到，文化企业受文化产业轻资产特点和经营管理能力的限制，仍不善于灵活运用多元化的金融工具。目前，大多数文化企业常用的融资方式局限于银行信贷，且较多采用固定资产抵押为主的担保方式。因此，能够通过银行信贷成功融资的，一般都是具有一定实力的文化企业，且企业或个人拥有足

够的固定资产进行抵押；大多数处于成长期的中小文化企业即使手头拥有可以盈利的项目，但是由于达不到银行对抵押物和风险控制的要求，很难获得贷款。即使满足条件的文化企业，也面临贷款审批手续繁杂、时间较长、成本较高等问题。

3. 文化产权市场自身存在问题，难以发挥其功能

文化企业大多采取知识产权、版权、未来收益等无形资产的质押贷款，而我国多数银行对于知识产权、创意产品等无形资产的价值评估缺乏经验，我国此类评估机构或者缺乏或者实力较弱，所以出于规避风险的考虑，很多银行都直接规避此类贷款。虽然产权交易平台在文化产业发展中具有价格发现、信息聚集、助力融资、中介服务等多项功能，但是文化产权市场建设还处于起步阶段，产权市场的功能尚未充分发挥，产权市场自身还存在诸多问题。而关于文化产权（版权）交易所平台，一方面，文化产权（版权）交易所平台缺少权威鉴定机构。尤其近几年艺术品交易市场常会出现造假、售假事件，这些负面事件极大地挑战了文化产权（版权）交易所平台的权威。另一方面，目前各地文化产权（版权）交易所之间缺少更加普遍的合作交流，各类资源没有达到充分利用，难以充分发挥其功能。

4. 金融机构业务创新不足，行业经验缺乏

目前，我国文化企业普遍存在规模小、固定资产少、盈利方式不确定等特点。现有的金融产品主要服务于传统产业，重视企业规模和有形资产，对人力资源、著作权、版权等无形资产的评估没有统一标准；金融机构缺乏受理文化企业融资业务的经验，投资文化产业的风险较大。在实际的项目操作过程中，仅以银行业金融机构为例，虽然各家银行均已明确要求为文化企业提供授信服务，不少银行也推出诸如知识产权和应收账款抵质押等有针对性的融资产品，但由于信贷管理制度要求严格，对不良贷款的责任认定制度使具体信贷经办人员担心承担风险。同时，银行的绩效考核制度只注重贷款规模和增量，信贷业务人员更倾向于向资产实力雄厚、贷款金额大、期限长，抵押物充足的企业放款，主动为中小文化企业提供贷款的激励不足。尤其在当前货币政策紧缩的背景下，亟须通过财政、税收等手段，鼓励金融业出台支持文化产业的措施，推动相关工作的深入开展，吸引各类金融机构进入文化产业领域，满足文化产业的资金需求。

5. 文化保险的缺失制约投融资平台的高效运营

文化保险的缺失制约中小文化企业投融资平台的高效运营。文化产权

（版权）交易所平台需要保险行业的深度介入。如文化产权（版权）交易往往涉及鉴定、评估、展示、运输等环节，这些环节都需要文化保险产品的有效保障。

6. 网络投融资平台还处于萌芽阶段有待完善

关于网络投融资平台，现在只在东部和沿海地区发展迅速，西部地区网络投融资平台则建设程度较低。其原因可能是因西部地区互联网技术发展相对落后，互联网普及率较低，大众对诸如网络众筹等新型模式的接受度较低；另一方面则是涉及互联网融资合法性的问题。目前，众筹模式与非法集资边界仍不确定，法律界对网络众筹依然没有给出明确的定义和解释，因此众筹平台极易触碰法律底线。另外还有通过众筹平台进行融资的项目所涉知识产权很难得到有力保护等问题。

四　文化投资环境优化的建议与策略

1. 组建综合文化管理机构

为了应对建立统一市场和实行融合发展的转型要求，应合并原有分业管理的体制，尽快组建综合文化管理机构。我国传统文化管理体制为分业管理（主要区分为文化艺术、出版、广电等部门），也被称为"竖井式管理"。改革开放以来，这一管理模式越来越成为制约文化产业发展的重要因素，因此需要尽快改革，组建综合文化管理机构。

2. 对文化产业版权的价值评估和保护

文化产品价值的不确定性，是文化企业融资难的症结所在。完善文化产业投融资体系，首要任务是建立文化产品评估、交易体系。文化企业卖的就是创意，主要体现在产品版权上。因此，版权评估和交易是文化产品流通和升值的重要一环。此外，发展版权交易的前提是打击盗版，而这将是一个长期工作。

3. 政府应进一步创新和完善文化保险机制

促进保险支持文化产业各项工作的快速发展，进一步加强政策倾斜力度，多层次地引导保险业加强对文化产业投资重视，研发品种多、适用性强的险种，同时形成与其他金融机构配套服务的全方位的"金融对接文化"格局。这样能保障文化产权（版权）交易所平台顺利、健康运行，更能保障交易双方的权益。

4. 完善文化产权（版权）交易所的建设经验交流机制

针对文化产权（版权）交易所平台区域发展成熟程度存在明显差异等

问题，建议一线城市起步早、业务成熟的文交所应当加强与文化产业发达国家的学习交流，借鉴其先进经验并创新模式；起步晚、发展慢的文交所应当引进和培养专业人才，加强一线城市文交所的学习交流与合作，发挥一线城市文交所的带动作用，加强资源整合，实现资源的有效配置和合理应用，促进各地文交所区域协调发展。

5. 关注互联网投融资平台的服务合法性问题

针对网络投融资平台，一方面，不可否认的是，未来是互联网的世界，文化企业应加强明确这一点，应该对新型网络投融资平台加强关注，尽可能尝试利用网络投融资平台进行投融资业务的操作。另一方面，网络平台经营者（如众筹网站经营者）应随时关注互联网投融资平台所提供的服务的合法性问题；另外，法律界应该尽快就网络众筹等筹资模式给出明确的司法解释，以保障各方权益。

6. 深化改革，加快文化产业立法进程

早在 2004 年就已列入中宣部文化立法十年规划的《文化产业促进法》，到现在更名为《文化产业振兴法》，仍然停留在研究论证阶段。加快《文化产业振兴法》的立法进程，要更新观念，确立法律促进发展的基础地位；要解放思想、破除难点，尽快弥补我国法律对宪法规定的公民文化权利保障不足的重大缺陷；要立足当前、着眼长远，既满足文化产业振兴的当前需要，又较好地适应文化产业发展的长远要求。

B. 5

文化产业海外投资分析报告

摘要： 我国文化产业海外投资主要包括兼并重组和直接投资两种，2003 年至今海外投资事件 77 起，海外投资规模参差不齐。我国文化产业海外投资正处于初期阶段，这主要是由于我国文化产业政策支持不足，文化产业海外投资体系不健全以及海外投资成本高等因素造成的。

近年来，海外投资金额规模不断扩大，文化产业海外投资快速发展，文化产业海外投资主要集中于游戏、广播电影电视服务、互联网三大领域，随着文化产业"走出去"步伐的加快，演艺、图书出版等其他领域的投资也在不断增长。投资区域也由美国、韩国向日本、欧洲、越南、柬埔寨等其他国家和地区不断扩大。

关键词： 海外投资、网络游戏、广播电影电视服务、互联网、兼并重组

随着文化产业的快速发展，文化行业在国民经济中所起的作用和占据的地位不断提高，文化经济已成为产业转型和升级的重要途径，各国陆续将文化产业列为重点支柱性产业。我国已经把文化产业作为未来国家战略性新兴产业，为了促进文化产业的进一步发展，扩大文化产业的国际投资、合作关系，加速文化"走出去"的发展步伐，我国对文化企业海外投资的扶植、鼓励政策支持力度不断加强。

同时，面对国内市场的激烈竞争，文化领域企业单一产品出口已经不能满足行业需求，文化产业"走出去"经营模式已经从单纯贸易型向投资型转变。2003～2013 年，我国文化产业海外投资规模迅速扩大，主要集中在网络游戏、广播电视电影服务和信息传输服务领域，随着我国文化产业海外投资的快速发展，文艺演出服务、新闻报刊出版等其他领域的投资方

式也在逐渐发生改变，文化企业海外投资、合作的范围在不断扩大，文化产业发展势头良好。但就目前我国文化企业海外投资的趋势来看，投资规模偏小，渠道领域的投资远大于文化内容制作的投资，必须是多元的、立体的、全方位的才能有利于文化"走出去"的可持续发展。

一　文化产业海外投资政策环境

在中国政府的大力扶植下，中国文化企业走向海外市场的步伐越来越坚定，进出口额逐渐增长，出口版图持续扩大，而且出口模式也从单纯贸易型向投资型转变，国际合作深入发展。商务部、文化部等部委和各行业主管部门纷纷出台相关政策，大力推动了中国文化产业"走出去"海外投资的发展步伐。

（一）金融扶植和税收减免

2010 年 3 月中国人民银行同九部委联合发布《关于金融支持文化产业振兴和发展繁荣的指导意见》，明确指出"境内资金可以投资国外文化产品"。

2010 年 8 月，根据国务院《文化产业振兴规划》中关于"落实鼓励和支持文化产品和服务出口，扩大对外文化贸易"的目标，国家广电总局与中国进出口银行签订了《关于扶植培育广播影视出口重点企业、重点项目的合作协议》，在 5 年合作期内，中国进出口银行计划向广播影视重点企业和项目提供不低于 200 亿元或者等值的外汇融资支持。该协议将推动我国文化企业开拓国际市场。

2011 年，根据国家新闻出版总署《新闻出版"十二五"规划》，着力打造一批具有国际竞争力的大型传媒集团和物流企业，新闻出版业积极实施"走出去"战略，国家新闻出版总署支持和鼓励外向型新闻出版单位，尤其是实力雄厚的集团去境外发展，鼓励企业生产更多的外向型新闻出版产品，重点支持企业以动漫、网络游戏、期刊数据库、电子书等数字出版产品和服务开拓海外市场，支持有能力的企业扩大对外投资，通过多种方式在境外兴办新闻出版实体，拓展新闻出版业务。

2012 年 9 月，商务部、文化部、广电总局和新闻出版署公布了共同制定的《2011～2012 年度国家文化出口重点企业目录》和《2011～2012 年度国家文化出口重点项目目录》，为政府实行税收优惠政策、提供金融支持提供了依据。

表1 "十二五"期间新闻出版"走出去"工程

1 "经典中国"国际出版工程

　　采用项目管理方式资助外向型优秀图书选题的翻译、出版、推广，以版权输出和出版合作等方式，实现对外出版发行，进入国外主流发行渠道，提高中国出版物出版水平和国际竞争力；鼓励向发达国家输出，以主流社会读者为对象，向国际市场推广我国优秀思想文化、精神文明以及历史成就

2 中国出版物国际营销渠道拓展工程

　　积极实施"借船出海"战略，加强与全球性和区域性大型连锁书店的合作，拓展国际主流营销渠道；整合和巩固现有海外华文出版物营销渠道；积极开拓重要国际网络书店等新型出版物销售渠道；从而构建国际立体营销网络，推动更多的中国优秀出版物走向世界

3 重点新闻出版企业海外发展扶持工程

　　加快我国新闻出版企业海外发展步伐，为我国重点新闻出版企业在产品输出、境外机构设立、境外资本运营等方面提供支持。重点扶持20家外向型骨干企业，通过独资、合资、合作等方式，到境外建社建站、办报办刊、开厂开店，通过参股、控股等多种方式，扩大境外投资，参与国际资本运营和国际企业管理；营造良好的环境和服务平台，鼓励和支持各种所有制企业拓展新闻出版产品和服务出口业务

4 两岸出版交流合作工程

　　大力推进海峡两岸新闻出版交流合作，重点支持挖掘和整合两岸出版资源、文化资源，完善两岸业界交流机制，加强项目合作，共同开拓海外华文市场，弘扬中华文化

5 中国国际图书展销中心建设项目

　　以服务国际出版物贸易、版权贸易为重点，建造国际一流的大型综合性交流平台，为各国参展商提供各项服务，为世界各地的出版商寻找到新的接触机会

　　资料来源：新闻出版总署，北京新元文智咨询服务有限公司（文资网，www.ccizone.com）。

（二）项目补贴和奖励

　　2010年，文化部实施了动漫游戏产业"走出去"扶植项目，对34家动漫企业、16家游戏企业"走出去"项目进行扶植，支持企业参加海外知名展会、产品译制与海外推广机构，共投入1400万元的扶植基金。

　　2011年，国家新闻出版总署为业内重点文化企业争取奖励资金超过4000万元，争取中央财政支持资金2700万元，经典中国国际出版工程资助资金超过1000万元，资助书展补贴和重点海外出版项目超过2400万元，资金总量过亿元，同时向商务部推荐了一批"走出去"援外项目。

二 国内文化企业海外投资

近年来我国文化产业海外投资增长迅速，整体投资规模不断扩大，投资合作范围不断增加，但与我国整个文化产业和国家地位比，我国文化产业海外投资正处于初级阶段，投资规模整体偏小，投资领域和地区单一，投资方式仍然以渠道为主。

（一）海外投资发展正处于初级阶段

目前，我国文化产业海外投资主要包括兼并重组和直接投资两种方式。2003年至2013年7月约十年间，我国文化产业发起海外投资事件77起（并购44起，投资33起），整体来看，我国文化产业海外投资与我国文化产业发展规模和速度不相称。海外投资规模参差不齐，已公布涉及金额的22起并购事件中，19起10亿元以下投资事件涉及金额仅占总投资额的14.87%，3起10亿元以上并购事件，涉及的并购总金额占整个并购事件总规模的85.13%，投资规模整体偏小。我国文化产业海外投资正处于初级阶段，这主要是由于我国文化产业政策支持不足，文化产业海外投资体系不健全以及海外投资成本高等因素造成的。

（二）文化产业海外投资不同领域分布状况

文化产业海外投资在文化创意和设计服务领域投资事件约占海外投资的44%，该领域的投资主要集中于网络游戏领域；其次在广播电影电视服务领域投资事件约占总投资的26%，该领域的投资主要集中于影视产业渠道投资，包括广播电视频道海外落地及分支机构建立，2012年万达并购AMC，就是我国文化产业最大的一次影视渠道投资。排名第三的投资领域是文化信息传输服务领域，该领域的投资事件约占总投资的18%，主要集中在互联网领域。

其他领域的投资中，新闻报刊和演艺服务领域的投资也对行业有一定影响，2011~2013年昆明新知集团在柬埔寨、老挝、马来西亚、缅甸投资书局，建立销售渠道，对我国新闻报刊出版领域海外投资产生极大影响。2009年天创国际演艺制作交流有限公司并购白宫剧院，打破了我国演艺领域服务的输出方式，拥有了自己的院线渠道。2007年至今，四达时代投资广播电视传输服务领域，在非洲地区投资建立星地结合的网络覆盖体系，通过数字电视和移动多媒体运营，带领了整个广播电视传输服务领域的海外投资，这些都代表未来我国整个文化产业海外投资的趋势。

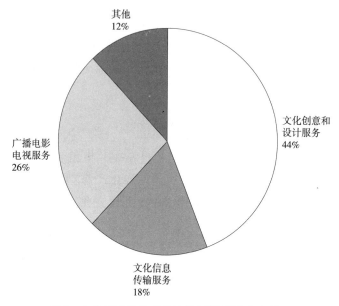

图1 文化产业海外投资事件不同领域分布状况

资料来源：北京新元文智咨询服务有限公司根据公开资料整理。

（三）海外投资不同地区分布状况

1. 海外投资事件地区分布状况

我国文化企业海外投资涉及美国、日本、英国、俄罗斯、韩国、印度、新加坡、越南、欧洲、柬埔寨等国家和地区，并且投资地区范围不断扩大。但目前文化企业在美国、韩国的投资领先。

（1）美国主要以网络游戏、互联网、广播电影电视服务领域投资为主。

由于美国经济、文化产业发达，国际投资环境好，我国42%的投资事件集中在美国，投资重点集中在游戏、广播电影电视、互联网等领域。

其中广播电影电视服务领域投资事件占总投资的39%，网络游戏事件占总投资的22%，互联网投资事件占总投资的29%，其他领域的投资事件占10%，这主要是由于美国的游戏、影视和互联网产业发达，需求市场辐射范围广，吸引大批企业进入该地区投资。2008年蓝海电视台建立，俏佳人并购美国国际卫视，以及2012年万达并购AMC，这些投资事件主要是以渠道投资为主，阿里巴巴、腾讯、盛大、完美等企业也在不断增加美国市场的投资，通过并购和投资快速获得市场渠道、技术等资源，快速布局美国文化市场。

（2）网络游戏是韩国市场投资主流。

由于韩国游戏产业发达，游戏企业众多，中国韩国游戏代理众多，熟悉韩国市场，导致我国网络游戏企业投资主要集中于韩国。

（3）文化企业投资地区范围不断扩大，投资主要以渠道为主。

我国文化产业海外投资区域范围不断扩大，其中在日本的投资事件占总投资的6%，欧洲地区的投资事件约占总投资的13%，其他地区的投资事件约占总投资的21%，这些国家和地区的海外投资主要是受传统文化背景等因素的影响，日本、泰国、柬埔寨、老挝、马来西亚、越南等中国周边国家是我国文化产业海外投资重点领域。2011年以来昆明新知集团在柬埔寨、老挝、马来西亚、缅甸投资书局，以及凤凰卫视、东方卫视、俏佳人、阿里巴巴等企业先后建立分支机构，这些都说明我国文化企业已把海外市场渠道投资作为重点。

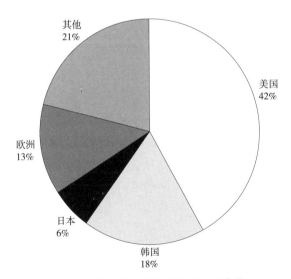

图2　文化产业海外投资事件地区分布状况

数据来源：北京新元文智咨询服务有限公司根据公开资料整理。

2. 文化产业海外并购事件的区位情况

从并购事件数量的分布地区来看，国内文化企业的并购目标多来自于美国和韩日等周边国家，其中在美国发生的并购事件有22起，占总并购事件的 50%，其中 8 起为游戏并购事件，7 起在互联网领域，4 起在广播电视电影服务领域。在韩国发生的并购有 10 起，占并购事件的 23%，其中有 9 起是网络游戏并购，1 起是玩游戏引擎，全部属于游戏产业。

表 2　文化产业海外并购事件数量区位占比

单位：件，%

海外并购领域	并购事件数量	数量占比
美　国	22	50
日　本	3	7
俄 罗 斯	2	5
韩　国	10	23
印　度	1	2
新 加 坡	2	5
越　南	1	2
泰　国	1	2
欧 洲 某 国	1	2
开 曼 群 岛	1	2

数据来源：北京新元文智咨询服务有限公司。

3. 直接投资领域区位分布状况

我国文化产业海外市场直接投资主要集中在美国、韩国、欧洲、日本及周边国家和地区，其中美国地区的直接投资约占总投资的 31%，主要集中在广播电影电视、游戏领域。韩国的直接投资约占总投资的 12%，主要集中在游戏、电影电视领域。欧洲地区直接投资约占总投资的 27%。

（四）海外并购规模不断扩大

1. 海外并购规模不断扩大

受文化产业海外业务扩展的需求，和全球产业布局速度不断加快的影响，我国文化企业海外投资的规模不断扩大，2010 年以来，文化企业海外投资规模快速增加，已公布并购金额事件中，2010 年并购金额 20.3 亿元，2011 年并购金额 15.56 亿元，2012 年并购金额 190.95 亿元，文化产业海外投资规模快速增长。单个并购事件的金额规模也在不断增长，2009 ~

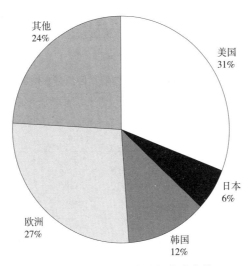

图3 文化产业海外直接投资分布状况

数据来源：北京新元文智咨询服务有限公司。

2012 年连续几年的平均并购规模呈现 2.5 倍以上的增长，扣除万达 26 亿美元并购 AMC 提高了 2012 年并购规模的因素，我国文化产业海外投资规模仍然呈现快速增长趋势。

表3 不同年份文化产业海外并购金额及占比情况

年 份	并购事件数(件)	并购总金额(万元)	平均规模(万元)	总金额占比(%)
2004	1	75895	75895	3.22
2008	3	10593	5296	0.45
2009	1	2731	2731	0.12
2010	7	155567	25927	6.60
2011	3	202954	67651	8.61
2012	7	1909465	272780	81.01

数据来源：北京新元文智咨询服务有限公司。

2. 海外并购事件规模整体偏小

受文化产业海外业务扩展的需求，全球产业布局加快，已公布涉及金额的 22 起并购事件中，19 起 10 亿元以下投资的事件金额仅占总投资额的 8.16%，3 起 10 亿元以上并购事件，涉及的并购总金额占整个并购事件总规模的 91.84%，文化产业并购规模参差不齐，企业海外投资规模整体偏小，我国文化产业海外投资正处于初级阶段，这主要是我国文化产业政策支持不足，文化产业海外投资体系不健全以及海外投资成本高等因素造成的。

表4 文化产业海外并购规模区间分布情况

额度区间	事件数（件）	规模（万元）	单个事件平均规模（万元）	事件数比例（％）	规模比例（％）
5千万元及以下	4	7514	1878	19.2	0.34
5千万至1亿元	5	29596	5919	22.7	1.35
1亿~5亿元	7	122183	17454	31.8	5.58
5亿~10亿元	3	19179	63930	13.6	0.88
10亿元以上	3	2009551	669850	13.6	91.84

数据来源：北京新元文智咨询服务有限公司。

3. 不同地域的并购金额比较

文化产业海外并购事件中，美国并购事件平均并购金额远大于行业平均规模，其他地区的并购平均金额均小于行业平均值，这说明我国文化产业大金额的海外并购事件集中在美国，2012年万达并购AMC，并购金额高达26亿美元（163亿元人民币），提升了对美国并购的平均规模，但也给万达带来了整合风险，如果后续整合成功将对我国电影产业海外市场影响深远。

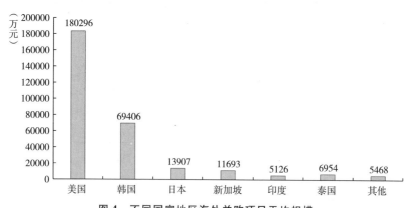

图4 不同国家地区海外并购项目平均规模

数据来源：北京新元文智咨询服务有限公司。

（五）文化产业海外并购的方式

据不完全统计，明确并购方式的并购事件有23起，其中全资收购8

起，控股收购 3 起，少量收购 12 起；未明确并购方式的并购事件 21 起。少量股权收购占总体的 52%，控股收购和全部收购占总体的 48%。全部收购、控股收购、少量股权收购三种并购方式的数量情况如图 5。

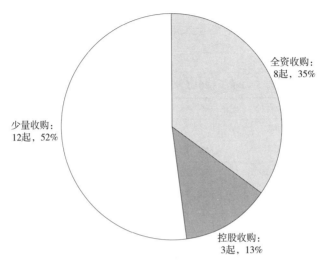

全资收购：
8起，35%

少量收购：
12起，52%

控股收购：
3起，13%

图 5 各并购方式分布及占比

数据来源：北京新元文智咨询服务有限公司。

三 国内文化企业海外并购投资重点领域

（一）网络游戏

随着游戏代理门槛的不断提升，中国网络游戏企业通过兼并和直接投资的方式加快了海外市场争夺。2000 年以来，文化企业的海外并购、投资事件中，网络游戏领域达到 25 件（并购 21 件，投资 4 件），占整个文化产业并购、投资总量的 32.5%。网络游戏海外投资以并购为主，企业通过并购获得被并购方的资源（技术、渠道等）和游戏代理权等。

韩国游戏产业发达，游戏企业众多，中国代理游戏多来自韩国，中国网络游戏企业对韩国游戏产业很熟悉，这就导致中国网络游戏海外投资事件 40% 集中在韩国。2010 年腾讯先后并购韩国 StudioHon、ReloadedStudios、Toppig、Nextplay、EyedentityGames、GH HopeIsland 6 家游戏企业，腾讯、盛大、九城等中国网络游戏公司先后在韩国建立子公司，吸引大批中国网络游戏企业进入，推进了网游企业的全球化进程。

美国网络游戏投资事件约占总投资的 36%，美国网络游戏行业成为休闲娱乐领域的龙头，行业发展环境优良。中国游戏企业进入美国市场，是以获得股权、游戏代理权和营销渠道为主。2008 年腾讯并购 Riot Games 获得股份和《英雄联盟》中国代理权；而 2010 年盛大并购 Mochi Media 公司就是看重其全球游戏分销平台和大量的合作伙伴，以此推进盛大游戏海外渠道建设。

表5 2003~2012 年网络游戏主要并购事件

并购企业	并购目标	区 位	时间（年）	并购金额
腾 讯	Riot Games	美 国	2008	178.72 万美元
	StudioHon	韩 国	2010	合资 14.6 亿韩元
	ReloadedStudios	韩 国		合资 54.96 亿韩元
	Toppig	韩 国		合资 20.3 亿韩元
	Nextplay	韩 国		合资 15 亿韩元
	EyedentityGames	韩 国		合资 39.99 亿韩元（腾讯 2210 万元人民币）
	GH HopeIsland	韩 国		合资 25 亿韩元
	Redduck	韩 国		合资 15 亿韩元，腾讯单独投资 100 亿韩元
	Riot Games	美 国	2011	交易总金额为 16.79 亿元
	Level up	新加坡	2012	1.69 亿元
	Epic Games Inc.	美 国	2012	3.3 亿美元
盛 大	Actoz	韩 国	2004	9170 万美元
	EyedentityGames	韩 国	2010	9500 万美元
	Mochi Media	美 国	2010	6000 万美元现金，2000 万美元盛大股票
	Botech	日 本	2003	
	Zona	美 国	2004	
九 城	Red5 Studios	美 国	2010	2000 万美元
完 美	C&C Media	日 本	2010	2100 万美元
	Runic Games	美 国	2010	840 万美元
	CrypticStudios	美 国	2011	3500 万欧元
久游网	五星娱乐	日 本	2006	不详

表6　2003~2012年网络游戏主要投资事件

投资企业	投资目标	区　位	时间(年)	投资标的
完　美	Perfect World Enter-tainment Inc.	美　国	2008	确保了完美时空在美洲市场高度灵活的运作
	Perfect WorldEurope B.V.	欧　洲	2010	开辟欧洲新战场，打造精品化策略，加速推进全球化战略
	欧洲办事处	欧　洲	2010	—
久游网	韩国办事处	韩　国	2006	实现生活化互动娱乐社区以及强化国际化发展战略

（二）广播电视电影服务

随着广播电视电影服务行业"走出去"步伐的加快，我国影视行业逐渐从劳务、器材、场地向项目策划和投资方向转变，这样在整体上提升了中国影视产业的竞争力。随着我国影视产业"走出去"步伐的加速，中外合拍影片近三年保持良好的发展态势，合资合作投资影视领域的内容不断增多，合作范围扩大到港台地区及美、英、日、韩、澳等国家。

1. 广播电视电影服务的投资以获得渠道和技术为主

近几年，东方卫视、凤凰卫视、中央电视台等电视台纷纷开设海外分台，扩大电视传输渠道。同时，民营资本进军电视台领域投资，2006年，温州商人王伟胜并购阿联酋的电视台——阿拉迪尔电视台，2008年蓝海电视台建立，2009年西京集团有限公司收购PROPELLER电视台，松联国际传媒和天星传媒联合购得美国洛杉矶天下卫视华语电视台。2010年俏佳人并购美国ICN国际卫视，我国民营资本进入电视台领域的投资不断增加。截止到2012年底，中国国际广播电台完成了13个整频率落地项目，海外整频率落地电台达到83家。这些都说明我国广播电视电影海外投资以渠道投资为主，通过渠道来扩大市场辐射范围，布局全球市场。

2. 直接投资逐渐渗透到电视电影制作领域

我国电视电影企业主要是通过新电视台、新公司或合作加入某个影视项目，逐渐渗透到影视制作领域，华谊兄弟传媒股份有限公司的《狂怒》，中博传媒与韩国SBS、KBS、MBC电视台共同投资制作的《北京我的爱》、《飞天舞》、*Remember*，华谊兄弟投资成立的传奇东方公司，中博传媒有限

表7 2009年以来我国广播电视电影服务领域并购事件

并购企业	并购目标	区位	并购时间 （年）	并购资金	标的
万达	AMC	美国	2012	26亿美元	全额收购
小马奔腾	数字领域	美国	2012	3020万美元	获得数字领域全部股份
俏佳人	美国国际卫视	美国	2009	—	媒体平台
华谊兄弟传媒	GDC Technology Limited	美国	2012	2092万美元	收购9%股权；提高电影画面清晰度和3D效果
西京集团	PROPELLER	英国	2009	—	—
王伟胜	阿拉伯·阿里巴巴商务卫视	阿联酋	2006	—	—
松联国际传媒和天星传媒	天下卫视华语电视台	美国	2009	—	—

公司投资成立的ZONBO－BALCON公司，以及蓝海电视台都是通过投资成立新企业，进入该地区影视、节目制作领域，不断提高企业在全球的市场竞争力。随着我国影视产业"走出去"步伐加速，合资合作投资影视领域的范围不断扩大。

表8 2009年以来我国广播电视电影服务领域投资事件

投资企业	投资目标	区位	投资时间 （年）	定位	投资标的
华谊兄弟	传奇东方公司	香港（中美合资）	2011	影视	持股≤20%股份（华谊兄弟与华纳影业联合入资约40%股份，各自参股比例不超过21%）
	《功夫之王》	美国	2007	影视	
	《拉贝的日记》	中法德合拍	2007	影视	
	《狂怒》	美国	2013	影视	影视制作，国际战略深化发展

投资企业	投资目标	区位	投资时间	定位	投资标的
中博传媒有限公司	《北京我的爱》、《飞天舞》、Remember 等中韩合作电视剧	韩国	2003	影视	中博传媒联合韩国三大电视台（SBS、KBS、MBC）共同投资制作发行多部电视剧
	ZONBO‐BALCON	韩国	2011	影视	合资公司
蓝海电视台	英文节目制作实体	北京，面向全球	2008	英语节目制作	中国内容全球传播
	英文电视台		2008	全频道英文电视台	
	英文视频通讯社			视频信息和节目发布平台	
四达时代	数字电视运营平台	非洲	2007	数字电视、移动多媒体运营	辐射整个非洲地区

（三）互联网产业

互联网企业为获得客户、渠道、技术等现有资源，以并购为主，快速占领了海外市场。随着我国互联网产业的不断发展，该领域"走出去"的步伐不断加快。近年来互联网领域的海外并购、投资事件 14 起，达到并购和投资事件总数的 18%，该领域的海外市场以并购为主要途径，主要由于互联网并购是为了获得被并购方企业的客户、渠道、技术等现有资源，快速进入目标市场。2010 年 7 月阿里巴巴收购 Vendio Services 目的为获得 8 万美国中小企业客户，而收购 Auctiva 公司以及子公司 Vendio 收购 Single-Feed 则是为了获得渠道和技术等资源。

表 9　互联网信息服务领域海外市场主要并购事件

并购方名称	并购目标	区位	并购时间（年）	标的
阿里巴巴集团	Vendio Services	美国	2010	获得 8 万美国中小企业客户
	Auctiva	美国	2010	在 eBay 上发布产品、管理产品和达成交易
	SingleFeed	美国	2011	SingleFeed 无缝集成到多渠道电子商务平台。SingleFeed 的技术和服务提供给 Auctiva

续表

并购方名称	并购目标	区　位	并购时间（年）	标　的
腾　讯	MIHIndia	印　度	2008	
	Mail. ru	俄罗斯	2010	收购了 Mail. ru 集团 10%的股份
	DST	俄罗斯	2010	持有 DST 约 10.26%的经济权益，拥有 DST 约 0.51%的总投票权
	Sanook	泰　国	2010	收购 Sanook 的 44.92%股份
	Ark	美　国	不详	—
	Raptr	美　国	不详	—
	Waddle	美　国	不详	—
	ZAM	欧　洲	2012	打开欧美市场

四　文化产业海外投资建议

（一）文化产业海外投资存在的主要问题

中国文化产业海外投资主要存在四方面问题：一是中国文化"走出去"的政策扶持体系不完善，政策支持力度不足，企业前期推广费用高、综合运作成本大，没有统一的布局，相互之间缺少沟通和合作。二是文化产业资金需求量大，但资金筹措困难，融资渠道有限，银行、基金等领域的融资体系不足。三是文化产业目前还依赖传统商业模式，市场运营和盈利压力大，需要寻求新的商业模式。四是专业人才缺乏，成为"走出去"的瓶颈，缺乏懂文化、会经营、懂外语、熟悉国际文化市场运作规律的复合型人才。

（二）文化产业海外推动建议

1. 企业投资建议

中国文化企业积极拓展海外市场，从单纯的产品、服务输出转变到通过直接投资、收购兼并的方式在海外建立投资"根据地"。完美、盛大、腾讯等网络游戏公司建立海外分公司独立运营网络游戏；蓝海电视台设立，万达收购 AMC 等，通过投资影视服务领域，扩大渠道投资，辐射了整个文化产业的海外投资市场。

建议鼓励探索文化产业走出去运行机制。先行试点，采用设点办企业、收购兼并、控股参股等方式开展境外投资合作，打造海外文化产业基地，学习海外知名文化企业经营模式，逐步建立一套具有国有文化企业特点、适应海外文化市场需求的运行机制。鼓励通过独资、合资、控股、参股等多种形式在境外兴办实体、设立分支机构。

2. 进一步推动文化产业海外投资

基于对中国文化国际化的长远规划，建立海外投资机制。支持在国内市场表现优秀的企业率先"走出去"，规范整个中国文化产业的海外投资秩序。成立专门的管理境外投资的机构，对海外投资进行协调、规划。

建立海外风险信息及防控平台。设立专门的机构或委托学术团体加强对世界各国，特别是中国有投资国家的相关法律、行政程序、资源状况以及市场行情特色及投资行的研究论证，为投资者提供信息咨询和技术服务。

进一步加快国家相关立法步伐，出台配套的政策体系。根据我国企业海外投资的发展情况，加快制定《文化产业海外投资指导意见》，为我国文化产业海外投资、经营、发展方向提供参考、指导意见。进一步完善海外投资企业的监管机制。严格规定海外投资企业的风险投资限额和投资资格的评估制度；强化对海外企业的后续管理，加强税收、外汇、财务制度的监督。

提供配套金融支持。多方筹措资金，在经费方面确保文化产业的顺利发展。引导鼓励风投、基金、银行贷款、民间资本等资金供应来源，扩大文化产业海外融资渠道。

建议组建文化产业走出去专门基地。要在我国投资、援外重点区域，在我国文化渗透较好的地区，在欧美发达国家和我国开展建立自贸区谈判及互惠关系的地区（如东盟），建立文化产业投资基地，吸引文化企业海外投资。

B. 6

文化固定资产投资分析报告

摘要：本文主要分析 2004～2012 年我国文化固定资产投资情况；剖析文化固定资产投资及其发展过程中存在的不足和问题；对其未来发展趋势做出判断并提出相关对策建议。

关键词：固定资产、文化产业、投资

2012 年，文化及相关产业固定资产投资在延续高速增长特性的同时，又显示出众多新的样貌。文化休闲娱乐服务业固定资产投资持续攀升，文化艺术服务业固定资产投资扩大份额，增幅独占鳌头，文化用品的生产业展示出更强生命力，吸引各类社会资本投资兴业。然而，文化及相关产业固定资产投资也出现了许多需要解决的问题，主要有：东西部地区区域间固定资产投资结构不协调；行业总体结构发展不平衡；外资利用规模偏小等。为此，需要借助国家政策的力量，通过制定有效的文化投资政策，引导资金流入文化及相关产业，从而实现文化及相关产业固定资产的持续增长。

一 文化固定资产投资概况

2013 年，随着文化产业投资环境的不断改善，投资规模和效益进一步提高，各类投资主体的投资信心和意愿不断提高，文化及相关产业固定资产投资增幅继续保持稳定增长。从推动因素看：一是政府继续着力推进政策支撑、公共服务、投资融资、贸易合作、人才培养等五大平台建设，对文化企业投资增长会起到带动作用；二是文化产业基地和园区的建设，会使文化产业大项目投资有一个强劲增长；三是固定资产投资近两年呈现良

好发展势头，未来民营经济进入文化产业的门槛将进一步降低，《文化部"十二五"时期文化产业倍增计划》的发布，势必有效调动民间投资的积极性，对文化产业的固定资产投资增长产生积极的推动作用。

（一）文化固定资产投资呈持续增长趋势

自 2004 年以来，文化及相关产业固定资产投资规模总体呈持续增长趋势，至 2012 年末，文化及相关产业固定资产投资额总计 15643 亿元。总体来看，年度投资增长率波动不大。2005 年虽然投资规模小，投资施工项目只有 18748 个，但是同比增幅较高，增长率达 33.77%；此后投资规模和同比增速稳步增长，到 2011 年时，虽然总体投资仍然处于增长阶段，但是施工项目从 2010 年的 27674 个降至 2011 年的 21803 个，同比增速也随之下降至 14.93%；2012 年，文化及相关产业施工项目增至 27774 个，固定资产投资规模和同比增速因此有较大幅度的提高，分别提高至 15643 亿元和 49.75%。

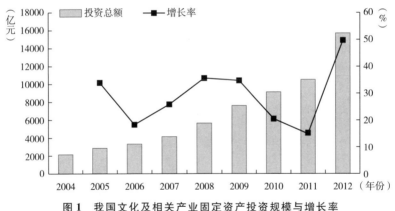

图 1　我国文化及相关产业固定资产投资规模与增长率

数据来源：国家统计局。

（二）文化固定资产投资主要集中于四大行业

从投入规模看，2012 年，在文化产业投资的十个构成行业中，文化休闲娱乐服务、文化产品生产的辅助生产、工艺美术品的生产和文化艺术服务四个行业完成投资 12958 亿元，占文化固定资产投资的 83%；新闻出版发行服务、广播电视电影服务、文化信息传输服务、文化创意和设计服务、文化用品的生产和文化专用设备的生产这六个行业完成投资 2685 亿元，占文化产业投资的 17%。

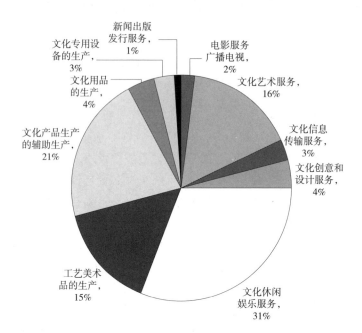

图2 2012年文化及相关产业固定资产投资行业分类及占比

数据来源：国家统计局，新元文智整理。

（三）文化固定资产投资区域结构不平衡

从地域划分上看，2012年，全国文化及相关产业固定资产投资主要集中在华东地区。华东地区六省一市，共获得投资额6431亿元，占据总投资额的41%。其次是华中和华北地区，分别获得投资2333亿元和2245亿元，占总投资额的15%和14%；西北地区文化及相关产业没有发展起来，获得投资最少，只有658亿元，占总投资额的4%。总体来说，在全国文化及相关产业固定资产投资上，经济越发达的地区，文化产业发展越快，获得的固定资产投资也就越多。

按照固定资产投资规模的大小，可以将全国文化固定资产投资区域分为三个层次，一是超过5000亿元的地区，只有一个，为华东地区；二是1000亿~5000亿元的地区，共有5个，依次是华中地区、华北地区、东北地区、华南地区和西南地区；三是1000亿元以下的地区，也只有一个，为西北地区。

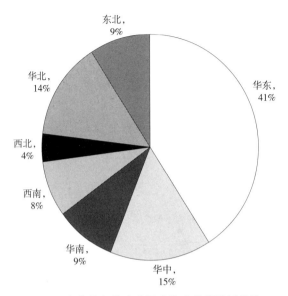

图3 文化及相关产业固定资产投资区域结构

数据来源：国家统计局，新元文智整理。

1. 华东地区固定资产投资基数高，规模增长快

自2004年以来，华东地区文化及相关产业固定资产投资规模总体呈持续增长趋势，至2012年末，华东地区固定资产投资额总计6431亿元。总体来看，年度投资增长率波动明显，尤其在2005年、2008年和2012年这三年增长最为明显，同比增长率分别为37.64%、48.10%、51.97%。其他时期华东地区的固定资产投资增长率虽然有所降低，但是总的增长趋势一直没有改变。

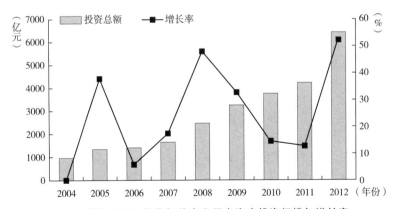

图4 华东地区文化及相关产业固定资产投资规模与增长率

数据来源：国家统计局，新元文智整理。

2. 西北地区固定资产投资基数低，近两年发展迅速

自 2004 年以来，西北地区文化及相关产业固定资产投资规模总体呈持续增长趋势，至 2012 年末，西北地区固定资产投资金额总计 658 亿元。总体来看，年度投资增长率波动明显。2004～2009 年，文化及相关产业固定资产投资的同比增长速度一直维持在 20% 以上，直到 2010 年出现 0.91% 的负增长，投资额减至 315 亿元。此后两年，固定资产投资增速都维持在 40% 以上，截止到 2012 年末，西北地区文化及相关产业固定资产投资额增至 658 亿元。

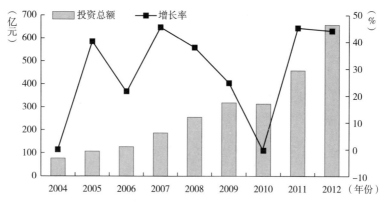

图 5　西北地区文化及相关产业固定资产投资规模与增长率

数据来源：国家统计局，新元文智整理。

3. 其他五个地区固定资产投资增长平稳，区域间差别明显

其他五个地区在 1000 亿元到 5000 亿元这个门类当中。其中，华中地区和华北地区因为靠近华东地区，经济比较发达，文化产业的固定资产投资规模增长也最快，分别从 2004 年的 224.53 亿元和 270.74 亿元增长至 2012 年的 2333.23 亿元和 2245.46 亿元，9 年间增长了近十倍；东北地区固定资产投资起始点最低，2004 年时只有 127.81 亿元，但是相比其他地区年均增长率最快，到 2012 年时规模已增至 1404.6 亿元；华南地区 2004 年固定资产投资规模为 250.32 亿元，比华中地区还高，仅次于华北，但是增长最慢，到 2012 年时固定资产投资规模只有 1368.86 亿元；西南地区总体增速还算不错，可惜底子薄弱，2012 年时固定资产投资规模最小，只有 1169.78 亿元。

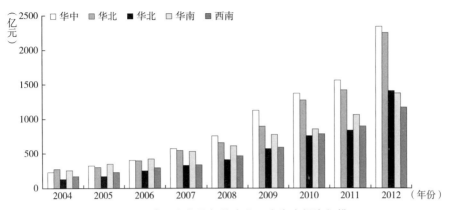

图 6　五地区文化及相关产业固定资产投资规模

数据来源：国家统计局，新元文智整理。

二　主要文化行业的固定资产投资特点

2012 年，我国对文化及相关产业进行了重新划分，新增加了"文化创意和设计服务"一个大类，包括了 21 个子行业，这些行业被列入了 2012年新增行业之中。文化创意和设计服务行业总共获得固定资产投资额 2323亿元，占全国总投资比重的 14.85%。

（一）新闻服务业固定资产投资情况

自 2004 年以来，新闻服务业固定资产投资规模总体有所增长，但年度投资增长率波动幅度巨大。2005 年即迎来第一次负增长（-18.83%），投资额降至 3.6 亿元；2006 年开始，新闻服务业固定资产投资进入一段黄金发展期，投资增速屡创新高。2009 年新闻服务业固定资产投资为负增长（-29.60%）；2011 年投资略有回升，固定资产投资规模增长 8.99%，固定资产投资总额达 20 亿元。

2012 年，新闻出版发行服务业总计获得固定资产投资额 102 亿元，其中新闻业获得固定资产投资额 22 亿元，占总投资额的 21.57%。单纯比较新闻业，同比增长 12.59%。

（二）出版发行和版权服务业固定资产投资情况

总体来看，出版发行和版权服务业固定资产年度投资增长率波动不

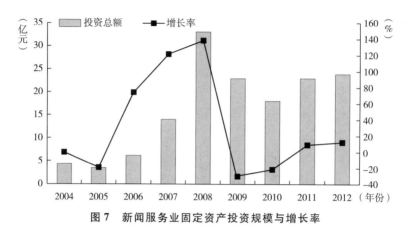

图7　新闻服务业固定资产投资规模与增长率

数据来源：国家统计局，新元文智整理。

大。2005 年出版发行和版权服务增长速度最快，同比增长率高达 30.16%，2006 年以后增速放缓，增长相对平稳，进入平稳增长期。2011 年固定资产投资增速放缓，同比增长只有 4.45%，投资总额增长至 886 亿元。

按照 2012 年以前分类方法，出版发行和版权服务业 2012 年总计获得固定资产投资额 1138 亿元。即使减少了音像制作，同比 2011 年依然增长了 28.48%。

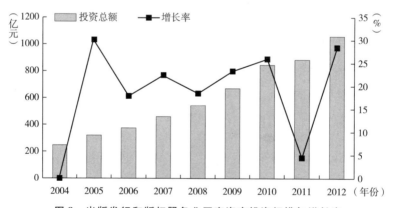

图8　出版发行和版权服务业固定资产投资规模与增长率

数据来源：国家统计局，新元文智整理。

（三）广播电影电视服务业固定资产投资情况

广播电影电视服务业固定资产投资规模总体呈持续增长趋势。总体来看，年度投资增长率波动幅度较大。2005 年到 2008 年投资规模逐年递增，投资增速反而逐年下降，在 2008 年时投资规模增至 244 亿元，增速降低至 3.95%，2008 年以后，除了在 2011 年时固定资产投资有一个负增长（-15.54%），其他时期固定资产投资规模和同比增速实现双增长。2012 年，广播电影电视服务业变更为大类二，包含有 6 个子行业，总计获得固定资产投资额 243 亿元。如按 2012 年以前的分类方法，广播电影电视服务业 2012 年获得固定资产投资额 388 亿元，同比增长 32.33%。

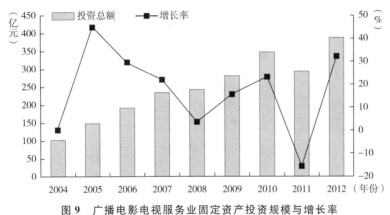

图 9 广播电影电视服务业固定资产投资规模与增长率

数据来源：国家统计局。

（四）文化艺术服务业固定资产投资情况

自 2004 年以来，文化艺术服务业固定资产投资规模总体呈现持续增长趋势。总体来看，年度投资增长率波动幅度较大。2005 年、2007 年和 2009 年是文化艺术服务业高增速、高增长的时期，增长率分别为 26.06%、49.40%、59.80%。其他时期，除了在 2006 年有一个小幅度的负增长（-2.11%）外，同比增速都维持在 10% 以上。至 2011 年末，文化艺术服务业固定资产投资额总计 1255 亿元。

2012 年开始，文化艺术服务业变更为大类三，包含有 13 个子行业。文化艺术服务业总计获得固定资产投资 2507 亿元。2012 年，文化艺术服务业新增加了文化艺术培训业和其他未列明教育业这两个子行业。按 2012 年以前的分类方法，文化艺术服务业总计获得固定资产投资 2319 亿元，同比增长 84.73%。长期来看，文化艺术服务业随着人们需求的增大，投资趋势还会继续走高。

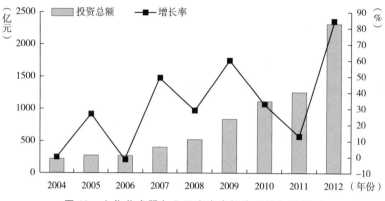

图 10　文化艺术服务业固定资产投资规模与增长率

数据来源：国家统计局。

（五）网络文化服务业固定资产投资情况

总体来看，2005～2009 年是一段平稳增长时期，虽然同比增长率曾在 2007 年降低至 0.39%，但是总体增长趋势一直没有改变，投资规模逐年扩大；2010 年投资规模缩减，陷入负增长（-13.16%）；2011 年增长提升至 14.32%，投资总额增至 253 亿元。

2012 年开始，网络文化服务业变更为大类四，更名为文化信息传输服务业，包含有 5 个子行业。文化信息传输服务业总计获得固定资产投资金额 450 亿元。2012 年，文化信息传输服务业新增加了其他电信服务、有线广播

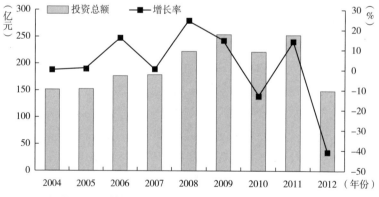

图 11　网络文化服务业固定资产投资规模与增长率

数据来源：国家统计局。

电视传输服务、无线广播电视传输服务、卫星传输服务四个子行业。按照
2012 年以前的分类方法，网络文化服务业获得固定资产投资金额 149 亿
元，同比减少 41.11%。

（六）文化休闲娱乐服务业固定资产投资情况

自 2004 年以来，文化休闲娱乐服务业固定资产投资规模呈现持续增长
趋势。2005 年迎来第一次高增长（34.49%），随后固定资产投资规模也逐
年增大，但同比增速有所下滑。2012 年，文化休闲娱乐服务业总计获得固
定资产投资额 4858 亿元。按照 2012 年以前的分类方法，文化休闲娱乐服
务业总计获得固定资产投资额 4580 亿元，由于去掉了三个子行业，同比增
长率减少了一半，只有 8.53%。

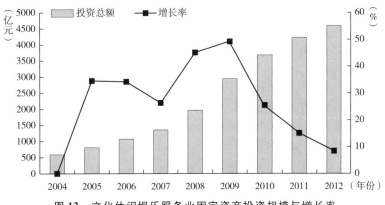

图 12 文化休闲娱乐服务业固定资产投资规模与增长率

数据来源：国家统计局。

（七）其他文化服务业固定资产投资情况

自 2004 年以来，其他文化服务业固定资产投资规模总体呈现持续增长
趋势，至 2011 年末，固定资产投资额总计 852 亿元。2005 年迎来第一次
高增长（49.94%），然后 2006 年增速降低到 16.94%；2007 年和 2008 年
迎来第二次高增长，2008 年同比增速提高至 87.88%，固定资产投资增至
451 亿元；之后一直到 2010 年，投资规模始终处于小幅度增长状态，同比
增速逐年下滑，在 2010 年降到 17.54%。2011 年开始有所好转，同比增速
提升至 22.96%，固定资产投资规模达到 852 亿元。

2012 年，其他文化服务业这一大类被取消。按照 2012 年以前的分类
方法，虽然已经没有了贸易经纪与代理，但是其他 5 个子行业在 2012 年总

计获得固定资产投资 1169 亿元，同比增速 37.23%。

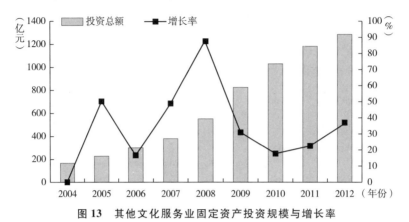

图 13　其他文化服务业固定资产投资规模与增长率

数据来源：国家统计局。

（八）文化用品、设备及相关文化产品的生产业固定资产投资情况

自 2004 年以来，文化用品、设备及相关文化产品的生产业固定资产投资规模总体呈现持续增长趋势，年度投资增长率波动幅度不大。截止到 2011 年末，固定资产投资增至 2469 亿元。

2012 年，工艺美术品的生产、文化产品生产的辅助生产、文化用品的生产和文化专用设备的生产这四大类总计获得固定资产投资额 6826 亿元。按照 2012 年以前的分类方法，文化用品、设备及相关文化产品的生产行业获得固定资产投资总额为 3387 亿元，同比增长 37.2%。

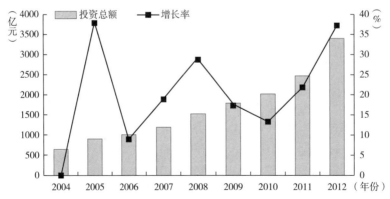

图 14　文化用品、设备及相关文化产品的生产业固定资产投资与增长率

数据来源：国家统计局。

（九）文化用品、设备及相关文化产品的销售业固定资产投资情况

自 2004 年以来，文化用品、设备及相关文化产品的销售业固定资产投资规模总体呈现波动增长趋势。2005 年迎来最高增长（141.84%），随后 2006 年同比增速降低至 12.38%，2007 年到 2009 年，增长相对平稳。2010 年固定资产投资规模略有下降，呈现负增长（−7.52%），2011 年同比增速提高至 28.39%，固定资产投资总额达 197 亿元。

2012 年，取消了文化用品、设备及相关文化产品的销售业这一分类。按照 2012 年以前的分类方法，文化用品、设备及相关文化产品的销售业获得固定资产投资总额为 166 亿元，同比降低 15.74%。

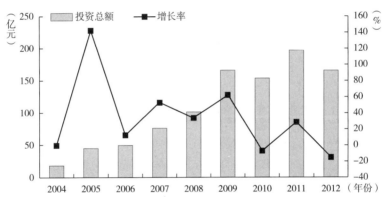

图 15　文化用品、设备及相关文化产品的销售业固定资产投资及增长率

数据来源：国家统计局。

三　文化及相关产业固定资产投资资金来源情况

统计 2012 年文化及相关产业固定资产的投资构成，自筹资金、国内贷款、国家预算资金占据资金来源前三名，资金金额和比例分别为 13096 亿元，80.56%；1284 亿元，7.90%；837 亿元，5.15%。总体来看，文化及相关产业的发展仍然靠自筹资金来带动，自筹资金在文化产业发展中起决定性作用，国内贷款、国家预算资金份额较少，只能起到辅助作用，外资占比更少，只有 2%。

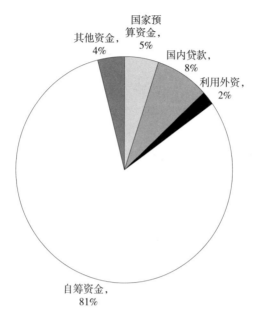

图 16　2012 年文化及相关产业固定资产投资资金来源

数据来源：国家统计局。

（一）自筹资金居主导地位，投资持续高增长

从 2005 年开始，我国文化及相关产业自筹资金一直呈现持续增长趋势，总体规模不断扩大。2005 年时，自筹资金只有 2063 亿元，到 2012 年时，自筹资金总额已增长至 13096 亿元，8 年增加值的绝对量达 11033 亿元，年均增长率为 30.2%。2012 年，自筹资金突破万亿元，在 2011 年的基础上增长了 49.81%。

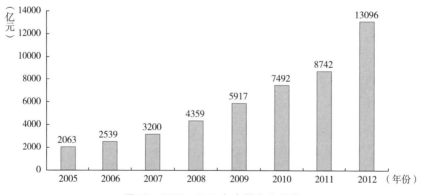

图 17　2005~2012 年自筹资金总额

数据来源：国家统计局。

（二）国家预算资金、国内贷款和其他资金基数低，同比增长较高

这些年来，国家不断加大对文化产业的支持力度，国家预算资金逐年增加，从 2005 年的 103 亿元增长至 2012 年的 837 亿元，在整体资金来源的占比也从 2005 年的 3.57% 增长至 2012 年的 5.15%。虽然数额和占比都较小，但是整体的趋势呈持续增长；国内贷款和其他资金这些年来的增长也比较持续和明显，但是和自筹资金相比差距太大，占整体资金来源的比重也分别从 2005 年的 10.28% 和 6.61% 降至 2012 年的 7.9% 和 4.47%。

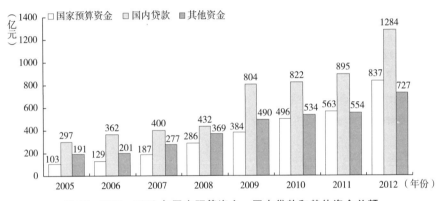

图 18　2005～2012 年国家预算资金、国内贷款和其他资金总额

数据来源：国家统计局。

（三）利用外资规模偏小，增长不明显，占投资比重下降

2005 年以来，外资规模一直偏小，只从 2005 年的 237 亿元增至 2012 年的 313 亿元，年均增长率只有 4.1%。总体来看投资虽然有所增长，但是增幅微弱，在全部资金来源的占比也就从 2005 年的 8.2% 降至 2012 年的 2.0%。

四　文化固定资产投资未来趋势及存在的问题

总体来说，近年来我国文化产业投资取得长足进步，但从经济社会发展情况看，我国文化产业发展与固定资产投资增长不相协调，在发展过程中存在亟须解决的问题。

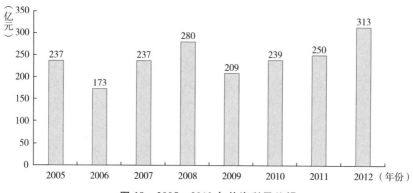

图 19　2005～2012 年外资利用总额

数据来源：国家统计局。

1. 投资环境仍然不够理想

2013 年以来，国内外经济形势仍然比较严峻复杂，国家扩大内需政策逐步突出，货币信贷政策从宽松走向稳健，信贷闸门逐步收紧，企业生产经营和融资成本进一步上升，等等，这些都对整个投资走势产生了一定的影响。

2. 利用外资规模偏小

在文化及相关产业固定资产投资来源中，利用外资只从 2005 年的 237 亿元增长至 2012 年的 313 亿元，8 年来只增长了 76 亿元。如果说 2009 年以前是政策上的原因导致外资无法有效地进入文化产业，2009 年《文化部文化产业投资指导目录》的发布，则降低了资金进入的门槛。这之后外资的增长仍然缓慢，除了地域、观念、体制等因素外，还说明了我国仍存在招商引资的方式、方法比较单一和落后，项目的开发、论证、推介的市场化程度和专业化水平较低，市场竞争软环境还不尽如人意等问题。

3. 固定资产投资地域间差距明显

经济发达、交通便利的华东地区，获得固定资产投资数额最多；东北和华北地区虽然最近两年同比增速最快，但是底子薄弱，还须发掘更多项目来支持文化产业发展；华南地区增长最慢，近两年在全国固定资产投资比重中下降明显。

4. 西北地区固定资产投资总量偏小

由于西北地区文化产业开发不足，受地理区位、资源配置、交通运输、融资等诸多因素的影响，西北地区同华东地区相比差距较大。2012年，西北地区文化及相关产业完成固定资产投资 658 亿元，比上年增长

51.13%，尽管增速很快，但西北地区固定资产投资占全国固定资产投资的比重仅为4.41%。投资能力不足、缺少能带动地方文化产业发展的项目是造成西北地区投资一直徘徊不前的根本原因。

5. 行业投资集中性明显，发展不平衡

固定资产投资主要集中在以文化休闲娱乐服务为首的四个大行业中，其余六个行业获得的固定资产投资较少，资本流入倾向性明显。

五　文化及相关产业固定资产投资建议

（一）政府应加大财政投入力度，完善基层公共文化设施网络建设

政府应加大财政投入，积极建设文化基础设施，对县、镇、村三级文化馆站进行财政扶持，使基层人民群众也能进行文化消费；再以消费拉动文化产业的发展，吸引国内外资金进入文化产业进行投资兴业。

（二）改善和优化投资结构和比重

在投资结构上，要加大对新闻出版发行服务业和广播电影电视服务业的投资支持力度，重点在降低文化资本的准入门槛，通过国有资本引导社会资本参与新闻出版发行服务业和广播电影电视服务业的投资，提高国有资本的杠杆作用，提升社会资金使用效率。

（三）加快文化产业园区建设，争取项目投资

首先，挖掘各地特色文化资源，通过规划引导、政策扶持、典型示范等办法，引导特色文化产业有序聚集，发展壮大一批特色明显、集聚度高的特色文化产业基地。文化产业基地建好了，才能吸引文化企业入驻和投资。

其次，"栽下梧桐树，引来金凤凰"，只有具备了好的项目，才能引来更多资金。要认真、深入、科学地对文化产业项目进行可行性研究论证，做好项目前期准备工作，各级相关部门要相互协调，加强对项目工程的指导和服务。把那些有优势和特色、具有良好市场前景和巨大开发潜力的项目纳入项目储备和开发中来，为文化产业的长期稳定发展打下良好基础。

（四）进一步优化项目施工环境

要切实帮助文化企业项目单位解决用地难、用电难、融资难、审批难等问题，对各地已开工、动工的投资项目，要加强项目征地、拆迁的服务保障，避免因强行参运、强拦工程等出现阻工和破坏施工环境等不良现象。

（五）进一步拓宽投融资渠道

一般来讲，资金到位总量和增速高于固定资产投资完成总量和增速，才能保证项目的建设进度，推动固定资产投资较快增长。资金紧张将是投资快速发展道路上的"拦路虎"。要保持投资又好又快增长，必须搞好资金衔接。目前，不仅要着力提高政策性资金使用效益，注重发挥政府投资"四两拨千斤""以点带面"的引导作用，同时还要继续完善和拓宽多层次投融资体系，特别要落实好支持小型微型文化企业发展的财税支持政策和金融政策，努力缓解融资困难。继续全面落实促进民间投资进入文化产业发展的各项政策，完善配套措施和投资服务体系，发挥民间投资的巨大拉动作用。

（六）加强对文化固定资产投资的监督管理，切实提高投资效益

尽快建立科学的投资监管评估机制。采用现代信息技术，创建一个对政府投资项目全过程追踪的集成化管理信息系统。同时，建立相应的风险约束机制，使投资能够更好地转化为收益。

行业报告

Industry Reports

B.7

文化信息传输行业投资分析报告

摘要： 文化信息传输行业投资近几年呈持续增长的态势，投资格局基本保持稳定，只是各年投资增幅波动较为明显。2012年文化信息传输服务行业投资总额为583.23亿元，同比增长21.05%，其中我国广播电视传输服务领域的投资总额达到148.13亿元，同比增长28.5%，互联网信息传输领域的投资总额达到435.11亿元，同比增长18.71%。行业资金来源的渠道以上市融资、银行贷款、股权投资、并购、金融债券票据等为主。2009~2012年，从股权投资、上市融资、金融债券票据和并购融资等渠道为文化信息传输行业共提供资金562.41亿元。

关键词： 文化信息传输服务、文化行业投资、行业资金来源、行业投资机遇

文化信息传输业可划分为互联网信息服务、增值电信服务和广播电视传输服务三个子行业、五个子领域。其中，广播电视传输服务和增值电信服务（文化部分）由广电系统企业和电信系统企业等国有投资主导，而社会资本大部分局限于互联网信息服务领域。近年来，随着4G的推进和移动互联网的兴旺发达，文化信息传输业呈现积极向好的发展势头和投资形势。

互联网信息服务产业影响力逐渐提高，已形成千亿元级市场，在网络门户、即时通信、搜索引擎、电子商务、网络游戏等领域具备了一定的国际影响力。截至2012年，我国的网民数量达5.64亿人，上网普及率为43%，手机网民数量达4.2亿人，网民中使用手机上网的比例为74.5%。2012年，我国互联网信息服务领域完成固定资产投资额149亿元，实现营业收入1924亿元。

增值电信服务（文化部分）产业价值逐步向移动互联网迁移。增值电信服务业是 2000 年以来出现的新兴业态行业，自诞生之日起迅猛发展，结构持续优化，产业格局趋于成熟，业务竞争模式和产业形态深刻变革。2012 年，我国增值电信服务（文化部分）产业完成固定资产投资额 64 亿元，实现营业收入 1081 亿元。

广播电视传输服务业稳步推进，数字电视覆盖面逐渐扩大。截至 2011 年，全国有线广播电视传输干线网络总长 369.73 万公里，有线电视用户数量 20264.39 万户，其中，数字电视用户数量 11488.96 万户，付费电视用户数量 1760.59 万户，农村广播电视用户数量 8123.24 万户。有线广播电视用户数占家庭总户数的比重提升至 49.4%，同比上升 6.5%。2012 年，我国广播电视传输服务业完成固定资产投资额 128 亿元，实现营业收入 656 亿元。

一　文化信息传输行业投资政策分析

文化信息传输是网络及无线信息传输技术与文化产业相融合的新兴行业，早在 20 世纪 90 年代中后期该行业便开始萌芽并快速发展。2000 年后，中国资本市场开始逐步走向成熟，文化信息传输的投资政策也紧跟着资本市场的步伐及时调整，在 2006 年前后我国出台了文化信息传输行业的投资政策，为文化信息传输行业创造了较为良好的投资政策环境。

（一）意识形态影响投资政策，对于外资的进入较为谨慎

互联网信息传输、广播电视信息传输和电信信息传输是文化信息传播的新兴渠道和载体，具有快捷性、普及性，对公众的观念和意识影响力不容忽视；而国家对该领域的资本政策也带有相应的意识形态，限制外资进入一些敏感的领域。例如文化部 2006 年出台的《关于网络音乐发展和管理若干意见》规定，禁止设立外商投资的网络文化经营单位。广电总局 2007 年的《互联网视听节目服务管理规定》要求申请从事互联网视听节目服务企业必须为国有独资或国有控股单位。但是随着行业的逐步深入发展，国家对外资限制的政策将会有所松绑。

（二）支持网络文化投资，鼓励建立网络文化企业集团

综合分析政策，国家利用各种专项资金，加大对互联网重点发展领域

的资金投入，鼓励国有战略投资者投资互联网视听节目服务企业，并鼓励和支持数字技术、网络技术及硬件企业投资、兼并、收购文化内容经营企业，形成以资本为纽带、技术为支撑、内容为核心的网络文化企业集团。

（三）产业投资政策针对性不强，覆盖性不广

文化信息传输行业具有高黏合性和开放性，缺乏统一的主管部门，投资政策与出台的部门关系密切，但是政策部门并不可能完全兼顾两个不同的行业，只能对其所管辖的行业有所侧重，文化信息传输行业投资政策往往依附于其他行业的政策一并出台，这样容易导致政策对于文化信息传输行业的针对性不强，同时也造成政策并不能覆盖整个行业。

表1　2006～2012年文化信息传输行业投资政策汇总

政策名称	颁布时间(年)	颁布部门	主要投资促进举措
《关于深化文化体制改革的若干意见》	2006	中共中央国务院	加强资本、产权、人才、信息、技术等文化生产要素市场建设，培育和规范以网络为载体的新兴文化市场
《关于网络音乐发展和管理若干意见》	2006	文化部	鼓励和支持数字技术、网络技术及硬件企业投资、兼并、收购文化内容经营企业，形成网络文化企业集团；网络音乐产品经营单位必须取得《网络文化经营许可证》；禁止设立外商投资的网络文化经营单位
《互联网视听节目服务管理规定》	2007	广电总局	申请从事互联网视听节目服务企业必须为国有独资或国有控股单位；鼓励国有战略投资者投资互联网视听节目服务企业
《文化产业投资指导目录》	2009	文化部	网络文化信息服务、移动多媒体文化产品开发列入鼓励投资类
《关于推进文化企业境内上市有关工作的通知》	2011	文化部	对于进入上市实操阶段网络文化企业，文化部重点推荐企业进行针对性辅导和跟踪帮扶，推动文化企业早日进入上市发展轨道
《"十二五"时期文化产业倍增计划》	2012	文化部	建立健全产业融合发展的体制机制，促进文化与信息行业融合
《互联网行业"十二五"发展规划》	2012	工业和信息化部	综合利用各种专项资金，加大对互联网重点发展领域的资金投入；推动投资担保机构为企业提供贷款担保，推进互联网企业开展集合发债、联合贷款；支持互联网企业发行公司债券、短期融资债券等

二 文化信息传输行业投资状况分析

（一）文化信息传输行业总体投资状况

从 2008～2012 年的总体投资情况来看，文化信息传输行业投资整体呈持续增长的态势，投资格局基本保持稳定，只是各年投资增幅波动较为明显。

2012 年文化信息传输行业投资总额为 583.23 亿元，同比增长 21.05%。其中，传播渠道固定资产投资 450.05 亿元，约占总投资的 77.17%；无形资产投资 133.18 亿元，约占总投资的 22.83%。与 2011 年相比，总投资规模出现了较大幅度的增长。

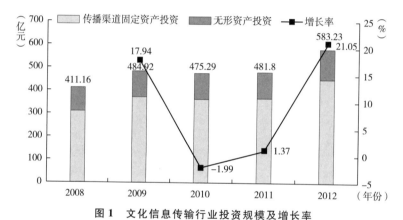

图 1 文化信息传输行业投资规模及增长率

注：2012 年重新分类后，其他电信服务领域纳入统计范围，将对统计数据产生小幅度影响。

数据来源：课题组根据国家统计局数据合理推算。

（二）文化信息传输行业重点领域投资状况分析

1. 广播电视传输服务领域投资状况分析

2012 年，我国广播电视传输服务领域的投资总额达到 148.13 亿元，同比增长 28.51%。其中，有线广播电视传输服务的投资额达到了 104.62亿元，约占整个行业投资规模的 70.63%，无线广播和卫星传输的投资额达到 43.51 亿元，约占整个行业投资规模的 29.37%，和 2008 年相比约上升了 10 个百分点。未来随着移动技术的发展，无线广播电视传输和卫星传输的投资占比仍将呈现上升的趋势。

表 2 广播电视传输服务领域投资规模情况

单位：亿元

领　域	2008	2009	2010	2011	2012
有线广播电视传输服务	73.92	94.5	110.04	88.58	104.62
无线广播电视传输服务	16.94	16.14	13.85	21.58	23.49
卫星传输服务 *	1.55	5.18	18.05	5.11	20.02
合　计	92.41	115.82	141.94	115.27	148.13

注：带 * 表示该领域属文化产业范畴才纳入统计口径。

数据来源：课题组根据国家统计局数据合理推算。

广播电视传输服务（含有线、无线传输、卫星传输）领域的投资主要集中在有线传输方面，有线传输方面的投资规模占该领域投资规模的 70%～80%。2012 年有线广播电视传输服务投资规模占整个行业的 70.63%。

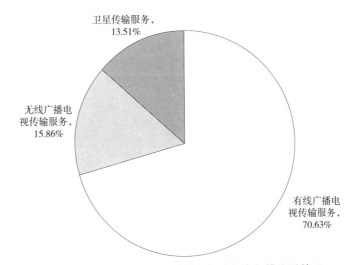

图 2 2012 年广播电视传输服务领域投资规模比重情况

注：带 * 表示该领域属文化产业范畴才纳入统计口径。

数据来源：课题组根据国家统计局数据合理推算。

近年来，广播电视传输服务行业的相关子领域的投资增幅出现明显的波动，大涨大降的现象较为突出；特别是无线广播电视传输服务和卫星传输服务，2011 年有线广播电视传输和卫星传输服务都出现了负增长，卫星传输服务更是下降了 71.69%，而 2012 年又比 2011 年增加 191.78%，之间的幅度变化更是超过 300%。

表3　广播电视传输服务业各领域投资规模增幅情况

单位：%

年　份	2010	2011	2012
有线广播电视传输服务	16.44	−19.50	18.11
无线广播电视传输服务	−14.19	55.81	8.85
卫星传输服务*	248.46	−71.69	291.78

注：带＊表示该领域属文化产业范畴才纳入统计口径。

数据来源：课题组根据国家统计局数据合理推算。

广播电视传输服务领域是广播电视电影行业的配套服务，领域的发展和投资与广播电视电影行业密切相连。同时，受广播电视行业政策和广播传输技术革新的主导，广播电视传输服务、卫星传输服务领域的投资建设具有周期性。

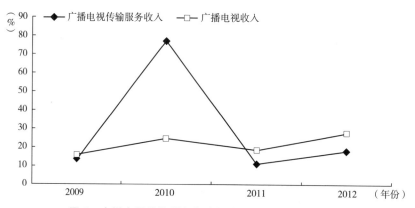

图3　广播电视传输服务与广播电视领域收入增幅走势

注：广播电视传输服务收入含有线和无线广播电视传输服务、卫星传输服务领域收入。

数据来源：《中国广播电视年鉴》、《广电行业发展研究报告》、公开资料整理。

由于广电传输服务和广播电视领域的高度关联性，其投资具有被动性和依赖性，投资需求的增加主要来源于广播电视领域的技术革新和广播电视覆盖范围的拓展。但是随着互联网信息传输的发展，广电传输服务中的电视节目传播方式也可与网上同步播放，广电传输服务的市场受到新兴媒体市场的冲击，并且新兴媒体传输也在逐步改变人们的生活习惯；传统的广播电视传输服务必须改变原有的传输模式，由单向的节目传输方式向点播式或家庭影院式的双向交流沟通式的传输方式转变。

2. 互联网信息传输领域投资状况分析

2012年，我国互联网信息传输领域投资规模达到435.11亿元，同比增长 18.71% 。2008～2012 年，我国互联网信息传输领域投资规模稳中有升，在经过 2010 年的低谷后，增长幅度逐年提升。

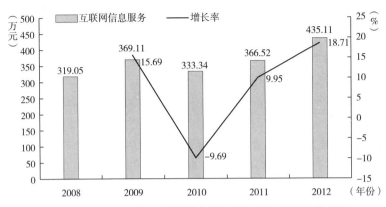

图 4　2008～2012 年互联网信息传输行业投资规模及增长率
数据来源：《电信业统计公报——数据通信网收入》和《增值电信业务发展白皮书》。

以互联网新兴技术为载体的互联网信息传输领域，是文化信息传输服务行业的重要核心，营业收入和投资规模均占据行业主体地位，并且该领域营业收入比重越来越高。互联网的开放性使得互联网信息传输领域本身的产业发展具有高度的开放性，包括技术、资本、商业模式，非常容易接纳新事物、新技术、新商业模式；正由于其高度的开放性，该领域活力蓬勃，投资规模和营业收入均居行业主要地位；同时也较大程度地影响文化产业其他行业的发展，包括新闻出版发行、广播电视电影、文化创意和设计等行业（即行业发展的信息化、网络化）。

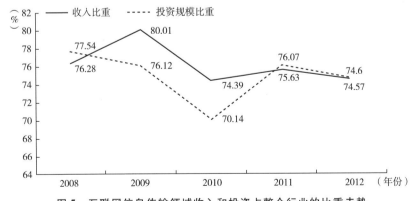

图 5　互联网信息传输领域收入和投资占整个行业的比重走势
数据来源：《电信业统计公报——数据通信网收入》和《增值电信业务发展白皮书》。

三 文化信息传输行业社会资金提供情况

（一）文化信息传输行业社会资金提供概况

文化信息传输行业资金来源以上市融资、银行贷款、股权投资、并购、金融债券票据等渠道为主。2009~2012年，股权投资、上市融资、金融债券票据和并购融资等渠道为文化信息传输行业共提供资金562.41亿元。

1. 随着金融市场的发展，社会资金渠道趋于多元化

经过十多年的发展，国内的金融市场机制和体系已经逐步成熟，金融衍生品也将随着市场的成熟而丰富；另一方面，大型或上市文化信息传输企业随着自身实力的增加，在资金渠道的选择上有更充分的自主权，除通过上市融资（含定向增发）、股权投资外，也可通过票据债券或信托产品渠道，形成多元化的社会资金渠道。

2. 上市融资和股权投资仍是文化信息传输行业主要融资渠道

文化信息传输行业由于具有技术革新快、商业模式创新迅速、企业成长性和发展潜力好等优势，特别受到风险投资资金的青睐；同时上市是风险资金退出的主要渠道，从而推动文化信息传输行业的上市融资。2009~2012年间上市融资和股权投资资金占文化信息传输行业社会资金的68.05%。

表4 2009~2012年文化信息传输行业资金渠道情况

单位：亿元

年　度	股权投资资金	上市融资资金	债券票据融资资金	信托融资资金
2009	12.76	12.34	0	0
2010	50.48	50.90	4.00	0
2011	71.06	95.39	4.00	0.35
2012	28.36	0	10.00	2.70
合　计	162.66	158.63	18.00	3.05

注：①未公布股权投资金额的事件不在统计之内。②并购资金部分为文化产业内的企业提供的资金，部分为文化产业外的企业和投资机构提供的资金，并购资金独立章节进行分析。

数据来源：新元文智根据公开资料整理。

（二）文化信息传输业并购概况

2009年至2013年6月期间，国内文化信息传输领域共发生47起兼并重组事件。其中 25 起公布并购金额，涉及资金总规模为 220.07 亿元；单个事件涉及平均资金规模为 8.81 亿元。文化信息传输业在技术革新、PC 平板化、网络平台化、投资热情高涨等多种因素的推动下，2011 年出现了一个小高潮之后迅速回落。

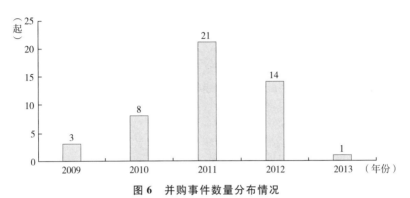

图 6　并购事件数量分布情况

数据来源：新元文智根据公开资料整理。

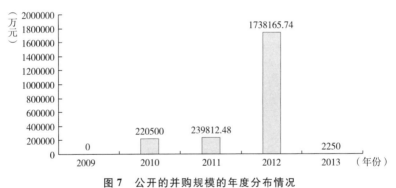

图 7　公开的并购规模的年度分布情况

数据来源：新元文智根据公开资料整理。

文化信息传输领域并购策略较为明确和突出。由于文化信息传输领域企业大部分为轻资产类企业，传统的资产并购占的比重较轻。2009 年至 2013 年 6 月，单纯股权并购事件数占总数的近 70%，资产并购的事件数占比不到 25%。

同时文化信息传输横向并购较为突出，文化信息传输领域的上下游产业链较短，大型的企业主要通过横向并购扩充其市场或巩固其地位。2009 年至 2013 年 6 月，横向并购事件数为 40 起，占总数的 85.11%；公布金额的跨领域并购事件数为 7 起，占总数的 14.89%。从并购的资金角度看，

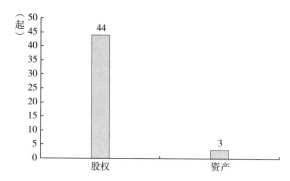

图 8　主要并购类型的事件数分布

数据来源：新元文智根据公开资料整理。

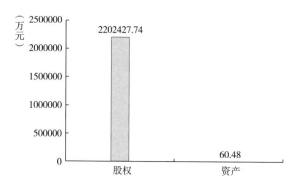

图 9　公开的并购类型规模分布

数据来源：新元文智根据公开资料整理。

横向并购涉及资金规模为 2168738.22 万元，占该行业并购资金规模的 98.47%；跨领域并购涉及的资金规模为 33750 万元，占该行业并购资金规模的 1.53%。

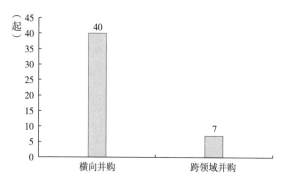

图 10　不同并购方式的事件数分布

数据来源：新元文智根据公开资料整理。

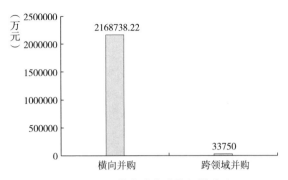

图 11 公开的并购方式的规模分布

数据来源：新元文智根据公开资料整理。

四 文化信息传输行业发展趋势与投资机遇

（一）文化信息传输行业的投资趋势

1. 广电技术平台化

随着以手机、平板电脑为代表的移动智能终端大屏化、高清化发展，大部分手机已具备 1080P 的高清数字电视显示能力，部分甚至可支持 4K UHD 超高清电视，移动智能终端已和智能电视终端在技术平台上具备了统一的条件。此外，在网络智能化、手机平板化的环境下，消费者不再是产品和服务的被动接受者，而是逐渐参与到产业价值创造中，各种互联网、物联网的应用为众多开发者提供广阔的创意空间，以致 IT 产业竞争已升级到开放性的平台化竞争。

预计未来，建立开放的平台聚集各种资源，允许外部参与者协同创造价值将是大势所趋。随着智能数字电视平台的发展，开发者可基于智能数字电视平台，采用 Java 或 HTML 语言开发数字电视应用软件，实现数字电视应用软件的开发与硬件平台分离，进而实现广电技术的平台化发展。

2. 通信业务数据化

近年来，以微信为代表的 OTT 业务迅猛发展，微信在替代运营商传统的短信和语音服务的同时，产生了巨大的数据流量，给传统运营商带来了机遇与挑战。随着中国进入 4G 时代，数据替代话音成为无法扭转的新趋势，国内通信业务将从"话音时代"进入"数据时代"。进入数据时代，广电运营商、电信运营商和 OTT 提供方的合作将进一步加深。

3. 虚拟网络社会化

互联网信息服务及移动互联网信息服务领域的企业正积极搭建面向广大用户的应用平台，如腾讯八大业务平台已经开放，中国移动 MM 的平台化运营战略亦启动。预计未来，以互联网公司为代表的内容提供者、终端厂商，将打破传统的产业链限制，直接面对客户。网络社会化的蔓延，深刻地改变着人们的行为习惯，逐步将大部分传统的业务与网络相融合，诞生新业态和新商业模式，如：网络与银行的结合诞生了网上银行和手机银行，网络与社交的结合诞生了社交网站，网络和商品交易的结合诞生了电子商务，网络与通信的结合诞生了即时聊天工具。各项传统业务通过商业模式创新与网络紧密融合，改变着人们的生活习惯。

4. 移动互联网成行业发展和竞争新焦点

随着 PC 和手机硬件平板化发展，手机用户逐渐习惯移动互联网，手机呈现非语音化趋势。目前，手机用户花费大量的时间用于非传统业务，如网页浏览、各种 OTT 应用等，用户的行为表现出永远在线和社交网络化等新特征。互联网信息服务领域的发展和竞争焦点逐步向移动互联网领域转移，但移动互联网以互联网为发展的基础，不可能完全取代互联网，却会成为行业发展新焦点。

5. 移动互联网产业链纵向一体化发展

首先，在硬件方面，手机硬件设计将优先考虑手机用户后续软件的应用，手机制造商的产业界限逐渐模糊，如苹果公司，既有其硬件制造的环节，也有软件及在线服务的环节。目前，国内的手机平台模式主要包括苹果模式、安卓模式和阿里模式。其中，苹果模式：专用手机硬件 + ios + Appstore；安卓模式：专用手机硬件 + Android + Androidmarket；阿里模式：专用手机硬件 + 阿里云 os + 电子商务。

其次，手机应用软件开发商在开发应用软件前，必须要基于一定的平台，即 ios 平台技术或 Android 平台技术，使得手机硬件厂家和应用软件开发商的利益结合更密切。

最后，软硬一体化将形成相辅相成的效果。软硬结合有利于向客户提供更好的体验产品，例如苹果；产品的服务更优化，应用集成在终端软硬件系统当中占据客户"第一界面"；软硬产业可以交叉补贴，利润转移，形成新的盈利方式。

6. 合作及跨界经营将成为重要战略

合作及跨界经营将成为行业发展的重要战略。互联网及移动互联网产业本身具有开放性，合作和跨界经营的门槛较低。在互联网信息服务和移动互联网信息服务领域，谁先突破既有领域界限、具备跨领域的资源整合能力、主导产业链条的整合与重构，谁将率先确立竞争优势。如：阿里巴巴以云计算作为各项业务发展的重要支撑，以智能手机操作系统作为掌握产业的切入点，与新浪微博、高德地图等企业合作，整合各领域数据资源，实现了跨界发展。

（二）文化信息传输行业投资机遇

1. 社会网络化（文化方面）带来的投资机会

社会网络化意味着人们衣食住行各领域均出现网络化的元素或者是网络元素已经渗透至人们生活工作的各个方面。而现时社会网络化可以划分为下面三个领域。

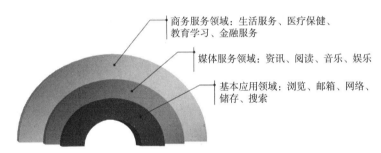

图 12　社会网络化分域

基本应用领域：互联网信息服务的基本领域，具有互联网天然特征和要素，主要用于信息的沟通。

媒体服务领域：媒体信息与互联网结合的领域，主要特征是具有资源优势，主要用于资讯服务、阅读、娱乐等。

商务服务领域：社会各行业通过网络载体向互联网领域的延伸和转移，主要特征是行业的互联网应用，主要用于医疗保健、生活服务、教育学习和金融服务等方面。

社会网络化（文化方面）的投资机会集中在以下的环节。

一是传统业务通过商业模式创新与网络融合，形成新的互联网或移动互联网信息服务业态。目前，传统业务网络化由于技术和商业模式的制约，仍局限在一定的范围内，远远未覆盖人们工作生活的所有领域，所以传统业务的网络化必然存在较大的发展空间和投资空间。

二是互联网信息服务业态和移动互联网信息服务业态的更新换代带来

的投资机会。随着技术的发展，互联网信息服务和移动互联网信息服务的业态也出现更新换代，例如：博客与微博之间的更迭。新的技术和人们行为习惯的变更，必然要求原有的业态进行变革，或技术的融合，或商业模式的再一次创新。

2. 合作和跨界经营带来的投资机会

合作和跨界经营已经成为互联网信息服务、移动互联网信息服务乃至整个网络产业的必然趋势，这种趋势包括制造环节与服务环节的相互渗入、硬件环节与软件环节的相互渗入、软件与软件环节的相互渗透。行业内的明显界限或者局部不同行业的明显界限由于合作和跨界经营已经逐渐变得模糊，便捷性、多元化、整合一体化的服务已经成为人们的需求。

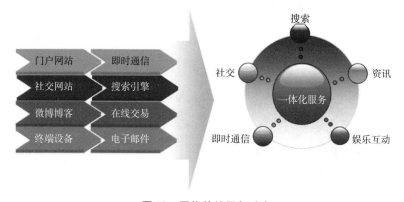

图 13　网络的扩展与融合

3. 云应用服务和大数据带来的投资机会

"云应用"是指把传统软件"本地安装、本地运算"的使用方式变为"即取即用"的服务，通过互联网或局域网连接并操控远程服务器集群，完成业务逻辑或运算任务的一种新型应用。"云应用"的主要载体为互联网技术，远程服务器集群端以大数据的概念和技术为实现形式，云端则以瘦客户端（Thin Client）或智能客户端（Smart Client）为展现形式，其界面实质上是 HTML5、Javascript 和 Flash 等技术的集成。

短期内，云应用服务和大数据为文化信息传输行业带来的投资机会主要分布在互联网（移动互联网）信息服务、增值电信服务（文化方面）、广播电视传输服务（文化方面）。围绕着"智能终端＋内容分发渠道（软件应用商店）＋应用软件与数字内容服务"的云手机产业生态系统，其投融资机会的热点有以下方面。

（1）终端＋云服务。

面向终端提供应用/数据的存储、备份、同步、推送以及云端的编辑、管理等服务。

（2）终端应用形态。

包括 Web 应用、Web 应用的逻辑以及数据处理在云端。一般智能终端也提供丰富的应用预装，但侧重本地客户端应用，而云手机在终端应用形态方面更突出 Web 应用，具有 Web OS 特征。

（3）终端定制。

提供与自有或者合作业务结合更紧密的定制终端，优化用户体验，突出自身服务特色。云手机与一般智能终端均采用此策略，云手机集成了云服务，对终端进行了更深的定制。

4. 平台化发展带来的投资机会

三网融合，从文化产业角度上看，是将文化信息传输行业的三个领域平台化，各个领域中的信息将实现无障碍的互访和沟通。虽然目前各省的三网改造仍在艰难前行，但是在移动互联网信息服务产业上的平台化却迅速发展，并形成三种平台模式，将为投资者带来大量的投资机会。

（1）终端商的平台模式。

终端商的平台模式建立于互联网特别是移动互联网终端设备的基础上，这一模式以苹果为代表。苹果公司作为主导，提供自己开发的操作系统，制定自己的开发标准和规范，供内容开发者使用。而众多内容开发者则是根据苹果的操作系统开发出各类应用，由苹果统一放在自己的应用商店里进行销售。同时苹果只为客户提供自己的操作系统和应用商店的终端产品，实现硬件、软件和服务的一体化。客户只需通过终端便可下载需要的应用，而作为网络运营商，则与客户没有任何关系，仅仅是赚取一定的管道流量费用，被产业链完全地边缘化和工具化了。

（2）互联网公司的平台模式。

互联网公司平台模式则建立于互联网经营公司的客户资源及客户黏性的优势基础上。这一模式以谷歌为代表。谷歌提供自己的操作系统，免费开放给终端厂商和内容开发者，终端厂商以 Android 操作系统为基础，开发出不同款式的终端手机。同时，内容开发者也可以开发出不同的软件应用，通过谷歌平台销售给用户。与苹果模式相同的是，用户可以从终端直接下载所需的应用软件，而不需要再与特定运营商的网络匹配。运营上依旧难逃管道化的趋势。但与苹果不同的是，开发者获得的自由权力更大一些，因此吸引力也更大。

（3）移动运营商的平台模式。

移动运营商的平台模式则建立于移动运营商的渠道优势基础上，这一类模式以中国移动的 MM 商城为代表。移动运营商通过开放自己的一部分能力，例如短信、计费以及位置服务等能力，给内容开发者开发相应的应用。同时也可以组建自己的应用商店，将开发者的应用集中起来销售给客户。移动运营商的平台，面向的操作系统可以有很多，终端也可以有很多，但是用户却只能是自己网络的用户，对于开发者和终端商而言，自由度更大，而对于用户则控制力更强。

在未来，这三种平台模式将会趋于进一步融合，以克服原有模式的缺点并整合其他模式的优势资源。在融合、整合及其过程中的技术革新、商业模式创新将会迎来一波更大的投资风潮。

五　文化信息传输行业的投资建议

（一）加强对信息基础设施和研究的投入，合理调整其投入方向

信息基础设施是新经济时代的物质基础。研究表明，凡是重视信息战略，在信息基础设施和基础研究中投资越大的国家，其信息技术融合与拓展的状况就越好。目前，我国信息基础设施的建设已初具规模，已建成包括数据网、光纤骨干网、ATM 异步传输模式网、SHD 同步数字系列网和光纤接入网等在内的国家级通信干线网。在光纤接入网发展缓慢情况下，适时地调整信息基础设施投入方向，加大对光纤接入网建设的投资具有十分重要的意义。就基础研究而言，靠政府对基础研究的直接投入难以适应信息产业融合快速发展的需要，应加强对骨干信息企业基础研究项目的扶持和奖励，并采取有效的措施促进各部门间的研究与开发合作，以促进资源整合，加快产业融合化进程。

（二）为文化信息传输行业营造良好的投资经营环境

文化信息传输行业是较为特殊的行业。广电网络和电信网络的运营商以国有资本投资为主，对社会资本的开放程度低。互联网信息服务商和增值电信服务（文化方面）内容提供商则以新兴的民企为主，行业集中度低，中小微企业数量多。国家应出台细则，支持和鼓励中小微移动互联网内容提供商的发展，加强对通信网络安全的管理，提高通信网络安全防护

能力，保障通信网络安全畅通，保护电信和互联网用户的合法权益，维护网络信息安全，为文化信息传输行业营造良好的投资经营环境。

（三）制定合理的激励机制，推动产业链协调发展

广电技术平台化、网络平台化以及通信业务数据化的发展，将给国内的广电网络运营商及通信网络运营商带来新的机遇和挑战。广电网络运营商和通信运营商处于文化信息传输产业链的核心环节，OTT 业务经营商和应用软件开发商等内容提供商均需通过和运营商的合作来发展用户，获得收入。运营商需要各类内容提供商为其提供更多产品和服务，补充自身的不足。因此，建议以运营商为核心，制定合理的股权投资、兼并重组的激励机制，推动产业链协调发展。

（四）引导社会资本，促进创业企业投资

国家可出台政策，鼓励设立产业引导基金，利用国有资金撬动社会资金，通过 FOF 基金形式，带动更多社会资本参与对中小型文化信息传输企业进行股权投资。此外，政府可引导龙头企业强强联合，建立产业共赢基金，如腾讯产业共赢基金，或建立企业孵化器，如创新工场，引导文化信息传输服务领域创业企业的发展。

（五）促进产业结构升级

1. 加快互联网产业的转型发展

一是要大力推进互联网发展与普及应用。加大网络基础设施建设力度，因地制宜加快光纤宽带网络建设，进一步扩大农村宽带覆盖面积，务实推进三网融合，加强通信基础设施共建共享。加快推动互联网普及应用，促进互联网在城乡之间、区域之间、不同人群之间协调发展。

二是要加强互联网新技术新业务的开发和推广，加快 4G 发展演进，着力突破新一代移动通信、下一代互联网、物联网、云计算等关键技术，推进下一代互联网试商用，促进融合型技术和业务创新发展。

三是要加快互联网技术和业务向各行业各领域的渗透、扩散，加强新模式、新业态的培育发展，推动运用新一代信息技术改造提升传统产业，培育壮大战略性新兴产业和生产性服务业，促进产业转型发展。

2. 促进信息产业融合，创新推动经济发展

融合创新使信息产业边界逐渐模糊，信息通信技术在各类终端产品中

的应用日益广泛。从电信运营到终端设备制造，再到互联网服务，各领域间的界限被打破，跨界融合成为信息产业链各方创新发展的关键词。

在移动互联网快速发展的背景下，网络运营商应加速智能管道建设，加快对终端、电子商务、云计算等公司进行业务创新开放，并在智慧城市的构架下重点发展民生应用，创建智慧城市生活。终端设备制造厂商和互联网服务商应以业务模式的变革以及跨界融合为目标进行业务创新，创造品牌价值，提升价值链，提升产品附加值，通过提高质量和效益赢得可持续发展。

附录　相关数据说明

①无形资产投资数据推算：国内权威统计部门暂未公布文化信息传输领域文化固定投资的统计，因而选取一定数量的样本企业，以样本企业各年度固定资产投资和文化固定投资的比重作为计算的依据。选取的样本企业包括歌华有线、上海钢联、生意宝、三六五网、宜通世纪、华数传媒。

②行业股权投资、上市融资、债券票据融资、信托产品融资和并购的数据来源于新元文智。

B.8

新闻出版发行行业投资分析报告

摘要：虽然 2008～2012 年新闻出版发行行业的投资刺激政策密集出台，但是新闻出版行业投资较为平稳，各年度投资规模基本在 1200 亿元水平线上下浮动，投资增幅不明显。2012 年新闻出版发行领域并购总规模为 102.48 亿元，是 2010 年 10.79 亿元的 8.5 倍，其中新闻及报纸出版领域的投资规模最高。同时，规模扩张式投资未发生根本变化，受纸张价格、运输成本和 CPI 等因素影响，行业利润率依然较低。但单个企业抗风险能力得到增强，体现出较强的投资价值。

关键词：新闻出版发行行业、行业投资规模、社会资金、行业并购

我国是出版大国，图书出版量、日报发行量、电子出版物总量和印刷总量均居全球前列，而新闻出版发行行业是我国产业化发展起步最早的文化产业之一，拥有生产、制造、流通、消费等完整产业链。截至 2012 年第 3 季度，新闻出版单位转企改制的任务基本完成，新型市场主体地位初步确立，并迅速启动第二步改革。在政策的积极推动下，2012 年我国新闻出版发行服务实现营业收入 16635.3 亿元，较 2011 年增加 2066.7 亿元，增长 14.2%；增加值 4617.0 亿元，较 2011 年增加 595.3 亿元，增长 14.8%。

一 新闻出版发行行业投资政策分析

从近年来新闻出版发行行业的投资政策出台情况看，国家正对新闻出版发行行业进行深入的改革，务求通过资本和产业结合的方式优化产业结构，改变行业增长方式，释放行业的生产力。作为文化产业中最重要的一个行业，也是意识形态传播的主要渠道，新闻出版发行行业的改革和对资

本的开放，要求拿捏好开放的进度和力度；同时，也要充分关注资本与行业的结合情况，出台更具针对性的投资政策或行业政策，改善产业的发展模式。

（一）强调转企改制，为吸引投资奠定良好基础

事业单位性质的管理模式在新闻出版发行行业发展的历程上，特别是意识形态的传播方面，发挥了较为重要的作用。但事业单位性质的管理模式也存在其固有的弊病，包括体制僵化、管理效率不高等，成为新闻出版发行行业的市场化运作和产业化发展最大的桎梏。

2004年，国务院对中国出版集团转制为企业经营单位的批复，拉开了新闻出版行业事业单位性质向企业性质的改革序幕，此后全国580多家出版社、3000多家新华书店、38家党报党刊发行单位、3388种非时政类报刊进入体制改革的进程。至2012年，新闻出版发行行业出台《关于促进我国音像业健康有序发展的若干意见》（2009年）、《关于加快出版传媒集团改革发展的指导意见》（2012年）、《关于报刊编辑部体制改革的实施办法》（2012年）等系列政策，均一再强调深入推进体制的改革，重塑行业竞争的市场主体，盘活行业资产。其中，《关于加快出版传媒集团改革发展的指导意见》明确鼓励出版传媒集团通过整合报纸、期刊、图书、音像制品、电子出版物、数字出版业务和出版、印刷复制、发行等资源，实现多媒体、全产业链发展。

（二）支持跨地域跨部门并购，重组行业资源

在事业体制模式下，新闻出版发行行业呈现条状分布，中央有直属的新闻出版发行机构，相关专业部门有相应的新闻出版发行机构，地方也有地方性的新闻出版发行机构；同时，产业同构化严重，企业规模偏小，布局分散，区域市场分割，资源无法合理流动和有效开发利用，难以形成规模经济效益和集约化经营效益，阻碍了新闻出版大市场的形成和新闻出版专业化分工。

在推进事业单位向企业转制过程中，国家着手对行业的资源进行重组，着力调整优化产业结构，转变增长方式。2012年的《关于加快出版传媒集团改革发展的指导意见》则在支持兼并重组的基础上提出更深层次的政策措施。

一是鼓励出版传媒集团之间通过联合重组、参股等方式进行股份制改

造，实现股权多元化；二是支持出版传媒集团采取联合研发、资源共享、平台共建、合作经营等方式进行战略性合作；三是支持出版传媒集团与广播电视、电信等行业的大型企业开展战略合作，以进一步促进新闻出版传媒的资源重组和释放行业生产力。

（三）主动有序向社会资本开放，产业资本主体结构渐成层次

在涉及非核心意识形态的领域，政策依然保持宽松的态度，例如《新闻出版业"十一五"发展规划》指出，打破单一资本结构模式，积极推进投资结构调整。在出版发行企业和部分非时政类报刊社实行投资主体多元化。但涉及意识形态的核心领域，则仍是非公资本的禁区，如 2012 年的《关于报刊编辑部体制改革的实施办法》，鼓励和支持党报党刊出版单位和大型新闻出版传媒集团公司对报刊编辑部进行整合，探索建立主管主办管理体制和出资人管理体制有机衔接的工作机制，但是在报刊编辑部转制或合并建立报刊出版企业时，不得有非公有资本进入。

（四）鼓励建立多元化的投融资渠道，创新行业的金融产品

在鼓励建立多元化的投融资渠道，创新行业的金融产品方面，政策所采取和鼓励的措施类型包括以下几个方面。

第一，培育企业集团型战略投资者，牵引和主导行业的投资。《新闻出版业"十一五"发展规划》指出，要以集团建设为龙头，培养一批导向正确、实力雄厚、国际竞争力和市场控制力强的企业集团，使之成为市场的引领者和产业发展的战略投资者。

第二，创新信贷金融产品，研究制定无形资产评估和质押办法。《新闻出版业"十二五"发展规划》提出，完善版权相关法律、法规和政策制度，扶持版权代理、评估、质押、投资、融资等活动，支持建设版权服务平台。《国务院办公厅关于印发文化体制改革中经营性文化事业单位转制为企业和支持文化企业发展两个规定的通知》要求针对文化企业的特点，研究制订著作权、文化品牌等无形资产的评估和质押办法，引导商业银行对文化企业给予贷款支持，鼓励商业银行创新信贷产品，加大信贷支持。

第三，多元化股权结构，在保证国有控制前提下允许社会资本参股投资。例如：《关于支持民间资本参与出版经营活动的实施细则》指出，党报党刊出版单位实行采编与经营"两分开"后，在报刊出版单位国有资本控股 51% 以上的前提下，支持民间资本投资参股报刊出版单位的发行、广告等业务。

第四，扩大与非公资本合作的范围。《关于加快出版传媒集团改革发展的指导意见》允许国有出版传媒集团引进具备资质的非公有文化企业作为国有出版传媒集团的一个部门参与出版活动；允许出版传媒集团控股或参股成长性较好的非公有文化企业；引导和规范国有出版传媒集团与非公有文化企业开展产品合作、项目合作、资本合作。

表1　行业投资相关政策列举

时间（年）	政策名称	措　施
2002	《设立外商投资印刷企业暂行规定》	允许外资以合营方式设立印刷企业进入出版物、包装装潢印刷品、其他印刷品印刷领域
2003	《外商投资图书、报纸、期刊分销企业管理办法》	允许外资进入图书、报纸、期刊分销领域
2003～2008	《关于建立更紧密经贸关系的安排》	2008年1月1日起允许港澳在内地设立包装装潢印刷品独资企业
		2009年1月1日起允许港澳在内地设立包装装潢印刷品印刷企业的最低注册资本1000万元降为150万元
		2009年10月1日起允许港澳在内地设立独资、合资或合作排校制作服务公司，在印刷领域开展印刷技能人员技术交流工作
2009	《关于〈中外合作音像制品分销企业管理办法〉的补充规定》	允许港澳资本在内地以独资形式提供音像制品（含后电影产品）的分销服务
2010	《关于〈外商投资图书、报纸、期刊分销企业管理办法〉的补充规定（三）》	允许港澳资本在内地设立的分销企业分销香港、澳门出版的图书
2010	《关于〈中外合作音像制品分销企业管理办法〉的补充规定（二）》	从事动画音像制品租赁服务的港澳投资者，减少行政审批程序

二　新闻出版发行行业投资状况分析

（一）新闻出版发行行业整体投资状况

1. 单个企业抗风险能力得到增强，体现出较强的投资价值

从单个经营单位的投资情况来看，新闻出版发行行业的转制、兼并重

组、资源整合和强强联合的政策实施得到良好的效果，投资的资源较为集
中在实力较强的企业，并且得到合理有效的运用，单个企业的抗风险能力
也得到增强，体现出投资价值，促进行业的发展。

一是经营单位的数量在优胜劣汰和强强联合的过程中出现轻微的收
缩，投资资金得到集中有效的使用，在一定程度上避免了低水平的重复建
设造成的浪费。

二是企业的数量出现收缩，但是企业自身实力得到增强，出现"量退
质升"的现象，单个经营单位的经营指标大部分高于行业 1% ~ 2%。

表2　新闻出版发行行业单个经营单位投资情况分析

年　份	2008	2009	2010	2011	2012
经营单位数量（万家）	35.7	35.7	35.3	35	34.7
单个单位资产规模（万元）	—	331.89	360.83	411.93	453.30
单个单位净资产规模（万元）	—	172.78	185.04	209.85	235.28
单个单位营业收入（万元）	251.67	265.50	319.04	375.61	421.13
单个单位净利润（万元）	21.54	25.02	30.48	32.23	37.97
单个单位资产收益率（%）	—	7.54	8.45	7.82	8.38
单个单位净资产收益率（%）	—	14.48	16.47	15.36	16.14
单个单位资产规模增幅（%）	—	—	8.72	14.16	10.04
单个单位净资产规模增幅（%）	—	—	7.09	13.41	12.12
单个单位营业收入增幅（%）	—	5.50	20.16	17.73	12.12
单个单位净利润增幅（%）	—	16.14	21.81	5.74	17.80

数据来源：国家统计局、国家新闻出版总署。

2. 行业投资增长缓慢，政策刺激作用未明显体现

虽然 2008 ~ 2012 年新闻出版发行行业的投资刺激政策密集出台，但是
新闻出版行业投资较为平稳，各年度投资规模基本在 1200 亿元水平线上下
浮动，投资增幅不明显。从行业投资总规模上看，2012 年的投资规模为
1265.79 亿元，与 2008 年相比增幅为 7.35%。

从行业各类型投资规模上看，产品生产性固定资产投资的综合波动
（波动幅度和波动额度）较为明显，传播渠道固定资产投资波动幅度虽然
也较高，但是基数少，投资波动额度不高。受到个别报刊注销的影响
（2012 年至 2013 年 7 月，全国共有 46 种报刊注销），文化固定投资经历了
2008 ~ 2011 年的稳定增长后，在 2012 年出现小幅度下滑。

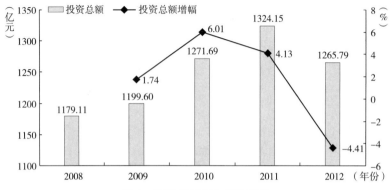

图 1 新闻出版行业投资概况

数据来源：课题组根据国家统计局数据合理推算。

表 3 新闻出版行业各类型投资概况

单位：亿元，%

年　份	2008	2009	2010	2011	2012
产品生产性固定资产投资	66.62	57.37	51.89	81.56	69.35
增幅		-13.88	-9.55	57.18	-14.97
传播渠道固定资产投资	25.32	22.19	28.69	21.11	32.94
增幅		-12.36	29.29	-26.42	56.04
文化固定投资	1087.19	1120.04	1191.11	1221.49	1163.49
增幅		3.02	6.35	2.55	-4.75

数据来源：课题组根据国家统计局数据合理推算。

新闻出版发行行业投资规模增幅不明显的原因主要有以下三个方面。

第一，新闻出版发行行业经过此前改革，行业内已经组建或合并形成为数不少的大型集团企业；大型集团企业自身资源丰富，实力雄厚，融资渠道较为畅通，融资能力也相对较强，对社会投资资金需求不大。

第二，小型国有企业通过政策支持，可合并到大型的传媒集团中去；而缺乏资源和资金的小型民营企业，核心竞争力较弱，吸引投资能力不强。

第三，行业特有管控方式，使得渠道方面的资源较为集中，准入难度大，也相对缺乏市场化竞争；内容生产制作方面，则由于行业内抄袭跟风风气的影响，作品内容粗糙创意陈旧，市场吸引力不足，使投资者的投资缺乏驱动力。

3. 传统产业结构较脆弱，三重因素直接影响投资的效果

传统的纸质出版发行依然是行业主体结构，纸张价格、运输成本和

CPI 对行业的利润影响非常突出，在上述三个因素的影响下，投资效果并不明显。例如在 2011 年，CPI、纸张价格和柴油价格均达到了近年来最高水平，而行业的营业收入也出现较为理想的增幅；但是正是由于上述三个因素的影响，行业净利润总额的增幅与 2010 年相比出现急剧的下降，进而导致营业收入快速增长但行业利润增幅滑坡的状况。

表4　影响新闻出版行业投资收益因素一览

年　份	2009	2010	2011	2012
CPI（%）	－ 0.70	3.30	5.40	2.60
纸张价格（元/吨）	3950	4400	5300	5000
柴油价格（元/吨）	1580	320	750	590
营业收入增幅（%）	16.25	19.67	17.72	14.19
净利润总额增幅（%）	16.14	20.44	4.84	16.79

注：2008 年柴油价格曾大幅下调 1000 元，2009 年柴油价格实际增长并不高。

数据来源：国家统计局统计年鉴及公开出版物。

4. 规模扩张式投资未发生根本变化，行业利润率依然较低

单个经营单位平均投资额度在 2008～2011 年间一直保持增长趋势，于 2011 年达到最高值 37.83 万元，但 2012 年单位平均投资额度却同比下降 3.58%，为 36.48 万元。行业营业收入和利润收入增长明显，行业投资也有小幅度增加，但行业利润率基本上在 8% 上下浮动，未随着投资的增加而出现明显的增长，说明投资资金主要流向规模扩张，而较少流向行业的结构性改善、技术更新应用和商业模式创新，产业增长方式未得到根本性调整优化，投资效果不明显。

表5　新闻出版发行行业投资增幅和行业利润情况

单位：万元，%

年　份	2008	2009	2010	2011	2012
单位平均投资规模	33.03	33.60	36.03	37.83	36.48
单位平均投资规模增幅		1.74	7.21	5.02	－ 3.58
行业投资总规模增幅		1.74	6.01	4.13	－ 4.41
营业收入总额增幅	4.64	5.50	18.82	16.73	11.16
净利润总额增幅	4.44	16.14	20.44	4.84	16.79
行业利润率	8.65	8.64	8.69	7.74	7.92

数据来源：国家统计局，国家新闻出版总署。

（二）新闻出版发行行业重点领域投资状况

根据国家统计局的《文化及相关产业分类（2012）》，新闻出版发行行业分为新闻服务、出版服务、发行服务三大部分，合计新闻业、图书出版、报纸出版等12个子领域。而根据国家新闻出版总署各年度发布的《新闻出版产业分析报告》，新闻出版发行行业可以分为报纸、图书、期刊、音像制品和电子出版物的出版、出版物发行和印刷复制等7个领域。由于国家相关部门统计口径存在差异，现根据两个统计口径进行重新整理分类，如表6所示。

表6　新闻出版发行行业分类

子行业名称	领域名称
新闻及出版服务	新闻及报纸出版制作
	图书出版制作
	期刊出版制作
	音像制品和电子出版物出版制作
	其他出版
发行及印刷服务	出版物发行
	印刷复制

从2008~2012年新闻出版发行行业的累计投资产出情况看，新闻及出版服务和发行服务的投资比例为1.69∶1，而其中新闻及报纸出版领域的累计投资规模最高，占本行业累计投资规模的55.88%。新闻及报纸出版领域投资规模占本行业投资规模的90%以上（不含印刷复制领域），与行业投资趋势基本一致。

表7　新闻出版发行行业主要细分领域累计投资产出情况

单位：亿元，%

子行业	新闻及出版服务				发行服务	
领域	新闻及报纸出版	图书出版	期刊出版	音像电子出版	出版物发行	印刷复制
累计投资	5429.34	440.16	206.98	21.27	130.25	3487.33
领域累计收入	3595.56	2820.51	816.31	147.20	9913.36	40192.28
累计利润	433.00	431.21	90.65	18.79	980.91	2820.70

续表

子行业	新闻及出版服务				发行服务	
领　域	新闻及报纸出版	图书出版	期刊出版	音像电子出版	出版物发行	印刷复制
累计投资比重	55.88	4.53	2.13	0.22	1.34	35.90
累计收入比重	6.25	4.91	1.42	0.26	17.25	69.92
累计利润比重	9.07	9.03	1.90	0.39	20.54	59.07
行业利润率	12.04	15.29	11.10	12.76	9.89	7.02

注：①表格中数值为2008～2012年期间累计值；②为统一国家统计局和新闻出版总署的统计口径，此处将印刷复制列入新闻出版发行服务行业统计范围。

数据来源：国家统计局，国家新闻出版总署。

1. 新闻及出版服务子行业投资状况分析

（1）新闻及报纸出版领域投资状况分析。

随着新闻出版发行行业的市场化改革推进，经营效益不佳的报纸在市场竞争中停办或并入大型的传媒集团，报纸的种类逐步窄幅减少，新闻及报纸出版领域投资需求发生调整。停办的报纸主动注销，报纸的种类有所减少，由2010年的1939种下降至2012年的1918种，导致投资需求直接减少，无形资产投资和产品生产性固定资产投资也出现下滑，分别由2011年的1094.56亿元和53.51亿元，下降至2012年的1026.98亿元和44.42亿元。但合并后的报业的版面有所增加，一定程度上拉动了无形资产投资和产品生产性固定资产投资的需求。

表8　新闻及报纸出版领域各类型投资概况

单位：亿元，%

年　份	2008	2009	2010	2011	2012
投资规模	1036.72	1059.27	1113.88	1148.07	1071.40
增幅		2.18	5.16	3.07	-6.68
产品生产性固定资产投资	47.55	44.58	37.94	53.51	44.42
增幅		-6.25	-14.89	41.04	-16.99
无形资产投资	989.17	1014.69	1075.94	1094.56	1026.98
增幅		2.58	6.04	1.73	-6.17

数据来源：国家统计局统计年鉴，国家新闻出版总署。

国内大型的报业出版集团的产业结构中，一般都采用内设印务中心和发行中心的一体化运作方式，使得新闻资讯在最短的时间内形成产品发行至公众，保持了新闻及报纸出版的资讯及时性，但却使出版单位直接承担印刷原材料和发行运输建设的成本。这种传统的业务模式，特别是在运输（体现在汽柴油价）、新闻纸张和 CPI 三个因素主导的成本上涨时，抵消了由营业收入增长带来的利润，对报纸出版的现金流消耗巨大。2012～2013年 6 月新闻出版发行行业 12 款债券票据产品中，7 款产品募资的目的之一是为了采购纸张和印刷物资。经营效益不佳的报纸合并和减少，无疑优化了新闻及报纸出版竞争主体结构，但是行业的传统经营模式并未发生实质性的变化，领域的收入增幅在逐步攀升，领域的利润却从 2011 年开始减少。

表 9　新闻及报纸出版领域投资收益情况

单位：亿元，%

年　份	2008	2009	2010	2011	2012
投资规模	1036.72	1059.27	1113.88	1148.07	1071.40
投资增幅		2.18	5.16	3.07	-6.68
领域收入	567.36	627.60	729.40	818.90	852.30
收入增幅	3.60	10.62	16.22	12.27	4.08
收入增加值	20.40	60.24	101.80	89.50	33.40
领域利润	64.00	70.40	100.80	98.60	99.20
利润增幅	2.91	10.00	43.18	-2.18	0.61
领域利润率	11.28	11.22	13.82	12.04	11.64

数据来源：国家统计局统计年鉴，国家新闻出版总署。

（2）图书出版领域投资状况分析。

现时图书出版领域大多采取的是内容创作和出版渠道分离经营的模式。出版社主要负责图书出版发行的渠道，内容创作则由作者负责，出版社通过版税模式向作者采购创作的内容，通过新闻出版总署分配的书号出版发行。

整体来看，近几年，国内图书出版社的数量保持在 580 家左右，图书出版领域的投资主要流向出版社的设备更新、发行渠道拓展和图书内容创新。其中，在内容创造方面，无形资产投资与图书出版的种类几乎同速增长，无形资产投资由 2008 年的 63.31 亿元增长至 2012 年的 109.44 亿元，图书出版的种类由 2008 年的 27.56 万种增长至 2012 年的 41.40 万种。

虽然三大因素成本的上涨会对图书出版发行有影响，但可以通过控制印制册数和提高单册售价来维持收入和利润；同时，受益于书号管理的有利政策，领域的利润率保持在15%左右。随着数字内容出版物的逐步应用，网络平台将成为内容阅读的重要渠道，传统图书出版模式的主导地位将在网络化阅读和网络化出版平台应用过程中逐步下降。

表10   图书出版领域各类型投资与经营概况

单位：亿元，%

年　份		2008	2009	2010	2011	2012
投资状况	投资规模（亿元）	74.25	75.24	83.75	97.48	109.44
	产品生产性固定资产投资	10.94	7.4	8.87	12.44	14.77
	无形资产投资	63.31	67.84	74.88	85.04	94.67
生产状况	图书出版社数量（家）	579	580	581	580	580
	出版图书种类（种）	275668	301719	328387	369523	414005
收益状况	行业总体收入	431.91	462.80	537.90	664.40	723.50
	行业增加值	62.60	30.89	75.10	126.50	59.10
	领域利润	69.81	74.80	77.20	94.20	115.20
	领域利润率	16.16	16.16	14.35	14.18	15.92

数据来源：国家统计局统计年鉴，国家新闻出版总署。

（3）期刊出版领域投资状况分析。

期刊出版领域的经营模式介于新闻报纸出版和图书出版之间：一是期刊要求资讯拥有相当的及时性，但其承担的不仅仅是消息传播的职责，还负责对资讯进行一定程度的分析研究。二是期刊出版领域的内容提供方，一般以期刊经营方的记者为主，兼以大众部分的投稿为辅。三是期刊出版的收入渠道较新闻报纸出版与图书出版丰富。新闻报纸出版领域的收入主要依赖于广告业务，图书出版领域则主要依赖于书籍的销量；而期刊出版收入则来源于三个方面，包括广告、销量（定价较新闻报纸出版灵活）及版面校对编辑等费用。

期刊出版与新闻出版、图书出版相比，创意和内容的吸引力是读者黏性的关键，其更注重无形资产投资，同时，可将其他环节实行外包，降低固定资产投入，减少运作风险；而且当期刊办刊到稳定成熟的阶段时，固定资产的需求也趋减少。同时，随着数字化出版的深入应用，人们将逐渐适应网上阅读、掌上阅读和手机阅读等阅读方式，期刊出版领域未来将在信息化硬件设施、无形资产增加投资，特别是期刊的数字形式作品的运营和利用。

表11　期刊出版领域各类型投资概况

年　份		2008	2009	2010	2011	2012
投资状况	投资规模（亿元）	37.02	40.48	42.09	44.86	42.53
	产品生产性固定资产投资（亿元）	2.31	2.97	1.8	2.97	0.69
	文化固定投资（亿元）	34.71	37.51	40.29	41.89	41.84
生产状况	出版期刊种类（种）	9459	9851	9884	9849	9867
	平均期印数（万册）	16767	16457	16349	16880	16767
经营状况	投资规模增幅（%）		9.35	3.98	6.58	-5.19
	领域收入（亿元）	136.25	146.00	150.60	162.60	220.86
	领域利润（亿元）	11.57	12.4	18.5	22.9	25.28
	领域利润率（%）	8.49	8.49	12.28	14.08	11.45
	经营单位平均利润（亿元）	12.21	12.59	18.72	23.25	25.62

数据来源：国家统计局统计年鉴，国家新闻出版总署。

（4）音像制品与电子出版物领域投资状况分析。

音像制品与电子出版物领域出现领域内交替的现象：音像制品的出版发行的种类和数量在逐步萎缩，而新兴的电子出版物仍处于萌芽状态，该领域的收入增长缓慢，利润的增加值一直处于较低水平，但是领域的利润率却处于相对较高的水平。从投资角度而言，行业的固定资产投资将出现分化，音像制品受到网络娱乐和盗版屡禁不止的冲击，投资将会回落并持续一个较低水平；而随着网络、无线技术的发展，电子出版物方面的固定投资则会持续增加。

表12　音像制品与电子出版物领域投资收益情况

单位：亿元，%

年　份	2008	2009	2010	2011	2012
固定资产投资	2.69	0.77	1.93	2.05	6.52
投资增幅		-71.38	150.65	6.22	218.05
领域收入	24.1	25.7	27.6	32.3	37.5
收入增加值	1.48	1.6	1.9	4.7	5.2

续表

年　份	2008	2009	2010	2011	2012
行业利润	2.69	2.9	3.4	4.1	5.7
利润增加值	0.11	0.21	0.5	0.7	1.6
领域利润率	11.16	11.28	12.32	12.69	15.20

数据来源：国家统计局统计年鉴，国家新闻出版总署。

2. 发行服务子行业投资状况分析

（1）出版物发行领域投资状况分析。

出版物发行领域主要依赖发行网点的建设和物流运输的运作，肩负着书报刊传播渠道的社会责任，其固定资产投资应在合理布局网点的同时，平衡好资金的使用效益，注重固定资产的投入。出版物发行领域的固定资产投资增加，并未改变该领域的产业链结构，只对收入和利润的增量产生影响。行业整体利润率在油价上涨、市场竞争的冲击下明显下降，由2009年的11.45%持续下降到2012年的8.10%。在原有的产业模式和结构之下，单个网点的追加固定资产投资也并未能在利润增加上有所反映，单个网点的2011、2012年平均利润增幅分别为-10.87%和3.41%。

表13　出版物发行领域投资收益情况

单位：亿元，%

年　份	2008	2009	2010	2011	2012
固定资产投资	24.50	22.04	25.90	27.46	32.95
投资增幅	-8.31	-10.04	17.51	6.02	19.99
领域收入	1674.76	1758.5	1898.5	2162.9	2418.7
收入增加值	79.75	83.74	140	264.4	255.8
行业利润	191.71	201.3	206.6	185.1	196
利润增加值	9.12	9.59	5.5	-21.7	10.9
领域利润率	11.45	11.45	10.89	8.56	8.10
网点平均利润	11.89	12.55	12.32	10.98	11.35

数据来源：国家统计局统计年鉴，国家新闻出版总署。

（2）印刷复制领域投资状况分析。

印刷复制领域的产能主要依靠印制设备的数量和先进性，固定投资的增加是印刷复制领域增长的主要因素；印刷复制领域产业结构较为固化，短期内可改进范围有限，产业附加值不高，领域利润率是新闻出版发行行业最低。

表 14　印刷复制领域投资收益情况

单位：亿元，%

年　份	2008	2009	2010	2011	2012
固定资产投资	449.86	567.37	691.8	733.31	1092.58
投资增幅	18.73	26.12	21.93	6.00	48.99
领域收入	6150.38	6457.90	7918.10	9305.40	10360.50
收入增加值	292.88	307.52	1460.20	1387.30	1055.10
行业利润	441.90	464.00	578.40	614.60	721.80
利润增加值	21.04	22.10	114.40	36.20	107.20
领域利润率	7.18	7.18	7.30	6.60	6.97

数据来源：国家统计局，国家新闻出版总署。

3. 数字出版领域投资状况分析

数字出版领域是新兴发展领域，数字技术的发展和移动互联网的普及加快了数字出版产业的发展，数字出版发行种类和数量逐步增加，该领域的收入快速增长，2008～2012 年数字出版领域收入和利润均出现 20% 以上的增幅。该领域的发展模式和盈利模式仍在探索中，因而利润率与成熟的传统领域相比暂时存在差距，但 2012 年的营业收入仅次于印刷复制和出版物发行。

表 15　数字出版领域收益情况

单位：亿元，%

年　份	2008	2009	2010	2011	2012
领域收入	530.64	799.40	1051.80	1377.90	1935.50
收入增加值	168.22	268.76	252.40	326.10	557.60
收入增幅	31.70	50.65	31.57	31.00	40.47
行业利润	39.80	63.91	89.10	106.70	151.95
利润增加值	12.62	24.11	25.19	17.60	45.25
利润增幅	31.71	60.58	39.41	19.75	42.41
领域利润率	7.50	7.99	8.47	7.74	7.85

数据来源：国家统计局统计年鉴，国家新闻出版总署。

2012 年 9 家国家数字出版基地（园区）的平均利润率仅次于图书出版，平均资产收益率则三倍于传统领域，表现出强劲的发展势头。在新闻出版行业向社会资本进一步开放的基础上，数字出版行业的优异资产收益率将大力吸收社会投资，这有利于数字出版领域发展模式的摸索，推动传统纸质发行模式向数字化、信息化出版发行模式升级，改善行业结构。

表16　2012 年国家新闻出版印刷基地营业情况

单位：亿元，%

基地（园区）名称	营业收入	资产总额	利润总额	利润率	资产收益率
上海张江国家数字出版基地	200	134	40	20.00	29.85
广东国家数字出版基地	130	4.3	15	11.54	348.84
江苏国家数字出版基地	128.24	52.36	6.31	4.92	12.05
杭州国家数字出版基地	68.76	68.09	10.7	15.56	15.71
湖南中南国家数字传媒内容基地	56.22	77.27	2.07	3.68	2.68
西安国家数字出版基地	30.17	63.12	9.17	30.39	14.53
重庆北部新区国家数字出版基地	7.23	6.51	1.13	15.63	17.36
天津国家数字出版基地	3.42	5.7	0.46	13.45	8.07
湖北华中国家数字出版基地	0.68	1.55	0.27	39.71	17.42
小　计	624.72	412.9	85.11	13.62	20.61

数据来源：国家统计局统计年鉴，国家新闻出版总署。

三　新闻出版发行行业社会资金提供情况

（一）新闻出版发行行业社会资金提供概况

新闻出版发行行业资金的来源渠道以上市融资、银行贷款、股权投资、并购和金融债券票据等为主。2009 年至 2013 年 6 月，股权投资、上市融资、金融债券票据和并购融资等渠道为新闻出版发行行业共提供资金510.4 亿元。

债券票的资金渠道为新闻出版发行行业的优先选择。经过改制、并购、重组后，国内已经建成 120 家大型的新闻出版传媒集团，在"采编经营两分离"模式未取得实质性突破的前提下，资金成本较低的债券票据渠道则是大型新闻出版发行企业的优先资金渠道。

借壳上市定向增发将成为大型集团的第二选择。虽然国内 IPO 上市融资的渠道大门仍未开启，而依靠上市为主要退出方式的股权投资资金正在收缩，但借壳上市定向增发则可能成为有实力的新闻出版传媒集团的另一选择渠道。

中小型新闻出版发行企业难寻稳定合适的资金渠道。大型新闻出版传媒集团凭借其实力可通过债券票据或借壳上市的方式获取资金，中小型新闻出版发行企业则不得不面对资金难题，要么通过股权投资方式，要么通过被并购至大型集团或上市企业中；但是中小型新闻出版发行企业为自身的实力所限，在股权投资渠道谈判优势不足。

表 17　新闻出版发行行业资金来源渠道

单位：亿元

年　份	股权投资资金	上市融资资金	债券票据融资资金
2009	0.00	0.00	20.00
2010	4.12	58.00	11.00
2011	2.53	58.48	43.00
2012	0.65	0.00	40.50
2013 年上半年	0.00	0.00	47.00
合　计	7.30	116.48	161.50

注：①未公布股权投资金额的事件不在统计之内。②并购资金部分为文化产业内的企业提供的资金，部分为文化产业外的企业和投资机构提供的资金。

数据来源：新元文智根据公开资料整理。

（二）新闻出版发行行业并购概况

2009 年至 2013 年上半年，国家宏观政策大力支持新闻出版发行行业的集团并购重组。近五年间，四个新闻出版发行行业的投资促进政策中，三次提及鼓励和支持行业的兼并重组或培育大型骨干企业。同时，2010 和 2011 年新闻出版发行行业的上市潮，为企业提供充裕的资金，为上市企业实施扩张并购战略奠定基础。

新闻出版发行行业的并购事件数量在 2012 年出现了回落，但是政策的落地，较大地推动了并购的力度。2012 年新闻出版发行领域并购总规模为 102.48 亿元，是 2010 年 10.79 亿元的 9.5 倍；2012 年新闻出版发行领域单个并购事件平均规模为 11.39 亿元，是 2010 年 0.77 亿元的 14.77 倍。新闻出版发行企业通过收购数字化出版领域企业快速进入数字出版领域，通过产业链上下游的整合，形成全媒体或跨媒体的优势。

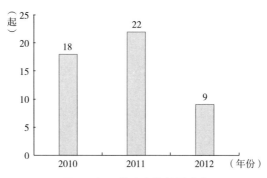

图2 行业并购事件数量分布

数据来源：新元文智。

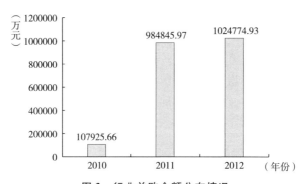

图3 行业并购金额分布情况

数据来源：新元文智。

四 新闻出版发行行业投资趋势和机会

（一）新闻出版发行行业投资趋势

1. 新闻出版发行企业股份化发展，构造多元化股权模式

在国家鼓励和引导民营资本、社会资本进入新闻出版发行行业的大背景下，国内新闻出版发行企业陆续进入股份化改造阶段，民营资本、社会资本甚至外资将可通过参控股方式参与新闻出版发行企业的运作。新闻出版发行行业资本结构的股份化，国有资本与社会资本的日益融合，能使资金、技术和资源实现优化配置，进一步增强企业的发展活力，解放行业生产力，确保国有资产的保值增值。预计未来，国内新闻出版发行企业股份化改造完成后，融资渠道将进一步拓宽，企业将可通过发行股票上市或发

行私募债等方式大量吸纳社会资本，面向社会融资。

2. 新闻出版发行企业集团化发展，发挥大型企业资源整合作用

预计未来，新闻出版发行企业以追求规模效应，实施集约经营，缔造共同市场，降低平均成本，优势互补等为目的，将通过资产重组、兼并重组等方式组建企业集团。新闻出版发行企业的集团化是内部资源整合和外部资源并购相结合基础之上的集团化，它在整合资源、规模优势等方面发挥了积极作用。新闻出版发行企业集团化发展，有利于完善公司产品线，延伸产品线，实现跨区域兼并和跨媒体发展。

3. 传统出版行业向数字化转型，行业商业模式将出现突破

数字技术的不断创新，加速了我国新闻出版发行行业的数字化进程，内容提供与科技手段相结合基础上的数字化将成为主流。预计未来，传统出版的数字化进程继续加快，并积极探索新的出版方式，新闻出版发行产业与数字科技的融合将不断深化。手机已逐渐成为人们获取各种信息的主要阅读终端，手机出版将成为主流；传统出版企业将和数字内容及技术提供商联合推出手机出版物；各大主流媒体积极开发手机报业务；数字内容提供商将积极同通信企业合作，共同建设手机出版内容基地；数字出版产业形态将日趋完善。

4. 并购重组提速，行业企业继续做强做大

《新闻出版业"十二五"发展规划》明确提出：进一步培育新闻出版骨干企业，鼓励有条件的新闻出版企业跨区域、跨行业、跨所有制经营和重组，推动新闻出版资源适度向优势企业集中。此外，新闻出版总署的目标亦明确：未来五年将打造一批大型出版传媒"航空母舰"，重组一批大型印刷复制企业，组建一批大型发行物流集团。预计未来，国内新闻出版业兼并重组将会提速，通过兼并、整合、重组，推进报刊出版骨干企业和传媒集团建设的步伐。此外，新闻出版传媒集团通过并购重组实现跨区域、跨媒体发展的机会也将大大增加。

（二）新闻出版发行行业投资机会

1. 新闻出版发行行业深入改革带来的投资机会

第二步改革实质上是推进改制后新闻出版发行企业的可持续发展，并将我国新闻出版行业的资源通过企业化改制，进而实现整合，注入活力以及释放出固化在事业单位性质内的发展力。而与此同时，也明确了第二步改革的重点，包括加快股份制改造实现股权多元化，加强与民间资本的合

作，为各种类型的资金提供投资的机会。

2. 新闻出版发行并购带来的投资机会

2006 年国家发布《关于深化文化体制改革的若干意见》，首次提出支持大型国有文化企业集团跨区域、跨行业兼并重组，并连续出台多项政策推动新闻出版单位的体制改革，引入非公有制出版单位，实现多元化产业结构。2011 年发布的《新闻出版业"十二五"发展规划》，也明确力争在"十二五"期间取得跨地区发展的重大突破。2012 年初，原新闻出版总署《关于加快出版传媒集团改革发展的指导意见》积极鼓励和大力支持新闻出版发行行业的并购。

（1）鼓励出版传媒集团通过整合报纸、期刊、图书、音像制品、电子出版物、数字出版业务和出版、印刷复制、发行等资源，实现多媒体、全产业链发展；

（2）鼓励出版传媒集团对业务相近、资源相通的中央和地方出版企业进行兼并重组，实现跨地区发展；

（3）鼓励出版传媒集团兼并重组新闻出版领域以外的其他国有企业，实现跨行业发展；

（4）支持有实力的出版传媒集团兼并、收购境外有成长性的优质出版企业；支持有条件的出版传媒集团通过独资、合资、合作等方式，到境外建社建站、办报办刊、开厂开店；

（5）支持和保护出版传媒集团跨地区、跨行业重组和经营，通过政策调节与市场机制相结合的办法，建立完善联通实体书店与网上书店，贯通城市与乡村新闻出版市场的服务体系；

（6）鼓励和支持转企改制到位的新闻出版单位自愿加入各类出版传媒集团。

3. 科技与新闻出版融合趋势加强，新兴业态将带来投资机会

伴随着硬件与移动网络布局的快速发展，出版业智能化、互动性、触摸交互，以及去书本化将成为发展趋势。同时微博、微信等自媒体的迅速成长，将进一步加深受众对媒体的参与，在未来的五年内，科技与新闻出版融合趋势将进一步加强，将对新闻出版的格局发生深刻的影响，并出现如下的投资机会。

传统新闻出版单位数字化转型。传统新闻出版单位是我国文化产业的主力军与重要支柱，其数字化转型的速度与质量，关系着数字出版产业的市场主体构成与规模效益。传统出版单位面对数字化冲击的形势，将通过数字出版基础工程建设，新技术研发，新产品研制，对终端与渠道特性的把握等一系列的转型或升级措施，扩大传播领域；通过不同的金融工具或产品（债券、信托或上市）引入资本。

以社交化传播为渠道的数字出版。近年来社会化阅读将大众传播的内容嫁接到人际传播的平台上，产生出惊人的传播效力。在传统的以内容为核心的架构上，增加了关系要素，这种社交加内容传播的方式，一改过去单纯依靠内容为建构主体的平台建构方式，增加了用户主体架构。数字出版不再仅仅停留在满足人们静态阅读的需求层面，还满足着人与人之间关系拓展的需求，满足着信息构建与社群传递的需求，满足着内容欣赏与互动展示的需求。数字阅读平台与社交网络平台相结合，将成为未来数字出版发展的一个重要趋势；同时，以网络为载体的领域的行政门槛较低，产生的传播效果和读者黏附力较强，将对风险资本产生相当的吸引力。

（三）大数据时代和数字出版模式的变革带来的投资机会

下一个五年，数字出版步入一个大规模生产、分享和应用数据的时代；而社交网络、电子商务与移动通信把人类社会带入了一个以 YB 为单位的结构与非结构的数据信息时代（即大数据时代）。结构数据是指来自于企业的 ERP、CRM 等各类数据库，非结构性数据是指越来越多来自互联网与移动互联网的日志、音视频、图片、地理位置等信息。随着大数据挖掘与分析能力的不断提升，海量数据经过精确分析会产生巨大的价值，比如对客户购买与阅读行为的全数据进行分析，精准内容投送，个性化、精确化营销定位，对数字内容进行定位与改进，提升内容价值。

（四）产业链延伸扩张和跨领域（业界）经营带来的投资机会

产业链延伸扩张和跨领域（业界）经营已经成为行业发展的趋势之一。产业链延伸扩张将新闻出版发行上下游的零散资源进行整合重组，一是降低了行业内企业的经营运作成本，二是为企业的战略布局提供支持，三是提高了上下游零散资源的效益，盘活了产业链资源。跨领域和跨业界经营，使得新闻出版发行行业的周边相关产业和资源通过以核心新闻出版发行企业为纽带进行有机整合，降低行业和周边产业的经营风险，提高经营效益。例如，图书版权与影视制作版权的整合，图书或剧本的发行与影视制作播放的整合等，将成为行业投资和并购新趋势之一。

五 新闻出版发行行业投资政策建议

(一) 降低行业进入门槛，有序吸纳行业外资本投入

一是加快新闻出版企业的二次改革（一次改革为事转企改革），加快股份制改造，实现股权多元化，加强与民间资本的合作。二是取消对出版社的数量控制、书号控制和出版范围控制，加强对出版物的出版前审批，将出版的市场环节交由市场调节。三是有序地向社会资本或民间资本开放行业或产业的相关核心环节，特别是高风险高收益的领域，有效利用社会或民间资源促进行业的发展。四是加快采编经营两分离模式的改革，促进资源、效率和效益的三统一，打通新闻出版发行企业上市的渠道。

(二) 促进行业结构的改革升级，引导对行业内新兴领域投资

1. 大力投资数字化新业态，改革行业结构并形成行业新的增长点

随着各种新兴的技术不断出现以及和文化产业各领域的结合，在新闻出版发行行业也出现了新的领域，包括微出版、云出版、移动出版等。新兴领域目前仍处于萌芽状态，其商业模式、盈利能力虽未确定，但是随着新兴技术的发展和大众的阅读习惯培养，新闻出版发行新兴领域将有较为广阔的发展空间，能够促进行业结构的转型，减小传统风险因素的影响，成为行业投资的新焦点。

2. 促进新闻出版发行领域多媒介的融合，提高资本的抗风险能力

新闻出版发行领域多媒介的融合，是产业发展新的方向，也将会是产业投资的新方向。经过长期发展，我国新闻出版发行行业有着不错的内容资源和基础优势，但在其他产业主导的新媒介传播上，存在着资源渠道共享的劣势；产业应该整合市场拓展、媒介多元化和传统产业链三个维度。在加强内容品质的前提下，借鉴国外的成功模式，按照教育类、大众类和专业类三个方向来构建不同的产业发展模式，把价值链拓展到更多的销售渠道和更多的产品形式中。我国新闻出版发行行业应该转变增长方式，成为精品文化内容的生产者，并进行数字化和信息化建设，在适应新的文化需求转变的同时，重构产业链和价值链。

（三）鼓励资本支持产业链延伸扩张，提高产业资源整合能力

1. 基于原有发行网络升级的物流配送

新闻出版总署在 2010 年 1 月《关于进一步推动新闻出版行业发展的指导意见》中明确提出"建设一批辐射全国的区域新闻出版物流中心"。未来，传统的书报刊出版发行企业，将加大物流配送的力度，发挥与网站书城等业务的协同作用，以进一步巩固传统纸质书报刊的发行竞争优势。

2. 完善图书电子商务平台

从长期角度看线上销售已经成为图书发行板块中不可或缺的一部分，任何大型出版传媒集团都需要积极应对这一新兴业务。但相较于大型互联网企业，出版传媒企业缺乏必要的电商经验积累与网络用户沉淀；同时，传统的线下发行渠道优势很难转变为线上流量和用户，因此，出版企业单纯凭借自身资源和传统渠道优势涉足电商业务很难获得成功。未来出版传媒企业更多地将选择利用自身资源优势与互联网企业合作运营电商平台（或入驻电商已有平台），以实现双方优劣势的互补共赢。

3. 注重影视版权资源开发

出版传媒企业均拥有一定的版权资源，特别是在将图书版权与影视制作版权打包收购时，拥有一定的成本优势和交易优先性。在影视制作行业"内容为王"、内容价值不断释放的背景下，以版权资源等形式参与影视剧拍摄有望为企业打开新的业务领域。同时，如果企业选择综合型传媒集团作为发展方向，涉足影视制作业务将有益于完整企业的产业链。

附录一　2009～2012 年新闻出版发行行业投资政策汇总

2009～2012 年新闻出版发行行业投资政策汇总

序号	颁发时间（年）	颁发部门	政策名称	主要投资促进举措
1	2001	国务院	《印刷业管理条例》	主动向外资放开
2	2002	新闻出版总署、对外贸易经济合作部	《设立外商投资印刷企业暂行规定》	允许外资进入出版物、包装装潢印刷品、其他印刷品印刷领域
3	2003	新闻出版总署、对外贸易经济合作部	《外商投资图书、报纸、期刊分销企业管理办法》	允许外资进入图书、报纸、期刊分销领域

续表

序号	颁发时间 （年）	颁发部门	政策名称	主要投资促进举措
4	2004	新闻出版总署	《音像制品出版管理规定》	降低行业进入门槛
	2004	国务院	《关于中国出版集团转制为中国出版集团公司并授权管理国有资产等有关问题的批复》	将中国出版集团转制为中国出版集团公司，以资产为纽带，对所属企业依法实行资产或股权管理
5	2006	新闻出版总署	《新闻出版业"十一五"发展规划》	打破条块分割，通过市场推动跨地区、跨部门强强联合；推进出版发行领域由事业向企业的体制转换；打破单一资本结构模式，积极推进投资结构调整；在出版发行企业和部分非时政类报刊社实行投资主体多元化
6	2006	新闻出版总署	《关于深化出版发行体制改革工作实施方案》	鼓励出版业跨地区、跨部门、跨行业并购、重组，上市融资；鼓励非公有资本以多种形式进入政策许可的领域等等
8	2009	新闻出版总署	《关于进一步推进新闻出版体制改革的指导意见》	推动经营性新闻出版单位转制，重塑市场主体；推进联合重组，加快培育出版传媒骨干企业和战略投资者；引导非公有出版工作室健康发展，发展新兴出版生产力
9	2009	新闻出版总署、商务部	《关于〈中外合作音像制品分销企业管理办法〉的补充规定》	允许香港、澳门服务提供者在内地以独资形式提供音像制品（含后电影产品）的分销服务
10	2009	新闻出版总署、商务部	《关于〈外商投资图书、报纸、期刊分销企业管理办法〉的补充规定（二）》	降低香港、澳门服务提供者在内地设立从事出版物分销的企业的最低注册资本要求
11	2009	新闻出版总署	《关于促进我国音像业健康有序发展的若干意见》	推进音像出版单位转企制制，鼓励音像出版单位在技术、人才方面与社会资本合作，引导非公有资本以多种形式进入政策许可的音像出版领域

续表

序号	颁发时间（年）	颁发部门	政策名称	主要投资促进举措
12	2010	银监会、证监会、广电总局等九部委	《关于金融支持文化产业振兴和发展繁荣的指导意见》	对出版内容的采集、加工、制作、存储的企业，发放融资租赁贷款
13	2010	新闻出版总署	《关于进一步推动新闻出版产业发展的指导意见》	鼓励和支持非公有制文化企业从事印刷、发行等新闻出版产业的有关经营活动；引导非公有制文化企业以内容提供、项目合作、作为国有出版企业一个部门等方式，有序参与专业图书出版活动
14	2010	新闻出版总署	《关于加快我国数字出版产业发展的若干意见》	鼓励非公有制企业与拥有内容资源优势的国有出版企业嫁接重组，拓展发展领域，形成新的市场主体
15	2010	新闻出版总署	《关于〈音像制品制作管理规定〉的补充规定》	允许香港、澳门服务提供者在内地设立独资、合资或合作企业，从事音像制品制作业务
16	2010	新闻出版总署、商务部	《关于〈中外合作音像制品分销企业管理办法〉的补充规定（二）》	从事动画音像制品租赁服务的港澳投资者，减少行政审批程序
17	2010	新闻出版总署、商务部	《关于〈外商投资图书、报纸、期刊分销企业管理办法〉的补充规定（三）》	允许香港、澳门服务提供者在内地设立的分销企业分销香港、澳门出版的图书
18	2011	新闻出版总署	《新闻出版业"十二五"发展规划》	完善、落实投融资政策，版权相关法律、法规和政策制度，扶持版权代理、评估、质押、投资、融资等活动，支持建设版权服务平台
20	2012	新闻出版总署	《关于支持民间资本参与出版经营活动的实施细则》	十条措施支持民间资本进入出版行业，引导民间资本进入相关领域，与国有资本同等待遇

续表

序号	颁发时间 （年）	颁发部门	政策名称	主要投资促进举措
21	2012	新闻出版总署	《关于加快出版传媒集团改革发展的指导意见》	允许有序引入非公有制资本；鼓励出版传媒集团之间进行股份制改造，实现股权多元化；引导和规范国有出版传媒集团与非公有文化企业开展产品合作、项目合作、资本合作；鼓励出版传媒集团实现多媒体、全产业链发展；鼓励和引导企业资本和社会资金投向技术改造，形成面向市场的新产品研发和新技术创新机制；推动出版传媒集团拓展融资渠道
22	2012	新闻出版总署	《关于报刊编辑部体制改革的实施办法》	鼓励和支持党报党刊出版单位和大型新闻出版传媒集团公司对报刊编辑部进行整合，鼓励和支持以党报党刊的子报子刊、实力雄厚的行业性报刊出版企业为龙头，对报刊编辑部进行整合，形成大型综合性或专业性报刊出版传媒集团公司；在报刊编辑部转制或合并建立报刊出版企业中，不得有非公有资本进入

附录二　相关数据推算依据

根据《出版文字作品报酬规定》，文字作品报酬的规定如下。

原创作品：每千字 30~100 元；演绎作品：改编每千字 10~50 元，汇编每千字 3~10 元，翻译每千字 20~80 元。

支付报酬的字数按实有正文计算，即以排印的版面每行字数乘以全部实有的行数计算。末尾排不足一行或占行题目的，按一行计算。

诗词每 10 行作一千字计算。每一作品不足 10 行的按 10 行计算。

版税按照出版者以图书定价×发行数×版税率的方式向作者付酬。

版税率：原创作品 3%~10%，演绎作品：1%~7%。

同时结合各年度出版物印制的册数和纸张数进行推算得出：

报纸的文字稿酬按 2000 元/版面计算；

图书版税按照 8% 计算；

期刊出版按照每版面 3000 字，65 元/千字计算。

附录三 统计口径的说明

国家统计总局和新闻出版总署统计口径存在差异：国家统计总局投资统计口径中，印刷复制领域投资分类至文化产品相关产品行业，新闻出版总署的行业收入统计口径中，印刷复制领域营业收入纳入新闻出版发行行业；因而新闻出版发行行业投资状况分析章节和新闻出版发行行业重点领域投资状况分析当中的数据也有所差异。

国家统计局关于印刷复制领域历年投资规模如下。

印刷复制领域历年投资规模

单位：亿元

年 份	2008	2009	2010	2011	2012
书、报、刊印刷	124.10	142.19	154.04	138.42	161.88
包装装潢及其他印刷	344.08	445.17	559.33	622.36	795.76
合 计	468.18	587.36	713.37	760.78	957.64

B.9

广播电影电视行业投资分析报告

摘要： 在政策和资本的支持下，广播电影电视行业整体发展迅速。电视节目制作和投资呈现逐年稳步增长的良好发展势头，年均增加数万小时节目。电影制作方面的投资随着电影市场的火爆而持续升温，据不完全统计，国内共有23支影视专项投资基金宣布募集，其中18支公布募资金额，募资的总规模为130.7亿元，平均每两个月有一支影视专项投资基金宣布成立并开始募资。但是从产业投资角度上看，体制改革跟不上投资步伐，投资配套机制未完善，以量的投入换取增长及产业消费力受限制等问题，使得产业投资在深层次上仍未收到良好效果。

关键词： 广播电影电视行业、电影投资、电视节目投资、内容制作投资

广播电影电视行业是传统媒体的最主要和最重要载体，虽然行业社会化和市场化改革起步比较早，但体制改革仍在艰难缓慢前行。不过广播电影电视产业在体制改革、行业整体收入积极向好，投资热情高涨等多种因素的推动下，将会出现快速发展和投资机会，进一步发挥投资在行业发展中的积极作用。

一 广播电影电视行业投资政策分析

广播电影电视行业从政策角度可以分为广播电视产业及电影和影视录音服务产业，两大产业在1990年前后启动社会化和市场化改革步伐，但是作为传统媒体的主要形式，广播电影电视行业受到意识形态、思想传播职能等因素的影响较大。进入2000年后，广播电影电视产业投资政策加快市

场化步伐，降低行业准入门槛，大力引入非公资本，产业发展增长明显。但从总体上看，体制改革仍相对滞后于投资的步伐，行业收入的增加较为依赖投资的增加，投资收益率却未有明显的增长。

（一）政策多次回调，外资进入广电产业态度不明朗

产业政策虽然对资本放开，但是受到意识形态的影响，对于资本的性质予以严格的区分。虽然 2004 年的《中外合资、合作广播电视节目制作经营企业管理规定》为外资进入广播电视产业提供支持，但是之后政策多次回调，而至今政策对于外资进入广播电视产业的态度仍未明确。

表 1　关于外资进入广播电视产业的政策

政策名称	颁发部门	主要投资促进举措
《中外合资、合作广播电视节目制作经营企业管理规定》	广电总局商务部	允许外资合资合作设立广播电影电视节目制作公司，制作除时政新闻和同类专题、专栏节目以外相关节目
《关于实施中外合资、合作广播电视节目制作经营企业管理暂行规定有关事宜的通知》	广电总局	合营企业外资方和合营企业，不得再申请设立第二家合营企业；不得参与境内电台、电视台的频率、频道经营业务
《广播电影电视系统地方外事工作管理规定》	广电总局	广播电台、电视台不得向境外机构出租频道（率），不得与境外机构合资、合作经营频道（率），不得与境外机构合资、合作开办固定栏目和直播节目
《关于文化领域引进外资的若干意见》	文化部、广电总局等五部委	禁止外商投资设立和经营广播电台（站）、电视台（站）、广播电视传输覆盖网、广播电视节目制作及播放公司、电影制作公司、电影进口和发行及录像放映公司
《关于废止〈中外合资、合作广播电视节目制作经营企业管理暂行规定〉的决定》	广电总局商务部	—

（二）投资刺激政策推出较快，但产业配套机制未完善

2001 年起，国家以几乎一年两政策的频率共颁发了 21 项涉及刺激广播电影电视产业投资的政策（含准入政策），而按照政策的特点可以分为如下几个类型。

降低或消除行业准入门槛的投资政策。《摄制电影许可证（单片）》《电影制片、发行、放映经营资格准入暂行规定》《电影企业经营资格准入暂行规定》都降低了进入电影产业链的门槛。

允许或鼓励进入广播电影电视行业某细分产业的投资政策。《关于加快电影产业发展的若干意见》《中外合资、合作广播电视节目制作经营企业管理规定》《关于非公有资本进入文化产业的若干决定》《关于鼓励和引导民间资本投资广播电影电视产业的实施意见》等政策都明确鼓励非公资本进入广播电影电视行业的相关细分领域。

允许在广播电影电视行业中创设某类型金融产品促进投资。《关于金融支持文化产业振兴和发展繁荣的指导意见》推出广播电影电视企业融资租赁贷款；《关于促进电影产业繁荣发展的指导意见》明确支持电影业利用债券、短期融资券、中期票据、银行贷款、风险投资基金、重组上市等手段融资。

制定支付转移的投资政策，扶持资助产业薄弱环节。《国家电影事业发展专项资金管理办法》要求按票房收入的5%征收国家电影事业发展专项资金，主要用于资助城市电影院的更新改造。

关于产业发展的金融配套服务的政策。《关于促进电影产业繁荣发展的指导意见》引导和鼓励拓展适合电影产业发展的融资方式和配套金融服务。

（三）制播分离政策终辗转落地，但效果受配套政策和措施影响

1999 年，广电总局明确提出要"积极推进除新闻类节目外的其他广播电视节目播出与制作的分离，逐步发挥市场机制对广播电视节目制作的基础作用"；2000 年，广电总局以舆论导向得不到有效保证的原因指出，播出权、制作权、覆盖权这三权是截然不能分离的，使得制播分离搁置。

2004～2005 年，广电总局出台了《关于促进广播电影电视产业发展的意见》《中外合资、合作广播电视节目制作经营企业管理规定》《关于非公有资本进入文化产业的若干决定》一系列文件，明确鼓励非公资本参与投资影片、音乐、科技、体育、娱乐等节目的制作。

2009 年广电总局的两个文件《关于推进广播电视"制播分离"改革（修改稿）》《关于认真做好广播电视制播分离改革的意见》使得制播分离的政策终于明确落地。

二 广播电影电视行业重点领域投资分析

我国广播电影电视行业可划分为广播电视服务和电影、影视录音服务两大领域。从总投资角度看，广播电视服务和电影、影视录音服务两大领域的投资均在持续增长，但是各领域硬软件方面投资的状况却不尽相同。

（一）广播电影电视行业总体投资状况

1. 行业投资呈稳步增长趋势，政策对行业投资影响明显

受2009～2010年期间的投资鼓励政策的刺激，广播电影电视行业投资基本呈逐年增长的趋势。广播电影电视行业的投资在2010年出现明显的增幅，其中固定资产投资增幅为23.66%，内容制作投资增幅为10.37%，总体投资增幅为11.28%。2011年的行业固定资产投资出现增速下滑的状况，但随着"十二五"期间政策的鼓励，固定资产投资在2012年增长34.80%，达到240.32亿元。

表2　广播电影电视行业投资概况

单位：亿元

年　份	2008	2009	2010	2011	2012
固定资产投资总额	151.77	166.3	205.64	178.28	240.32
投资比重	6.55	6.88	7.65	6.55	
内容制作投资总额	2165.79	2250.77	2484.10	2541.58	
投资比重	93.45	93.12	92.35	93.45	
投资总额	2317.56	2417.07	2689.74	2719.86	
固定资产投资增幅	0.59	9.57	23.66	-13.30	34.80
内容制作投资增幅	N/A	3.92	10.37	2.31	
总投资增幅		4.29	11.28	1.12	

注：统计范围为广播、电影、电视的制作发行和放映。

数据来源：国家统计局，广电总局研究中心，课题组合理推算。

2. 内容制作投资比固定资产投资呈现更明显的稳定性

广播电影电视行业轻资产属性突出，在投资上内容制作投资和固定资产投资比例为12∶1至14∶1的水平；但是，内容制作作为广播电影电视行

业产品的载体，其投资增幅与固定资产投资增幅相比呈现更明显的稳定性，同时，投资的需求也比固定资产投资大。

3. 行业收入增幅快于投资增幅，行业总体的投资收益不明显

行业收入维持着每年17%以上的增幅，优于投资的增幅，但是行业的总投资均高于行业的收入（即投资收益比低于1），进入产业内的资金相当一部分未能通过运营转化成为收入，从而造成资金利用效率低下甚至浪费，行业总体投资收益不明显。

表3　广播电影电视行业收入概况

单位：亿元

年　份	2008	2009	2010	2011	2012
行业总投资	2317.56	2417.07	2689.74	2719.86	
行业收入1（含财政收入）	1668.24	1959.50	2459.08	2894.79	3699.93
收入增幅1（含财政收入）		17.46	25.50	17.72	27.81
行业收入2（不含财政收入）	1459.95	1714.32	2184.33	2580.70	3306.70
收入增幅2（不含财政收入）		17.42	27.42	18.15	28.13
投资收益比1（含财政收入）	0.72	0.81	0.91	1.06	
投资收益比2（不含财政收入）	0.63	0.71	0.81	0.95	

注：①统计范围为广播、电影、电视的制作发行和放映。②投资收益比 = 行业收入/行业投资。

数据来源：国家统计局，广电总局研究中心。

（二）广播电视领域投资状况分析

广播电视领域投资分为渠道建设和内容生产两方面，渠道建设最主要包括广播电视干线、制播转播设备的投资建设，内容生产是指广播电视传播的节目内容的生产制作。

广播电视服务领域的固定资产存量规模较高，从2009年开始，国家开展"三网融合"工作，至2010年底已有26个省（市）完成，同时，NBG仍在小范围试点中，领域内的固定资产投资需求出现收缩，2010年后出现明显的下滑。而无形资产投资一直是广播电影电视行业投资的重点。从2008年开始就超过2000亿元，此后的一段时间内一直在稳步增长，2010年达到了2278.96亿元，同比增长9.94%，从2011年开始，投资增速在逐渐放缓。

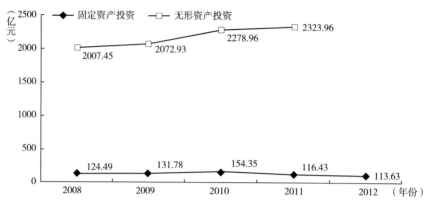

图1 广播电视服务行业资产投资情况

数据来源：相关年份《国家固定资产投资统计年鉴》。

1. 广播电视渠道建设投资

由于广播电视领域发展政策和技术方向的转变，近三年固定投资力度在逐步收缩，虽然有线传输干线、中短波转播发射台出现增长，但是增长幅度并不大；而其他制播和转播设备并未出现明显的新增投资，资产存量逐步减少。

表4 广播电视渠道建设投资主要方向

年 份	2008	2009	2010	2011	2012
固定资产投资（亿元）	124.49	131.78	154.35	116.43	113.68
领域收入（亿元）	1583.91	1852.85	2301.87	2717.32	3268.79
有线传输干线（万公里）	320.50	333.36	356.34	369.73	——
中短波转播发射台（座）	808	809	822	827	——
调频转播发射台（座）	12087	12100	11604	11403	——
电视转播发射台（座）	18490	17700	15965	15397	——
微波实有站（座）	2674	2591	2376	2497	——

数据来源：国家统计局，广电总局。

2. 电视节目制作与投资

在电视节目制作与投资方面，呈现逐年稳步增长的良好发展势头，年均增加数万小时节目。在各类型电视节目中，以新闻资讯类节目投资制作的时间量最多，其次为专题服务类节目，广告类则位列第三。在资金投入上，则以专题服务类和广播（影视）类的最高，而占时间份额最高的新闻资讯类节目则投资最低。

表5 电视节目制作情况

单位：小时

年 份	2008	2009	2010	2011
新闻资讯	678820	675885	719680	802376.6
专题服务	622182	611352	640857	775564.6
综艺益智	392507	402677	407849	416288.8
广播（影视）	58616	66899	93536.25	75451.73
广告类	558914	544038	526839	508294
其他类	330910	352701	354188	372515
小 计	2641949	2653552	2742949	2950491

数据来源：国家统计局，广电总局。

表6 电视节目投资情况

单位：亿元

年 份	2008	2009	2010	2011
新闻资讯	239.62	238.59	254.05	283.24
专题服务	474.10	465.85	488.33	590.98
综艺益智	299.09	306.84	310.78	317.21
广播（影视）	339.45	387.41	541.67	436.94
小 计	1352.26	1398.69	1594.83	1628.37

注：①根据相关电视台经营数据推算，新闻资讯类节目制作平均投入为3.53万元/小时，专题服务和综艺益智类节目制作平均投入为7.62万元/小时。②根据华策影视、华谊兄弟、新文化等多家上市影视企业年报数据统计推算，电视剧制作平均投入为57.91万元/小时。③广告类及其他的投资不纳入统计范围。

数据来源：课题组根据代表企业、相关电视台的经营数据合理推算。

3. 广播节目制作与投资

在广播节目投资制作方面，专题服务和综艺益智类节目投资制作占大多数，两类型节目制作时间占广播节目制作总时间的58%以上，投资规模占广播节目投资的72%以上。

表 7　广播节目制作与投资情况

单位：小时，亿元

制作与投资		2008	2009	2010	2011
新闻资讯	节目制作	1116588	1166848	1216632	1295019
	投资金额	65.88	68.84	71.78	76.41
专题服务	节目制作	1837471	1900995	1955180	2016386
	投资金额	233.36	241.43	248.31	256.08
综艺益智	节目制作	1934751	1957358	1942828	1905916
	投资金额	245.71	248.58	246.74	242.05
广播（影视）	节目制作	72629	90735	80181	119476.8
	投资金额	9.22	11.52	10.18	15.17
广告类	节目制作	737223	782757	775931	766462.8
其他类	节目制作	795373	817807	843474	833698.7
	投资金额	101.01	103.86	107.12	105.88

注：①根据相关广播节目投资成本为电视节目投资成本的 1/6 为计算基础。②广告类投资不纳入统计范围。

数据来源：国家统计局，广电总局。

4. 行业投资收益状况

广播电视领域收入占广播电影电视行业收入的 93% 以上，同时，投资收益比也占 90% 以上。随着资金进入该领域并产生积极的推动作用，行业的投资收益率在逐步向好。

表 8　2008～2012 年广播电视领域投资收入分析

单位：亿元

年　份	2008	2009	2010	2011	2012
收入（含财政收入）	1583.91	1852.85	2301.87	2717.32	3476.93
收入（不含财政收入）	1375.62	1607.67	2027.12	2403.23	3083.7
固定资产投资	124.49	131.78	154.35	116.43	113.68
内容制作投资	1352.26	1398.69	1594.83	1628.37	—
总投资	1476.75	1530.47	1749.18	1744.8	—
投资收益比（含财政收入）	1.07	1.21	1.32	1.56	—
投资收益比（不含财政收入）	0.93	1.05	1.16	1.38	—

注：投资收益比＝行业收入/行业投资。

数据来源：收入与固定资产投资数据来源于国家统计局及广电总局，内容制作投资数据源于上文推算。

（三） 电影和影视录音服务领域投资状况分析

电影和影视录音服务领域投资也分为渠道建设和内容生产两方面。渠道建设最主要包括电影院和电影银幕的投资建设，内容生产是指电影的生产制作。2012 年国内新增银幕 3832 块，银幕总量达 13118 块，固定资产投资达到 126.64 亿元，同比增长了 104.75%，同时也首次超过了广播电视服务领域固定资产投资。在无形资产投资方面，电影、影视录音服务一直是处于稳步增长的阶段，2010 年首次突破 200 亿元，达到 205.14 亿元。从 2011 年开始，电影、影视录音服务的无形资产投资增幅开始放缓，并且放缓迹象比广播电视服务领域明显。

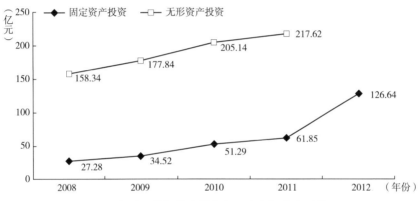

图 2　电影、影视录音服务行业资产投资分别情况

数据来源：《国家固定资产投资统计年鉴》。

1. 渠道建设方面投资

电影和影视录音服务领域的渠道建设投资随着国内电影市场消费力释放而迅速增长，电影院、电影银幕数量几乎与票房收入出现等同的增速。

表 9　2008～2012 年电影院、银幕投资和行业收入情况

年　份	2008	2009	2010	2011	2012
固定资产投资（亿元）	27.28	34.52	51.29	61.85	126.64
票房收入（亿元）	43.41	62.06	101.72	131.15	170.73
影院数量（家）	1545	1687	1820	2803	3500
银幕数量（块）	4097	4723	6256	9286	13118

续表

年　份	2008	2009	2010	2011	2012
固定资产投资增幅（%）		26.54	48.58	20.59	104.75
票房收入增幅（%）		42.96	63.91	28.93	30.18
影院数量增幅（%）		9.19	7.88	54.01	24.87
银幕数量增幅（%）		15.28	32.46	48.43	41.27

数据来源：国家统计局，广电总局。

　　虽然电影和影视录音服务领域的固定投入和票房收入出现趋势一致的增长，但是在深层次上，目前电影院和电影银幕的增长，只是粗放式的以量换收入的增长模式，并未使影院票房增长出现质的变化。未来，产业或产业环境需要从三个方面进行自我完善，由量变式增长升华至质变式增长。一是企业本身改善竞争模式，由以价换入座率的模式转变为向观众提供更优质的服务（例如提高放映的效果、完善的餐饮配套），使观众感受物有所值从而提高电影院的上座率。二是在内容制作环节，提高电影作品的制作效果和吸引力，大力提升单片的票房收入。三是票房收入与国家宏观经济环境相关，只有人们在可支配收入和闲暇时间充裕的时候，电影消费才得以提高。

表 10　电影院固定投资和平均收入情况

年　份	2008	2009	2010	2011	2012
新增固定资产投资（亿元）	27.28	34.52	51.29	61.85	126.64
票房收入（亿元）	43.41	62.06	101.72	131.15	170.73
影院数量（家）	1545	1687	1820	2803	3500
银幕数量（块）	4097	4723	6256	9286	13118
单个影院平均银幕（块）	2.65	2.80	3.44	3.31	3.75
单个影院平均票房（亿元）	0.0281	0.0368	0.0559	0.0468	0.0488
单个影院平均票房增幅（%）		30.96	51.90	-16.28	4.27
单个银幕平均票房（亿元）	0.0106	0.0131	0.0163	0.0141	0.0130
单个银幕平均票房增幅（%）		23.58	24.43	-13.50	-7.80

数据来源：国家统计局，广电总局。

2. 电影制作方面投资

　　电影制作方面，2008～2012 年电影的制作数量出现跨越式的增长，但是竞争态势也甚为激烈。一方面，虽然能上映的国产电影数量越来越多，但每年仍只有不到一半的国产电影能在国内电影院放映，同时，历年来单部国产电影平均票房收入基本持平。另一方面，国产电影票房收入比重在逐渐下降，并让位于进口电影，国产电影整体的市场竞争力在下降。

表 11 国内电影收入状况

年　份	2008	2009	2010	2011	2012
国产电影制作数（部）	406	456	526	558	745
国产电影放映数（部）	124	140	260	247	315
国产电影上映率（%）	30.54	30.70	49.43	44.27	42.28
综合收入（亿元）	84.33	106.65	157.21	177.47	223.00
票房收入（亿元）	43.41	62.06	101.72	131.15	170.73
国产电影票房（亿元）	26	35	58	70	83
进口电影票房（亿元）	17	29	44	61	87
国产电影票房比重（%）	59.89	56.40	57.02	53.37	48.61
单部国产电影平均票房收入（亿元）	0.21	0.25	0.22	0.28	0.26

　　注：①国产电影上映率＝国产电影放映数/国产电影制作数。②国产电影票房比重＝国产电影票房/票房收入。③单部国产电影平均票房收入＝国产电影票房/国产电影放映数。④电影投资额按照每部电影平均投资 3900 万元计算，推算方式见附录三。

　　数据来源：国家统计局，广电总局。

三　广播电影电视行业社会资本投资状况

国内电影市场竞争激烈，但电影制作方面的投资却随着电影市场的火爆而持续升温。据不完全统计，2009 年 9 月至 2013 年 6 月，国内共有 23 支影视专项投资基金宣布募集，其中 18 支公布募资金额，募资的总规模为 130.7 亿元，平均每两个月就有一支影视专项投资基金宣布成立并开始募资。

（一）广播电影电视行业社会资本投资概况

根据不完全统计，除银行信贷资金、民间资金、政府扶持资金及影视专项项目投资资金（含权益证券化）外，2012 年至 2013 年 6 月，已经进入或明确宣布进入广播电影电视领域的资金规模为 483.95 亿元。

从近年广播电影电视行业的资金来源情况看，资金来源渠道的偏向性明显，比较集中在债券票据融资和上市融资，相比之下股权投资资金则明显较少。同时，国内 IPO 开闸时间仍未明确，上市融资的渠道大门仍未开启，而依靠上市为主要退出方式的股权投资资金正在收缩。

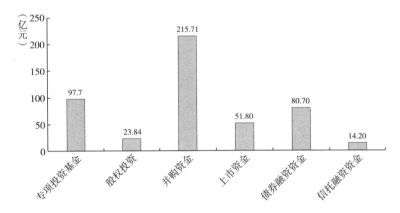

图 3　广播电影电视行业的资金来源情况

注：①未公布股权投资金额的事件不在统计之内。②广播电影电视行业专项投资基金规模是指已募资或募资目标规模。③并购资金部分为文化产业内的企业提供的资金，部分为文化产业外的企业和投资机构提供的资金。

数据来源：新元文智根据国家统计局公开资料整理。

（二）影视专项投资基金投资状况

影视专项投资基金在国内发展的历史较短，2007 年成立的铁池私募基金一度遭遇滑铁卢。但由于单个电影作品具有投资周期短、投资回报率高、投资风险高等特性，随着电影市场消费力的释放，风险资本和社会资本更倾向于高风险高回报的电影作品投资领域。影视专项投资基金具有以下几个特征。

1. 影视专项投资基金有其特有的组建主体

影视专项投资基金是广播电影电视行业特有的资本存在形态，与一般资本机构组建的主体存在一定的差异。一般的资本机构的组建主体多为一般投资者；而影视专项投资基金则以"资本＋广播电影电视企业"、文化创意企业独立设立及"资本＋文化产业投资机构"为主，以个别或少量的纯资本机构为次。

表12 2010～2012年影视专项投资基金组建主体情况

序 号	名 称	年 份	组建主体
1	汇力星影中国影视基金	2010	汇力基金管理公司
2	合富影视一期基金	2010	合富资本管理有限公司
3	星空大地文化传媒基金	2010	熊晓鸽、阎焱、宋歌
4	中风投（中国）影视文化产业投资基金	2010	中国风险投资协会、中国天若缘国际投资股份有限公司、金和泰道（北京）影视文化有限公司、韩国盛恩达国际投资管理有限公司
5	腾讯影视基金	2011	腾讯公司
6	博润·中央新影纪录电影基金	2012	中央新影集团、杭州博润投资管理有限公司
7	pps 创意基金	2012	PPS 网络电视
8	中国红利影视基金	2012	老鹰资本、北京星邦美纳娱乐文化传媒有限公司
9	乐视星云影视文化基金	2012	乐视投资管理（北京）有限公司、鑫湾资本等机构
10	火烈鸟影视基金	2012	景天控股集团、东上海国际文化影视集团
11	海业影视投资基金	2012	杭州海业投资管理有限公司
12	西安曲江影视投资基金	2012	曲江风投、美讯传媒（北京）有限公司
13	中央新影微电影文化发展基金	2012	中央新影集团、上海裕锦投资管理发展有限公司
14	金正源基金海润影视股权投资基金	2012	北京中融鼎新投资管理有限公司、无锡金正源投资发展有限公司
15	中玺影视产业基金	2013	中国文化产业投资集团、玺萌资产控股、上海安仕德资产管理有限公司、中视合利文化投资有限公司、安徽名申投资集团
16	美霖影视基金	2013	曲江风投、美迅影视传媒（北京）有限公司
17	尚世影视基金（暂名）	2013	上海东方娱乐传媒集团（SMG）全资子公司尚世影业与联想控股旗下弘毅投资
18	博纳诺亚影视基金	2013	诺亚控股与博纳影业

2. 基金投资定位清晰，投资的细分领域较宽

随着国内影视行业传播范围的拓宽和深耕，2012 年至 2013 年 6 月期间设立的广播电影电视专项投资基金的投资方向也进一步细分和明晰，而

且投资的领域也在逐步地扩宽，包括传统的影视剧制作、微电影、纪录片、网剧、娱乐、媒体项目、院线建设和文化产业园区等。

3. 基金侧重影视项目投资，成为广播电影电视股权投资的重要补充

2012 年至 2013 年上半年广播电影电视专项投资基金投资方向一览表反映出另一个信息，广播电影电视专项投资基金特别侧重影视项目投资。影视作品及项目的投资仅仅针对具体的作品或者项目，与影视企业股权投资相比具有以下特点。

（1）投资针对性和直接性。由于影视作品和项目的投资仅仅是针对某个具体的项目，所以投资具有明显的针对性和直接性，而投资者关注的仅仅是如何将所投资的作品或项目做好、盈利即可。而影视企业的股权投资面对的不是某个具体的影视作品和项目，而是整个影视企业的发展。它介入企业的整个经营管理中去，必须兼顾企业的商业模式、盈利能力、现金流情况以及企业的发展前景。而影视企业股权投资的收益当然来源于企业发展而产生的整体收益。

（2）投资多具有一次性。由于影视作品和项目的投资仅仅是针对某个具体的项目，一般是一次投资（一次投资可以分不同期投入），很少涉及投资的轮次；而影视企业股权投资为了降低投资的风险，会涉及投资的轮次，根据企业发展的阶段的不同而决定是否增加投资的轮次以及追加投资的额度，以促进企业更快的发展和获得更高的投资回报额。

（3）投资回报周期多在 1～2 年。影视作品和项目的投资周期一般为编剧到影视作品的发行上映，通常的周期为 1～2 年；而影视企业股权投资的投资周期则视企业成长情况而定，最短的周期，例如 Pre - IPO 的投资，一般为 2 年，若投资机构从企业创业期投资，则可能要 3～5 年的时间才能进入收获期。

（三）广播电影电视行业并购概况

2012 年至 2013 年 6 月期间，国内广播电影电视领域共发生 9 起并购事件，其中 7 起公布并购金额，涉及资金总规模为 215.71 亿元；单个事件涉及资金平均规模为 30.82 亿元。而在 2009 年至 2013 年 6 月期间，国内广播电影电视领域共发生 108 起并购事件，其中 89 起公布并购金额，涉及资金总规模为 446.78 亿元；单个事件涉及资金平均规模为 5.02 亿元。近年来广播电影电视行业并购情况呈现如下特点。

1. 并购热度和并购力度并举，行业巨头将初步显现

2009年至2013年6月期间，广播电影电视领域的并购事件数量在2010年和2011年出现一个小高潮之后逐渐回落，但是投资的力度却直线增长，总规模从2009年的16.39亿元增至2012年的217.61亿元；公开并购事件的平均规模从2009年的1.26亿元增至2012年的27.2亿元。

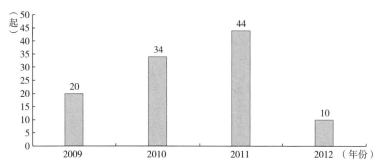

图4 广播电影电视领域并购事件数量分布情况

数据来源：新元文智根据公开资料整理所得。

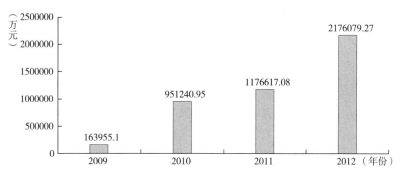

图5 广播电影电视领域并购规模年度分布

数据来源：新元文智根据公开资料整理所得。

2. 股权并购为广播电影电视领域并购主要策略

广播电影电视领域并购，以股权并购为主，资产并购占的比重较轻。2009年至2013年6月，单纯资产并购事件数占的比例不到4%，资产并购及"股权+资产"并购的事件数的比例也不到20%。纯资产并购规模占的比例不到13%；纯股权并购规模占的比例则达到近40%，"股权+资产"并购的规模占近50%。

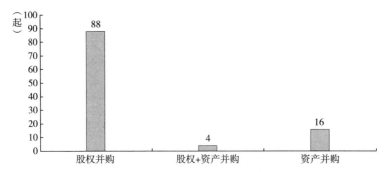

图6　2009年至2013年6月行业主要并购类型的事件数分布

数据来源：新元文智根据公开资料整理所得。

四　广播电影电视行业投资趋势和机会

（一）广播影视行业投资趋势

1. 智能电视带来投资新蓝图

智能电视的主要特征是电视产业"互联网化"，其出现打破了原有的运行机制，引领广电产业大变革，催生产业链价值再分配，形成全新的投资蓝图——内容制作与播出环节将从市场化改革中获取更大价值，驱动制作方进行大投入以追求内容精品化，倒逼制作方向集团化、规模化方向发展；三网融合下的智能电视以低成本提供无限节目选择，满足了用户碎片化、个性化的收视需求，迫使有线电视向综合性网络服务运营商转型。预计未来，广电产业的大变革将给智能电视平台运营商和内容产业制作商带来新的发展机会。

2. 广电资本介入电影投资的趋势显著

我国广电集团长期控制和主导国内广播电视市场，产业基础扎实，拥有广泛的艺人、经济、节目运作等资源，具备了参与和制作电影的先天优势。我国国产电影主要依靠票房收入回收成本，具有电视剧无法比拟的"回收期短"的优势。广电集团参与电影产业链，可实现电视平台、电影资源的优化配置，产生巨大的协同效应。近年来，广电集团积极参与电影业投资，并成功参与运作《赵氏孤儿》《让子弹飞》《非诚勿扰2》《快乐到家》《密室之不可告人》等多部作品，广电资本强势介入电影产业。预计未来，更多广播电视传媒集团将把投资电影纳入产业发展范畴中，电影电视合流将是大势所趋。

3. 二三线城市成影院投资新方向

目前，国内二三线城市电影市场中预计尚有 2/3 的观影资源未被有效开发。近年来，国内电影市场的火热发展拉动了一线城市租金暴涨，吞噬了一线城市影院的利润，以致以万达和大地为首的资本转而投向二三线城市建设影院激活二级市场，开发潜在观影资源，同时避开大城市的激烈竞争，实现资本回报最大化。

4. 合拍片将成主流放映片源

随着国产电影对海外票房的不断探寻，国产电影将不断通过合拍片形式进入海外市场。国产电影通过借助合作伙伴先进的影片制作技术、具有全球票房号召力的演员及社会风俗、观影偏好、海外发行渠道、销售渠道等优势，进一步增强海外市场的票房竞争力，降低影视项目的投资风险。另外，国产电影还可通过利用合作伙伴在衍生品市场资源的开发及拓展能力，完善自身产业链。未来，"中外合资""中外合作"式的合拍片将成未来中国电影院里的另一主流放映片源。

（二）广播影视行业投资机会

1. 盈利渠道多元化带来的投资机会

移动互联网和手机播放平台的应用，数字电视与三网融合的发展，车载播放媒体的成熟，不仅使影视作品的发行播放平台多元化，而且使影视作品的二次播放发行渠道逐渐建立，盈利渠道日趋多元化。

2. 产业链整合带来的投资机会

全产业链布局的广播电影电视公司，一直积极参与和渗透"艺人资源——制作——发行——放映（播放）"全产业链。其中，影视制作企业通过控制发行及放映的渠道，可减少发行成本，降低运营风险，平衡收入波动性，确保影视作品发行的成功率，提升影视作品的商业价值。电影院线通过参与影视制作环节，保障低成本、优质的影片供应。大型或有实力的影视制作企业通过并购，在产业链的上下游拓展和扩充，盘活产业链资源，实现跨领域和跨业界经营，抑制影视作品发行和播放的竞争，获取垄断利润，实现利益最大化。

3. 新兴业态出现带来的投资机会

数字化转型、社交化传播将是广播电影电视产业未来发展的重要趋势。其中，传统广播电影电视单位通过数字化转型扩大传播领域，促使大数据时代和数字出版模式发生变革，推动精准营销提升内容价值，为数字出版产业带来规模效益。数字阅读平台与社交网络平台相结合，大大增强传播效果和读者黏附力，对风险资本产生相当的吸引力。

4. 影视衍生品市场发展带来新的产业机会

在成熟的国际影视市场，影视作品的收入仅20%～30%依赖播放环节回收，70%～80%来源于影视作品版权的转让和影视衍生品的开发，而我国国内影视衍生品市场基本处于空白。国民经济水平的提高，居民消费结构的调整，消费者对影视衍生产品的消费偏好提高，促使影视衍生产品市场兴旺发达，将成为广播电影电视领域的补充收益渠道，带来新的产业发展机会。

5. 特效技术的应用衍生新投资机会

统计显示，好莱坞电影20%～30%的预算用于特效制作，国内电影仅有不到5%的花费用于特效制作，且中国特效公司仅能承担全球特效产业链中技术含量较低的业务，与国际先进水平差距较大。未来，国内电影业特效的预算花费将会持续增长，并逐渐深入发展特效业中最为核心的创意部分。影片制作特效技术的应用促使放映设备的技术革新，衍生新的投资机会。

五　广播电影电视行业投资建议

（一）通过政策手段引导资金的流向

目前，我国的广播电影电视资本体系雏形已经基本建立，但是资金的流向和资金对产业发展的作用尚未完全体现。通过制定广播电影电视产业引导基金政策，设立广播电影电视产业引导基金；通过国有资本引导社会资本参与广播电影电视产业的投资，提高国有资本的杠杆作用，提升社会资金使用效率。

此外，综合运用财税政策和专项支持政策，有效实现资源的二次分配或者支付转移，充分发挥公共资金对广播电影电视产业发展的效用。

（二）加快无形资产评估与保护改革，促进广播电影电视投融资

广播电影电视制作企业大多为轻资产企业，影视产权是企业的主要资产。因国内长期缺乏影视产权评估的参考标准，现行会计制度和评估准则未能满足影视产权的评估需求。此外，国内的无形资产评估长期未得到重

视，专业的无形资产评估机构较少，专业的影视产权评估机构和评估人才得不到培育和发展，制约着广播电影电视产业的融资，加快无形资产评估改革势在必行。

目前，国内影视作品版权分属不同版权人，影视作品的流转缺乏统一的监管，版权的保护难度大，尤其对影视作品的网络版权保护提出了新要求。加强影视作品网络版权的保护力度，建议从国家层面建立影视作品版权数据库，集中管理。影视作品的再使用须付费或由版权人授权，每次授权须登记在案；未经过原版权人授权的，影视作品的二级授权人不得将作品在超出原授权人允许的范围内再使用。

(三) 为广播电影电视领域的新兴细分领域创造发展条件

目前，影视特效制作、微电影等新兴领域发展的重要性日益凸显，但受政策、技术、资金和人才等因素的制约，国内广播电影电视新兴领域仍处于起步阶段，发展缓慢，技术落后，盈利前景不明朗，从业者生存艰难。引导新兴领域的发展，须从国家层面制定鼓励发展政策，扫清政策障碍，为创新企业提供孵化器，创造良好的发展条件。

(四) 改革现行影视作品审查制度，拓展影视作品回收资本的渠道

中国对影视作品实行内容和质量的审查制度，影视作品能否取得播映权成为众多投资者最为关注的问题，并被视为影视作品收回成本的首要障碍。而影视娱乐产业高度发达的美国及中国香港，均用影视作品分级制度代替影视作品的审查制度。改革现行影视作品审查制度，逐渐向分级管理制度过渡，符合我国影视产业发展的趋势，是解决目前我国影视作品产业化发展中存在矛盾的最佳突破口；有利于对外国引进大片和国内影片进行有效的管理，遏制盗版，规范国内市场；有利于国产影片更好地走出国门，适应国外的电影环境和分级制度；有利于繁荣影视创作和促进产业良性发展，加快与国际接轨的进程。

附录一 相关数据推算

1. 电影层次的分类和电影投资的推算

根据制作投入和票房收入对电影层次的分类，我国电影的层次可以划分为以下几类。

一类电影——豪华巨片或国产大片，投资规模一般在 1 亿元之上，拥有豪华创作班底，国内预期票房一般在 2.5 亿元以上。目前，国产一类电影占电影总产量的 2%。

二类电影——高投资制作影片，投资规模一般在 8000 万 ~ 1 亿元之间，拥有较强创作班底，国内预期票房为 1.5 亿到 2.5 亿元。目前，国产二类电影占电影总产量的 6%。

三类电影——中等投资制作影片，投资规模在 4000 万 ~ 8000 万元之间，有明星参与，国内预期票房在 6000 万到 1.5 亿元。目前，国产三类电影占电影总产量的 12%。

四类电影——小成本影片，投资一般皆在 4000 万元以下，基本没有明星参与或者有很少明星参与，产量最多，除了少数进入发行渠道外，大多不能通过电影院线上映。目前，国产四类电影占电影总产量的 80%。

综合上述的分类，国产单部电影的平均投资约为 3900 万元。

2. 电视剧文化固定投资的推算

根据已上市的影视制作企业公开数据（选取样本为华谊兄弟、华策影视、新文化、博纳影业、光线传媒）统计，电视剧制作约为 57.91 万元/集。

3. 电视节目文化固定投资的推算

中国传媒大学传媒经济研究所所长、网络经济研究所所长周鸿铎的《电视节目成本管理创新模式——关于重庆电视台的研究报告》指出：2000 年，新闻类节目制作为 398.73 元/分钟，专题类节目制作为 859.98 元/分钟。综合考虑通胀、技术革新等因素，新闻类节目制作为 3.53 万元/小时，专题类节目制作为 7.62 万元/小时。

4. 广播节目文化固定投资的推算

按行业的一般惯例，广播节目的制作成本大多为电视节目制作成本的 1/6，因此推算得新闻类节目制作为 0.59 万元/小时，专题类节目制作为 1.27 万元/小时。

5. 由于 2012 年相关统计数据未公布，2012 年的文化固定投资通过二次移动平均数推算而来。

附录二 2009～2013年6月影视专项投资基金成立状况

2009～2013年6月影视专项投资基金成立状况

单位：亿元

序　号	名　　称	募资规模	年　份
1	一壹影视文化股权投资基金	5	2009
2	汇力星影中国影视基金	3	2010
3	合富影视一期基金	N/A	2010
4	中国妇女影视文化发展基金	N/A	2010
5	星空大地文化传媒基金	7	2010
6	中风投（中国）影视文化产业投资基金	5	2010
7	中国儿童影视文化专项基金	N/A	2011
8	腾讯影视基金	5	2011
9	中国新影视整合基金	8	2011
10	博润·中央新影纪录电影基金	10	2012
11	中央新影微电影文化发展基金	10	2012
12	pps创意基金	0.2	2012
13	中国红利影视基金	4	2012
14	乐视星云影视文化基金	10	2012
15	火烈鸟影视基金	N/A	2012
16	海业影视投资基金	N/A	2012
17	西安曲江影视投资基金	2	2012
18	金正源基金海润影视股权投资基金	2	2012
19	中玺影视产业基金	15	2013
20	美霖影视基金	2	2013
21	中小影视企业互助贷款基金	2.5	2013
22	尚世影视基金（暂名）	30	2013
23	博纳诺亚影视基金	10	2013
合　计		130.70	

数据来源：新元文智根据公开资料整理所得。

B. 10

文化艺术服务行业投资分析报告

摘要：国家逐步放宽演艺行业进入门槛，在相关的政策文件中多次强调国有演艺单位的转企改制，释放行业活力，引进及变革市场竞争主体，以盘活和释放原有的生产力。随着文艺创作与表演服务业出现大剧院建设热潮，地方各地又陆续兴建了投资规模较大的文化中心，国内文化艺术服务行业投资额持续上升，由 2008 年的 536.91 亿元，增长到 2012 年的 2038.07 亿元，投资年均增幅近 40%。同时，行业投资主要集中于传播渠道的固定资产投资，话剧、音乐剧、艺术培训和公共文化设施运营等领域未来将具有较高的投资价值。

关键词：文化艺术服务行业投资、剧院建设、文化中心、公共文化产品

文化艺术服务行业以政府投资为主，分为文艺创作与表演服务、文化艺术培训服务和其他艺术服务业三个子行业。近年来，随着人民生活水平的提高、精神文化需求的丰富，对艺术文化服务的个性化、多元化需求将不断增加，在政策和资本的支持下，文化艺术服务行业发展呈现积极向好的势头。但由于文化艺术服务领域多具有准公共服务产品的性质，社会投资只集中于旅游演出、文化艺术培训机构等少数领域，行业资本和资源未能优化配置，以致产业投资未能取得良好效果。

一 文化艺术服务行业投资政策分析

演艺行业长期以来主要以事业单位性质的话剧团、曲艺团等形式存在，受体制束缚，效率低下，演艺作品缺乏创新性，较难吸引和满足人们的消费需求。近年来，国家逐步放宽演艺行业进入门槛，引进及变革市场竞争主

体，力求推陈出新，繁荣演艺文化市场。

（一）放宽演艺领域门槛，变革市场主体，繁荣演艺文化市场

2007 年，文化部出台《关于鼓励发展民营文艺表演团体的意见》，明确鼓励社会资本大力参与演艺领域的投资建设，具体包括：鼓励社会资本以个体、独资、合伙、股份等形式投资兴办民营文艺表演团体，扶持农民和民间艺人自筹资金组建民营文艺表演团体，允许成立个人独资、合伙的民营文艺表演团，允许国有文艺院团演职人员经单位批准离职自主创办民营文艺表演团体。同年，文化部的《关于支持和促进文化产业发展的若干意见》中不再区分投资资本的内外性质，要求探索与外资合作办文艺院团和演出中介机构，搞好外资合作试点，取得相关的经验。

中宣部 2009 年出台的《关于深化国有文艺演出院团体制改革的若干意见》推出多项措施深化演出团体的体制改革，鼓励以引进战略投资者，兴办文化产业投资公司、组建项目公司等方式，支持民营企业参与国有文艺演出院团转企改制和股份制改造，以控股、参股等形式参与院团股份制改革，推行市场化运作机制，打造跨所有制、跨业态的大型演艺企业。文化部、中央组织部、中央宣传部、中央编办等十部委在 2013 年出台《关于支持转企改制国有文艺院团改革发展的指导意见》，对演艺院团改革予以进一步深化，鼓励各类资本依法以投资、控股、参股、并购、重组、项目合作等多种方式，参与国有文艺院团转企改制、股份制改造和演艺经营。

（二）多元化的资本渠道，以资本为纽带做大做强演艺产业

拓宽股权投资、战略投资、文化产业基金、保险及银行信贷等融资渠道。2010 年，银监会、证监会、广电总局等九部委发布的《关于金融支持文化产业振兴和发展繁荣的指导意见》提出：对于租赁演艺相关设备的企业，可发放融资租赁贷款；各保险机构探索演艺完工险、损失险，团体意外伤害保险等新型险种和各种保险业务。2013 年，文化部、中央组织部、中央宣传部、中央编办等十部委发布的《关于支持转企改制国有文艺院团改革发展的指导意见》，鼓励风险投资基金、私募股权基金、各类文化产业投资基金等对转制院团及其战略性、先导性演艺项目进行投资，推动演艺投资多元化；鼓励转制院团通过股权投资、资源互补等，开展多种形式的联合。

推动行业的兼并重组，做大做强产业。2009 年，中宣部《关于深化国有文艺演出院团体制改革的若干意见》鼓励大型国有或国有控股演艺企业以资

本为纽带，开展跨地区兼并、重组，成为善于利用国内国外两种资源、积极开拓国内国外两个市场的演艺业主导力量。2012 年，文化部颁布的《中国杂技艺术振兴规划（2011～2015）》提出，以资本为纽带，充分合理地整合资源，开展跨行业、跨地区、跨所有制兼并重组，组建大型杂技产业集团。

（三）革新公共文化服务政府采购制度，探索建立公共文化多元化投入机制

近年来，国家制定了《"十二五"时期公共文化服务体系建设实施纲要》《全国公共图书馆事业发展"十二五"规划》等公共文化服务的发展规划，探索建立公共文化多元化投入机制，丰富大众的公共文化生活。一是鼓励民间资本通过招投标等方式，参与公益性文化产品和服务供给、重大公益性文化活动和其他公共文化服务。二是转变公共财政投入方式，通过政府购买服务、项目补贴、以奖代补等方式，鼓励和引导社会力量提供公共文化产品和服务。三是探索建立公共文化多元化投入机制，拓宽经费来源渠道，大力吸引社会资金，以多种方式投入图书馆建设中，逐步形成以政府投入为主、社会力量积极参与的多元化经费保障体系。

二 文化艺术服务行业投资状况分析

目前，国内文化艺术服务行业大部分领域以政府投入为主提供公共文化产品和服务。社会资本进入的领域较为狭窄，集中在文化艺术培训服务领域和文艺创作与表演服务业，大大激活了演艺业和文化艺术培训业的创新能力，使行业盈利能力大大增强，产品质量有了质的飞跃。

（一）行业整体投资规模持续高速增长，集中于文化传播渠道领域

近年来，国家越来越重视公共文化氛围的培育和公共文化产品的提供，国内文化艺术服务行业投资额持续上升，由 2008 年的 536.91 亿元，增长到 2012 年的 2038.07 亿元，投资年均增幅近 40%。其中 2011 年增长幅度有所放缓，增长率为 12.88%。在 2012 年文化艺术服务行业的 2038.07 亿元投资中，产品生产性固定资产投资 86.09 亿元，传播渠道固定资产投资 1912.59 亿元，无形资产投资 39.39 亿元，分别占投资总额的 4.22%、93.84% 和 1.93%。

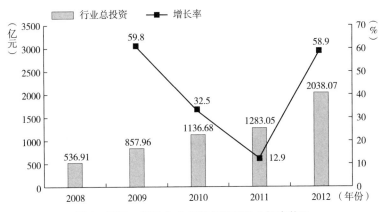

图 1 2008～2012 年文化艺术服务行业投资状况

数据来源：课题组根据国家统计局，数据合理推算。

2010～2012 年间，受文化艺术中心、艺术表演场馆、图书馆、档案馆、文物及文化保护、博物馆、烈士陵园、纪念馆等公共文化设施建设的影响，文化艺术服务行业投资主要集中于传播渠道的固定资产领域，占比达到总投资额的 94.34%。但值得注意的是，公共文化产品部分的投资具有较强的国家行政导向性，极容易导致重复建设，应当在准公共服务性质的文化艺术服务领域，适当引入社会资本，向社会提供多元化、多层次的文化艺术服务。

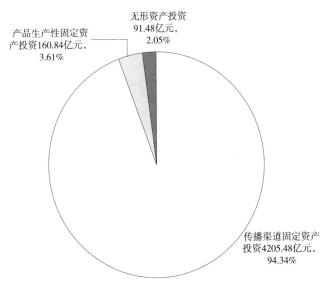

图 2 2010～2012 年文化艺术服务行业的投资结构分布

数据来源：课题组根据国家统计局，数据合理推算。

（一）文艺创作与表演服务业出现大剧院建设热潮

文艺创作与表演服务业以国有投资为主导，社会资本的参与度和商业化程度仍较低，但以《印象刘三姐》《宋城千古情》为代表的旅游演出近年来迅猛发展。截至2011年底，全国共有艺术表演团体7055个，艺术表演场馆1956个。近年来，国内文艺创作与表演服务机构努力开拓国内外市场，并开展送艺术下乡的活动，文艺创作与表演领域固定资产投资额迅速提高至2012年的86.09亿元，并于2012年实现营业收入162亿元。

表1 2008～2012年艺术表演团体收入

单位：亿元，%

年 份	2008	2009	2010	2011	2012
艺术表演团体收入	94	114	129	145	162
增长率	12	21	13	13	12

数据来源：课题组据公开资料整理。

近年来，大剧院建设正在成为全国的大趋势。根据公开的渠道统计，大剧院建设开始从一线大城市向二三线城市发展，投资金额、占地面积越来越大。根据地方政府公告和媒体公开报道统计，自2010年到2013年，全国已建成和将建成的大剧院在40家左右，总投资规模预计320亿元以上，平均每年要建成10家大剧院，其建设力度、投资规模、占地面积等均超往年。

表2 2010～2013年间全国建设大剧院情况

剧院名称	座位数（个）	面积（万平方米）	投资金额（亿元）
上海大宁剧院	1100	0.7	4
广州国际体育演艺中心	18000	12	21
广州歌剧院	2204	4.6	13.8
青岛大剧院	3200	8.7	13.5
扬州文化艺术中心	664	0.66	4
张家港大剧院	1200	2.2	2
江西艺术中心	2482	4.8	5
江西展演中心	800	7.7	4
呼伦贝尔大剧院	1000	1.6	2
哈利路亚音乐厅	800	0.5	1.6

续表

剧院名称	座位数（个）	面积（万平方米）	投资金额（亿元）
重庆大剧院	3080	10	16
嘉定·保利剧院	1900	5	7
珠海歌剧院	2100	5	10.8
江门演艺中心	1360	6	4
天津滨海艺术中心	1800	2	—
天津文化中心大剧院	歌剧院 1600 音乐厅 1200 小剧场 500	10	15.33
德州大剧院	音乐厅 1500 多功能厅 600	3.68	4
济南文化艺术中心	歌剧厅 1800 音乐厅 1500 多功能厅 500	46	48
黄河口大剧院	大剧场 多功能厅	3.9	6.5
江南文化艺术中心	1200	2.1	3.1
无锡大剧院	大剧场 1680 多功能厅 700	7.8	10
淮安大剧院	1236	2.3	4
淮安盱眙大剧院	1200	1.7	1.6
泸州大剧院	1200	1.2	1
成都大魔方	12000	13	55
峨眉山大剧院	2000		1
大同大剧院	—	2.9	3.26
山西大剧院	大剧场 1628 音乐厅 1170 小剧场 458	7.3	7.9
甘肃大剧院	大剧场 1500 小剧场 300	3.3	3.5
金昌大剧院	1100	2.29	1.58
沈阳艺术中心	3500	8.5	10
内蒙古演艺中心	—	3.875	2.45

续表

剧院名称	座位数（个）	面积（万平方米）	投资金额（亿元）
哈尔滨大剧院	大剧场 1600 小剧场 400	7.9	10
长沙大剧院	1800	4	—
荔波民族大剧院	1500	1.21	0.8
云南文化艺术中心	2600	4.8	4
闽南戏曲艺术剧院	1495	2.7	4.3
宁夏大剧院	1600	4.9	5
抚顺大剧院	1306	1.96	2.28
邯郸艺术中心	1567	4.2	12
合　计	—	222.975	325.3

资料来源：地方政府公告，各大媒体报道和其他公开文献。

（二）中国各地又陆续兴建了投资规模较大的文化中心建筑

经过几十年的改革开放，中国在世界的地位有了较大的提高，中国的经济也突飞猛进，这使各个地方的基础设施基本趋于齐备，人民群众的精神文明和文化生活需求快速提高，急需一种放松的、高品质的精神享受，以缓解时代给予的压力。截至 2011 年底，全国共有公共图书馆 2952 个，博物馆 2650 个，群众文化服务机构 43675 个，省级（地级）文化馆 379 个，县市级群众文化机构 2906 个，乡镇（街道）文化站 40390 个。

文化艺术中心基本由政府出资建设，投资数额较大，影响力首屈一指，成为很多地区的公共文化服务核心区域。金融危机爆发后，中国政府扩大内需其中一项就是加快文化事业的建设，加快中国文化艺术中心建设步伐，这给中西部欠发达地区建造自己的文化艺术中心创造了前期条件。全国当前文化艺术中心的建设已进入一个繁荣期，每年都会有众多新建成和建设中的文化艺术中心进入我们的视野。

表3　近几年部分文化艺术中心开建情况

项目名称	所在地	项目名称	所在地
江西艺术中心	南昌市	宁波鄞州文化中心	宁波市
江西萍乡艺术中心	萍乡市	浙江江山市文化艺术中心	江山市
上海世博演艺中心	上海市	浙江舟山临城文化艺术中心	舟山市

项目名称	所在地	项目名称	所在地
江苏扬州文化艺术中心	扬州市	山东东营文化中心	东营市
广东梅州客家艺术中心	梅州市	山东烟台文化中心	烟台市
广东惠州文化艺术中心	惠州市	江苏无锡太湖艺术中心	无锡市
广东粤剧艺术中心	广州市	河北邯郸文化艺术中心	邯郸市
福建厦门艺术中心	厦门市	—	—

（三）文化艺术培训服务业固定资产投资规模较小

文化强国政策的落实，国民艺术素养的提升，给文化艺术培训机构的发展带来新机遇。民营文化艺术培训机构如雨后春笋般涌现，给国内文化艺术培训市场注入了新活力。但由于文化艺术培训服务企业多为中小微企业，固定资产规模小、无形资产占比高，对信贷资本乃至投资机构的吸引力大大减弱，以致文化艺术服务行业整体的社会资本投资热度不高。

三　文化艺术服务行业投资趋势和机会

（一）文化艺术服务行业发展趋势

文艺表演服务业将重点推动"集聚区 + 院线"建设。在市场的主导和政策的扶持下，国内演出市场的产业布局不断优化，趋于合理，其最为显著的便是以"面"为特征的演艺集聚区建设热潮和以"线"为特征的演出院线扩张。据不完全统计，全国在规划和建设的演艺集聚区近 10 个，并已形成了以保利院线、中演院线、国话院线、苏演院线、大隐院线、万达演出院线、北京儿艺院线和戏逍堂小剧场院线等为龙头的院线体系。

演出市场迎来"高质内容 + 商业品牌"的竞争时代。演出市场在相对市场化领域的竞争日益激烈，话剧、旅游演出等领域即将进入市场盘整期，品牌化发展与定位将成为企业的突围之道。剧场的大规模建设和院线联盟趋势的加强将大力推动演出市场对高质内容的追逐。

演出与其他业态融合成为常态。随着科技的进步、市场的培育和政策的扶持推动，国内演出市场与旅游、网络、动漫等领域跨界融合趋势日益明显，演出新业态不断涌现。近年来兴起的旅游演出、动漫演出、音乐节等大型演出活动为演出产品的创作、运营带来新的模式，注入新的活力，有助于提升演出产品的文化内涵、拓宽演出策划的融资渠道、推广演出宣传的品牌理念、挖掘演出消费的市场潜力。

文化艺术培训市场逐步走上"品牌化＋国际化"的道路。国民经济的高速发展，全面推动了人才竞争，使家长格外重视孩子的教育问题，注重对孩子进行个性化、特色化的辅导。在课外辅导机构竞争日趋激烈的情况下，一批规模大、实力强的知名品牌的培训机构将逐步形成。目前，越来越多的文化艺术培训机构寻求与学校合作，注重追求提升国际化艺术标准的专业素养。不断引进的国际化考级标准，让教学标准向国际标准发展，成为学校艺术教育的有效补充。

准公共产品服务将重点提升运营水平。目前，国内包括文化遗产保护服务领域、群众文化活动馆、艺术馆、档案馆、图书馆、美术馆在内的建设和投资以财政支出为主，具有准公共产品的性质。预计未来，该文化艺术服务业仍以财政投资为主，将由一批专业化的非营利组织来管理运营，着重提升文化公共设施的服务功能和服务水平，丰富人民的精神文化生活。

（二）文化艺术服务行业投资机会

1. 文化创作与表演服务业投资机会

就现阶段而言，文化创作与表演服务业的两大细分市场最具有投资价值，即旅游演出市场和话剧市场。另外，戏曲曲艺演出市场、儿童演出市场、音乐演出市场等新兴的市场也具备较大的发展潜力。

旅游演出市场。旅游演出是产业化程度最高的演出领域，已经出现了多种相对成熟的产业化模式，如实景演出模式、主题公园模式、旅游舞台表演模式等。旅游演出是营利性最好、投资回报率最高的演出领域之一。如《印象刘三姐》《宋城千古情》《云南映象》等都获得很高的投资回报率。旅游演出市场的受众群体广泛，演出市场挖掘潜力大，旅游消费者是主要消费主体。

话剧演出市场。话剧市场主要客户群是七十年代和八十年代出生的白领阶层，其拥有稳定的收入，形成了稳定的客户基础。话剧演出团体是演出市场原创最为活跃的团体。话剧创作频率高且话剧制作的工业化趋势已初步形成。话剧演出市场竞争进入白热化阶段，产生了一批具有影响力的品牌企业，如北京戏道堂、上海现代人剧社等。

具有发展潜力的演出新兴市场。戏曲曲艺演出市场活跃度高，品牌企业生存能力强。相声、舞台演出等形式在演出市场非常活跃，并产生了一些品牌化企业，如德云社、刘老根舞台、金海岸大舞台等。儿童演出市场需求潜力巨大，创新能力强。儿童剧类演出市场需求潜力过亿，拥有庞大市场；另外，儿童剧与动漫、影视等领域进行融合创新，将推动儿童演出市场有较大的进展。音乐演出市场规模化发展速度快，区域扩张能力强。音乐节、音乐会、演唱会等音乐演出市场都在进行规模化发展，向全国区域扩张的趋势日益明显。

2. 文化艺术培训服务业投资机会

近年来，国家文化强国战略的提出，为艺术培训行业提供了发展空间；国家扩大内需的政策为艺术培训行业注入了发展动力；国家支持民办教育业同样为艺术培训行业带来了发展契机。此外，民众对于艺术素质教育意识的逐渐提高和家庭教育消费中艺术教育投入的不断增加，给文化艺术培训市场带来了新的投资机遇，而具有较高品牌价值的艺术培训机构将成为投资者的首选。

3. 其他文化艺术服务业投资机会

预计未来，文化遗产保护服务领域、群众文化活动馆、艺术馆、档案馆、图书馆、美术馆等的建设和投资继续以财政支出为主，除部分文化活动馆和私人美术馆外，多数细分领域的民营资本和社会资本的参与度仍然较低。

四 文化艺术服务行业投资建议

（一）文化创作与表演服务业发展建议

文化创作与表演服务业的繁荣发展，离不开国家政策的支持与主管部门的配合。为此建议：第一，加强官方文化活动交流，鼓励演艺产品商业化运作；第二，完善政策服务体系，吸引国外演艺产品走进来，支持中国演艺产品走出去；第三，适应国际文化市场的消费需求，努力打造兼具艺术水准和商业价值的品牌演艺产品；第四，加强与海外主流演艺机构的联系，建立长期有效的合作机制。

（二）文化艺术培训服务业发展建议

中国文化艺术培训服务业要想快速、平稳、健康发展，必须建立公平的人才选拔体系，建立客观的教育评价体系，改革课程设置，需要积极引导，激发人的创新设计理念，积极搞设计、学术对外交流活动，切实地进行改革。

（三）其他文化艺术服务业发展建议

建立完善文化艺术服务体系，加强文化艺术建设，提高精神文明建设水平，是社会主义现代化建设的重要目标和根本任务。目前，其他文化艺术服务业主要以政府投入为主，以基础设施和公共文化产品的形式存在。建议进一步转变政府服务理念，加强基础设施建设；健全城乡文化体制；大力提升公共文化体系的服务水平；加大资金投入力度，调整投入结构；更好地平衡城乡文化艺术发展；加强公共文化服务体系人才队伍建设。

B. 11

文化创意和设计服务行业投资分析报告

摘要：目前，文化创意和设计服务行业投资整体呈持续增长的态势，2009～2012 年，股权投资、上市融资、金融债券票据和并购融资等渠道为文化信息传输行业共提供资金约 199.66 亿元。发展相对成熟、规模较大的软件信息服务业和广告设计服务业能够较多获得金融支持，而动漫制作、创意设计服务业、建筑设计服务业因受企业规模较小、经营成果难以把握、市场不确定性强等因素的制约，获得金融支持的力度相对较小。新型城镇化建设、单位体制改革、专业化分工和跨国公司业务转移将给设计服务行业带来新的投资机会；网络广告价格飞涨，精准营销凸显，移动互联网与户外广告融合发展等都会给文化创意领域带来投资机会。

关键词：行业投资、文化创意、设计服务、广告业投资

文化创意和设计服务行业可划分为广告设计服务、软件服务、建筑设计服务和专业化设计服务四个子行业，是文化创意产业领域市场化程度最高、社会资本参与度最深的子行业。近年来，随着社会分工进一步细化、生产性服务市场专业化程度的提高，以及《服务业发展"十二五"规划》的推进实施，文化创意和设计服务行业发展呈现积极向好的势头。

一 文化创意和设计服务行业投资政策分析

（一）积极鼓励民营资本及外资进入行业

文化创意和设计服务行业较少地承担意识形态传播的职能，因而国家在行业准入政策和行业投资政策方面，不对资本的性质设限，相反出台政策积极鼓励和支持民营资本和外资进入行业。国家工商行政管理总局、商

务部在《外商投资广告企业管理规定》中放低广告企业的进入门槛，并在《关于外国投资者通过股权并购举办外商投资广告企业有关问题的通知》中允许外资通过股权投资和并购方式举办广告企业。同时，国家工商总局在2012年《广告产业发展"十二五"规划》中，对行业进入的资本门槛进行大幅度的改革，允许广告企业非货币资产出资比例最高可达70%。

（二）政策出台数量不多，但针对性较强

近年来，文化创意和设计服务行业政策在以下方面推动产业投资。

1. 降低准入门槛

《外商投资广告企业管理规定》《关于外国投资者通过股权并购举办外商投资广告企业有关问题的通知》都允许外资进入，并在《广告产业发展"十二五"规划》中降低企业货币注册资金的要求。

2. 拓展融资渠道

《文化部文化产业投资指导目录》将网络游戏、手机游戏、动漫创作、艺术设计列入鼓励投资类；《关于推进文化企业境内上市有关工作的通知》跟踪帮扶进入上市实操阶段的动漫、工艺美术、艺术创意和设计企业；《广告产业发展"十二五"规划》吸引社会资本和国外资本投资于国内广告业，支持运用高新技术进行广告创业的风险投资。

创新金融产品。《关于金融支持文化产业振兴和发展繁荣的指导意见》鼓励探索动漫、游戏完工险、损失险，鼓励保险公司探索开展信用保险业务。《广告产业发展"十二五"规划》鼓励银行、担保等金融机构创新金融产品和服务方式，支持广告企业融资；提出鼓励广告行业组织在具备相关资质的广告企业与金融机构之间搭建合作平台。

二 文化创意和设计服务行业投资状况分析

（一）行业总体投资状况分析

2008～2012年期间，文化创意和设计服务行业投资整体呈现持续增长的态势，但各年投资增幅波动较为明显，并且文化固定投资呈现迎头上赶的趋势。

2012年文化创意和设计服务行业投资规模为1228.63亿元，其中生产性文化服务领域固定资产投资461.76亿元，产品生产性固定资产投资195.25亿元，文化固定投资571.62亿元（未剔除2012年重新分类的影响）。

表 1　文化创意和设计服务行业投资状况

单位：亿元，%

年　份	2008 年	2009 年	2010 年	2011 年	2012 年
生产性文化服务领域固定资产投资	26.16	35.11	34.81	60.03	195.25
增幅		34.21	-0.85	72.45	225.25
产品生产性固定资产投资	44.84	79.28	121.49	135.51	461.76
增幅		76.81	53.24	11.54	240.76
文化固定投资	32.66	52.62	71.90	89.95	571.62
增幅		61.11	36.64	25.10	535.49
投资合计	103.66	167.01	228.20	285.49	1228.63
增幅		61.11	36.64	25.11	330.36

注：2012 年数据未剔除重新分类后影响。

数据来源：国家统计局。

（二）广告业投资状况分析

2012 年广告业投资规模为 82.80 亿元，其中生产性文化服务领域固定资产投资 56.71 亿元，文化固定投资 26.09 亿元；与 2011 年相比，分别增长 6.10%、-5.53% 和 44.86%。无论各年的投资波动如何，广告渠道依然是行业投资的重点。

表 2　2008～2012 年广告业投资状况

单位：亿元，%

年　份	2008	2009	2010	2011	2012
生产性文化服务领域固定资产投资	26.16	35.11	34.81	60.03	56.71
无形资产投资	4.97	12.64	12.18	18.01	26.09
合　计	31.13	47.75	46.99	78.04	82.80
增幅		53.39	-1.58	66.06	6.10

注：2012 年数据已剔除重新分类后影响。

数据来源：国家统计局。

广告业营业收入在 5 年内几乎实现了 1.5 倍的增长，营业主体的数量也翻了一番。从行业整体角度看，各地积极推进广告产业园区建设，并吸引了大批优质广告企业入驻，但是行业企业小而散的特点并未发生根本性变化。投资规模的增加基本上被经营主体数量的增加所摊薄，单个经营单位的平均投资规模依然较少，对单个经营单位的平均收入并未有明显的作用，未来应注重通过资本注入合理调整行业经营主体的结构，提高单个企业经营的效益和质量。

表3 广告业营业收入状况

年 份	2008	2009	2010	2011	2012
营业收入（亿元）	1900	2041	2341	3125	4698
增长率（%）	9.01	7.42	14.70	33.49	50.34
广告经营单位（万户）	18.58	20.50	24.30	29.00	37.80
增长率（%）	21.10	10.33	18.54	19.34	30.34
单个经营单位平均收入（万元）	102.26	99.56	96.34	107.76	124.29
单个经营单位平均投资（万元）	1.68	2.33	1.93	2.69	2.19

数据来源：中国广告服务领域统计数据报告。

三 文化创意和设计服务行业社会资金提供情况

（一）文化创意和设计服务行业社会资金提供概况

文化创意和设计服务行业资金来源的渠道以上市融资、银行贷款、股权投资、并购、金融债券票据等为主。2009～2012年，股权投资、上市融资、金融债券票据和并购融资等渠道为文化信息传输行业共提供资金199.66亿元。详细见表4。

表4 文化创意和设计服务行业资金渠道情况

单位：亿元

年 份	股权投资资金	上市融资资金	债券票据融资资金	信托融资资金
2009	14.28	87.33	0	0
2010	15.70	26.57	0	0
2011	17.01	6.18	0	0
2012	5.53	10.47	7.21	9.38
合 计	52.52	130.55	7.21	9.38

注：①未公布股权投资金额的事件不在统计之内。②并购资金部分为文化产业内的企业提供的资金，部分为文化产业外的企业和投资机构提供的资金，并购资金独立章节进行分析。

数据来源：新元文智公司根据公开资料统计整理。

（二）文化创意和设计服务业并购概况

2009 年至 2013 年 6 月，国内文化创意和设计服务领域发生 90 起并购事件，其中 63 起公布并购金额，涉及资金总规模为 325.41 亿元；单个事件涉及平均规模为 2.36 亿元。

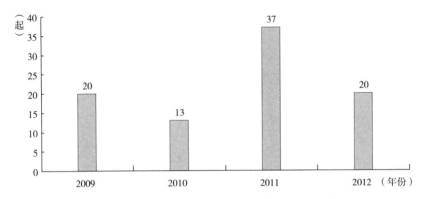

图 1　行业并购事件数量分布情况

数据来源：新元文智根据公开资料统计整理。

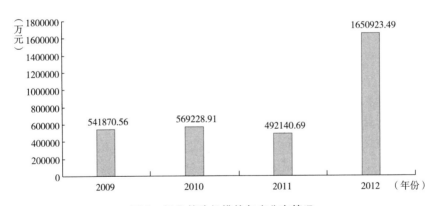

图 2　行业并购规模的年度分布情况

数据来源：新元文智根据公开资料统计整理。

文化创意和设计服务业通过跨领域并购和横向并购抢占市场份额及获取更多的资源以巩固现有的市场地位。2009 年至 2013 年 6 月，跨领域并购事件数为 57 起，占总数的 63.33%；公布金额的横向并购事件数为 28 起，占公布金额事件数的 31.11%。

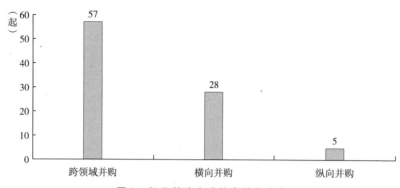

图3　行业并购方式的事件数分布

数据来源：新元文智根据公开资料统计整理。

四　文化创意和设计服务行业投资存在问题分析

（一）文化创意和设计服务行业的金融支持分布不均

目前，国内能较多获得金融支持的文化创意和设计服务行业主要是发展相对成熟、规模较大的软件信息服务业和广告设计服务业，而动漫制作、创意设计服务业、建筑设计服务业因受企业规模较小、经营成果难以把握、市场不确定性强等因素的制约，获得金融支持的力度相对较小。

（二）资本市场体系不完善，社会资本难以发挥主要作用

文化创意和设计服务企业主要依赖银行信贷融资。但国内缺乏专门的文化创意产业担保公司，众多中小企业担保机构大都存在资金不足、放大倍数低和担保费率高等问题，造成企业难以满足银行要求提供足额的固定资产抵押，进而使金融支持渠道狭窄，难以有效满足文化创意和设计服务企业的资金需求。

尽管风险投资、创业投资、私募股权等社会资本更能适应文化创意和设计服务业运行特点，但由于部分领域对社会资本设置了无形的门槛，加之文化创意和设计服务产业整体尚处于起步阶段，市场不成熟、需求不稳定、产业链尚未形成，项目的投资成功率低，以致社会资本难以发挥主要作用。

（三）价值评估标准欠缺，降低资本的积极性

文化创意和设计服务行业是典型的知识密集型、人才密集型产业，企业的核心资产是知识产权，核心资源是人才。国内知识产权等无形资产评估、转让和登记制度缺失，尚未形成权威的、有效的无形资产交易评估市场。知识产权保护体系不够完善，使文化创意和设计服务企业无形资产的价值难以得到公允评估和变现，商业银行难以依靠信用中介机构对文化创意企业进行准确评级和授信，社会资本难以依靠评估机构对文化创意和设计服务企业进行估值和投资。

（四）文化创意和设计服务企业本身的问题降低了对资本的吸引力

企业规模偏小。文化创意和设计服务产业的主体主要是中小微企业，企业大都由创意人员个人或小组以私人资本投资设立，缺乏可用于抵押的固定资产，难以获得第三方担保和银行信贷支持，即使获得银行贷款支持，由于贷款金额小，普遍存在贷款收益成本比率偏低的情况。目前，能获得金融支持的文化创意和设计企业大都是固定资产占比较高、盈利模式和现金流相对稳定的成长期和成熟期企业。

财务状况不透明。文化创意和设计服务企业大多为民营中小微企业，普遍存在财务不规范、信息不透明的问题，给金融机构的信用调查和资信评价带来较大困难。因此，中小微文创企业在寻找贷款或外源性资本时，难以向金融机构提供资信证明。

无形资产比重大且评估困难。文化创意和设计服务企业经营活动的核心是创意设计和研发活动，属于典型的知识密集型产业，企业专项技术或知识产权等无形资产占比较高。此外，部分企业的组织形式松散，经济资源有限，申请银行贷款时无力提供足够的有形资产抵押物，难以获得担保支持，既不符合银行信贷审核要求，也不符合资本市场投融资要求。

五　文化创意和设计服务行业投资趋势和机会

（一）文化创意和设计服务行业发展趋势

1. 广告设计服务业发展趋势

截至 2012 年底，我国广告经营单位达 37.78 万户，广告从业人员

217.78 万人，广告经营额 4698 亿元，广告市场总体规模跃居世界第二位。全国广告产业试点园区已达 20 个，分布在 15 个省市区，累计完成投资近 300 亿元，其中中央财政支持资金 8 亿元。2012 年，我国广告服务业服务领域完成固定资产投资额 57 亿元，实现营业收入 4698 亿元。行业具有以下发展趋势。

广告媒介环境更加复杂，竞争日趋激烈。随着社会经济和技术的发展，媒介环境更加复杂，新式广告媒介层出不穷，传统媒介逐渐式微，媒介格局发生了深刻变化。以互联网、手机互联网、楼宇电视、卖场电视、公交移动电视为代表的新媒介发展迅猛，呈现新媒介与传统媒介鼎足而立的趋势。

广告主更加理性，追求实效、精准传播。近年来，广告主在广告媒体投放上日趋成熟理性，注重使用媒体组合战略。广告主更加追求传播效率和广告投资回报率，强调"精准投放"与"有效到达"，迫切需要创新的传播手段和营销方式。

广告与营销传播一体化。在新媒介不断出现，传播环境空前复杂的大背景下，广告主急需采取新的传播模式和媒介，整合各种营销传播工具来到达消费者，以实现品牌传播的需求。在新营销传播环境下，广告公司除了提供传统的广告服务外，还需整合公关、促销、直销、互动行销等多种传播工具，以实现传播效果的最大化。因此，广告与营销传播将逐步融为一体。

广告公司走集团化与专业化之路。在经济全球化大背景下，跨国广告集团在中国推进本土化战略，使得原本高度分散、缺乏核心品牌、服务水平不高的中国本土广告公司面临新挑战，集团化成为中国广告业发展的必然选择。

2. 软件服务业发展趋势

截至 2012 年底，全国共有软件服务企业 28327 户，同比增长 24.3%。2012 年，我国软件服务业完成固定资产投资额 422 亿元，同比增长 62.3%，实现营业收入 25000 亿元，同比增长 28.5%。行业具有以下发展趋势。

网络化趋势。互联网与移动互联网深入广泛应用，使软件服务业从"以机器为中心"向"以网络为中心"转变，软件技术朝网络化方向发展。电信网、互联网、广电网相互融合，扩大了软件服务业的市场空间。网络化技术的不断成熟驱动软件产品和服务走上网络化道路，网络化的软件运行环境、软件开发环境成为重要研究方向。

一体化趋势。软件服务业的竞争已从单一产品竞争发展为体系竞争，在基础软件领域呈现出操作系统、数据库管理系统和中间件软件相互渗透、一体化发展的趋势。软件开发平台与运行平台相集成，将形成面向客户端、服务器端、嵌入式系统需求的一体化基础软件平台。

服务化趋势。互联网的发展带来了信息技术服务模式的创新和转变。软件即服务正成为一种新的软件开发和应用模式，获得越来越多开发企业和应用企业的认可。全生命周期的信息技术服务业将进一步发展，IT 咨询设计、运营和维护服务等业务，促进信息系统集成服务向产业链前后端延伸，推动系统集成、测试、数据处理等业务向高端化发展。云计算、云存储、云服务趋势明显，众多企业高度支持云计算技术研究，纷纷推出自己的产品。

高融合趋势。各类信息技术、网络、业务之间，信息技术和其他技术之间加快融合渗透，高渗透性本身就是软件服务业的特征。这种融合，既体现在终端产品功能的融合，即个人计算、通信、消费电子的融合；又体现在运行平台上的服务融合，即通信服务、内容服务、计算服务等融合。两化融合战略进一步加速了软件服务业与工业领域的融合发展，以绿色、低碳经济为目标，工业软件将进一步提升传统产业竞争能力。面向政务、医疗、社保、教育、商务等领域的行业应用软件发展迅速，软件服务业已渗透到各行业各领域，将进一步改变人们的生产、生活方式。

3. 建筑设计服务业发展趋势

截至 2012 年底，全国共有建筑设计服务企业 23611 家。2012 年，我国建筑设计服务业完成固定资产投资额 74 亿元，同比增长 17%，实现营业收入 9547 亿元，同比增长 27%。行业具有以下发展趋势。

二三线城市城镇化带来新机遇。我国固定资产投资额保持高位发展，使建筑设计行业的市场空间仍然很广阔。随着沿海发达城市建设投资增速趋缓和中国农村城镇化改造的进程，二三线城市的城镇化建设将给建筑设计行业、企业提供更广阔的市场空间。

市场份额逐渐向大型综合设计企业集中。随着国家经济的发展和社会整体要求的提高，投资者对建筑的品质要求逐渐提高，项目的总体规模日趋壮大，客户对设计企业的品牌、能力、规模的要求随之提高。预计未来，国内的建筑设计行业市场份额将逐渐向大型、综合、有知名度的设计企业集中，规模较小或资质较低的设计企业将面临巨大生存压力。

行业内并购重组加速。目前，国内建筑设计行业集中度较低。经过近十年的发展，我国建筑设计行业已出现一批在区域市场有较强竞争实力的企业，随着人员、资本、品牌、技术实力的积累，这批企业将可能通过兼并收购、连锁经营发展成为具有国际影响力的设计企业。预计未来，我国建筑设计行业内的并购重组将会加速，并逐渐形成一批与我国建筑大国地位相符的、具有国际影响力的建筑设计企业。

低碳节能成行业发展新趋势。随着国民经济的发展和节能环保的需求提高，绿色建筑技术、节能环保材料、智能化楼宇解决方案等被广泛地应用于工程实践，市场对节能环保设计的需求由理论研究型向实践型转变。

4. 专业化设计服务业发展趋势

专业化设计服务行业专业覆盖面大，服务领域广泛，已形成新的经济增长点。截至2012年底，全国共有专业化设计服务企业近22000家。2012年，我国专业化设计服务业完成固定资产投资额65亿元，实现营业收入6273亿元。行业未来发展具有以下趋势。

专业化研发快速增长。劳动分工的演进、产品更替的加速、竞争压力的增加以及企业内部交易成本的上升，促使企业更倾向于从外部获取技术和服务，以实现成本节约和效率提升。内部化的研发活动必将逐步为效率更高的专业化研发公司所代替，企业研发活动外部化趋势日益明朗，效率较低而成本偏高的自主性研发设计活动的市场份额将不断萎缩。

集聚化发展。专业化设计活动具有较强的规模效应和集聚效应，信息流、知识流和人才资源是吸引独立研发机构的重要因素，同时，按照收益最大化原则布局空间结构，最大限度地利用智力、土地、产业等配套要素优势。

"绿色设计"是发展潮流。"绿色设计"着眼于人与自然的生态平衡关系，在设计过程的每一个决策中都充分考虑到环境效益，强调使用人造材料来代替天然的材料，把怀旧的、简洁的风格和"高科技"相结合，实用且节能，强调使用材料的经济性，产品与服务的非物质化，组合设计和循环设计。

（二）文化创意和设计服务行业投资机会

1. 广告设计服务业投资机会

网络广告价格飞涨，精准营销凸显投资机会。金融危机爆发后，网络广告行业成长趋缓，网络巨头的集聚效应使得广告资源更为集中。近年来，跨国公司和本土品牌恢复、加强线上营销，以及电子商务行业的快速发展，致使网络广告价格飞速上涨。SNS、微博、微信等社交网络媒体的出现，使基于用户数据库的精准营销得以实现。预计未来，致力于媒体信息整合及发布平台创新的网络广告公司，因其具备实现精准营销的能力，将受到投资机构青睐。在移动互联网领域，移动应用创造出新的消费者对位关系，而其对用户碎片化时间的利用，或将与户外媒体结合产生新的盈利模式。

移动互联网与户外广告融合发展带来的投资机会。户外媒体和移动互联网均是利用用户的碎片化时间进行营销，但后者对碎片化时间的利用更加充分，户外媒体企业迫切需要探索两者相结合的新模式。预计未来，移动互联网将为增长空间有限的户外广告市场带来重生的希望。结合移动互联网在户外媒体上实现精准营销、并获得新的盈利增长点的企业，将成为投资机构的关注焦点。

2. 软件服务业投资机会

智慧城市基于物联网、云计算等新一代信息技术以及维基、社交网络、Fab Lab、Living Lab、综合集成法等工具和方法的应用，营造有利于创新涌现的生态环境。智慧城市的建设，广泛采用物联网、云计算、人工智能、数据挖掘、知识管理、社交网络等技术工具，为电子商务、电子政务、智能电网、地理信息产业、信息和通信技术（ICT）运营商等带来新的投资机会。

在网络化、专业化、协同化的时代，云计算技术及应用的实现，可以有效地提高组织效率，降低成本，实现各个供应商、客户以及内部的信息共享和互动。信息化和网络化将使越来越专业化的分工成为可能，促进信息技术的革命转型，给云计算技术及应用行业带来新的投资机会。

随着三网融合政策的推进以及信息产业政策支持方向的明确，作为"三网融合"的有力支撑，云计算、信息服务行业存在较大的发展机会。为了加快推进"三网融合"，通信行业将会借助云计算实现转型，为云计算领域带来广阔的发展空间。此外，由于我国信息服务行业处于产业发展初期，为更好地为"三网融合"服务，信息服务行业需要提速发展，给软件服务和网络增值服务带来投资机会。

并购重组是软件行业做大做强的必由之路。预计未来，大型软件企业在政策鼓励下必将出现并购重组浪潮，部分业绩持续下滑、规模较小的企业，将成为未来大企业收购的目标。在资本、市场与政策的三重驱动下，软件行业的资源整合步伐将加快。

3. 建筑设计服务业投资机会

新型城镇化给建筑设计服务带来的投资机会。城镇化是一个系统工程，城镇化离不开城市总体规划，以及基础设施、住宅建筑、工业建筑、商用建筑的建设。国内二三线城市的城市化进程将给建筑设计市场带来新的发展机遇，给建筑设计服务业带来新的投资机会。建筑设计服务企业可结合自身优势，形成自己的核心竞争力，赢得市场份额。

建筑设计单位改制带来的投资机会。近年来，除个别国有建筑设计院仍为事业单位编制外，大部分建筑设计院已完成企业化转轨和产权制度改革，大部分企业建立了现代企业制度。建筑设计企业优化整合不断加强，企业实力进一步提高。部分新改制的企业，凭借全新的理念及灵活的激励方式，吸引了大量优秀人才，企业经营模式转变，品牌建设加强，企业规模效益得到跳跃式发展。预计未来，建筑设计单位将更多地进行股份制改造，引入社会资本盘活资产，以更好地适应市场竞争。

4. 专业化设计服务业投资机会

专业化分工带来的投资机会。专业化设计服务业的第一个投资机会来源于制造业生产运营环节中的专业化服务。制造业中的研发设计、物流配送、产品营销、电子商务（B2B）、金融服务、咨询等专业化生产服务和中介服务，不仅是企业经营中的重要一环，也是企业核心竞争力的体现，并逐步呈现专业化和服务化的趋势。与此同时，独立的、专业的第三方机构所提供的相关服务逐步为更多的企业所接受。

跨国公司业务转移带来的投资机会。目前，跨国公司业务离岸化的趋势明显，逐渐将非核心辅助性服务业转移至低成本国家。预计未来，跨国公司为更好地在中国开拓市场，将会把相当部分的工业设计、产品研发、生物制药研发等业务转移至中国，为国内专业化设计服务业带来新的发展机会。

六 文化创意和设计服务行业投资政策建议

（一）广告服务业发展政策建议

引导和鼓励传统广告媒介领域向以网络和无线通信为载体的媒介领域扩展，建立多层次的广告业态；规范网络和无线通信为媒介的广告服务市场，广告服务领域充分利用新型技术；有效指导传统广告媒介的资源整合和运用，整合产业链底层数量较大且分散的小型企业，提高广告的效用和质量；由单一的广告发布向综合型的信息宣传、市场策划研究和营销互动发展。

（二）软件服务业发展政策建议

鼓励和支持国家和省级软件服务业相关基地建设，鼓励有条件的企业创建软件产业园，并予以用地指标支持；鼓励企业积极参与工业化和信息化融合，鼓励企业创建物联网应用示范工程、物联网产业中心，对获得国家工业化、信息化融合和物联网相关资金扶持的项目给予配套支持。

（三）建筑设计服务业发展政策建议

充分发挥建筑设计行业在低碳、节能工程建设中的先导和灵魂作用，实现行业可持续发展；深化体制机制改革，促进建筑设计服务行业的管理创新、技术创新，提升行业信息化建设水平，增强行业综合实力；推进建筑设计服务行业市场化的经营模式转变，保障建筑设计服务单位的市场主体地位；鼓励企业做大做强，加大对企业整合的力度，鼓励有条件的企业通过股份制改革和上市走资本社会化的道路。

（四）专业化服务业发展政策建议

国家应尽快研究完善产业政策，提高服务领域对外开放水平，积极创新服务业组织结构，鼓励服务领域技术创新，加快实施品牌战略，大力培育服务领域领军企业和知名品牌；引导和鼓励各类金融机构开发适应专业化设计服务企业需要的金融产品，积极支持符合条件的企业通过银行贷款、发行股票债券等多渠道筹措资金；进一步推动中小企业信用担保体系建设，积极搭建中小企业融资平台。

附录一　2004～2012 年文化信息传输行业投资政策汇总

2004～2012 年文化创意和设计服务行业主要投资政策汇总

政策名称	主要促进举措
《外商投资广告企业管理规定》	外商投资广告企业符合规定条件，经批准可以经营设计、制作、发布、代理国内外各类广告业务

续表

政策名称	主要促进举措
《关于外国投资者通过股权并购举办外商投资广告企业有关问题的通知》	允许外国投资者通过购买境内广告企业的全部股权或以股权并购方式举办外资广告企业
《文化部文化产业投资指导目录》	将网络游戏、手机游戏、动漫创作、艺术设计列入鼓励投资类
《关于金融支持文化产业振兴和发展繁荣的指导意见》	对于租赁动漫、游戏等相关设备的企业，可发放融资租赁贷款；对于具有优质商标权、专利权、著作权的企业，可通过权利质押贷款等方式，扩大收益权质押贷款的适用范围。探索动漫、游戏完工险、损失险，鼓励保险公司探索开展信用保险业务，弥补现行信用担保体制在支持服务业融资方面的不足
《关于鼓励和引导民间投资健康发展的若干意见》	鼓励民间资本从事广告、文化创意、动漫游戏行业
《关于推进文化企业境内上市有关工作的通知》	对于进入上市实操阶段动漫、工艺美术、艺术创意和设计企业，文化部重点推荐企业进行针对性辅导和跟踪帮扶，推动文化企业早日进入上市发展轨道
《广告产业发展"十二五"规划》	打破准入限制；广告企业非货币资产出资比例最高可达70%；鼓励银行、担保等金融机构创新金融产品和服务方式，支持广告企业融资；积极推进广告企业上市融资，或债券融资；吸引社会资本和国外资本投资于国内广告业；支持运用高新技术进行广告创业的风险投资；鼓励搭建广告企业与金融机构合作平台
《"十二五"时期国家动漫产业发展规划》	鼓励引导各类文化产业投资基金、中小企业创业投资基金加大对动漫产业的投资，鼓励有实力的大型企业通过参股、控股或兼并等方式进入动漫产业；引导社会资本以多种形式投资动漫产业，参与各类动漫产品的研发、创作和生产，参与重大项目实施；推动政策性银行对符合条件的动漫企业提供融资支持；将符合条件的动漫企业纳入相关政策性基金资助范围；支持动漫企业上市融资

附录二 相关数据说明

①文化固定投资数据。国内权威统计部门暂未公布文化信息传输领域文化固定投资的统计，因而选取一定数量的样本企业，以样本企业各

年度固定资产投资和文化固定投资的比重作为计算的依据。选取的样本企业包括华谊嘉信、蓝色光标、博瑞传播、北巴传媒、省广股份、奥飞动漫、掌趣科技、中青宝。

②行业股权投资、上市融资、债券票据融资、信托产品融资和并购的数据来源于新元文智。

B. 12

文化休闲娱乐服务行业投资分析报告

摘要： 在政策的带动下，近五年来，文化休闲娱乐服务行业的投资保持高速增长，年平均增长率为 26.3%。2012 年文化休闲娱乐服务行业投资规模为 6049.59 亿元，景区游览服务领域投资占文化休闲娱乐服务行业投资的比重最大，行业投资资金主要依赖债券票据融资，而股权投资资金和上市融资资金跌落冰点。预计景区游览未来步入黄金十年，随着智慧文化旅游的兴起，行业投资将趋向多元化领域，投资热潮将会持续，其中，旅游电子商务、旅游综合体等新兴配套领域发展将带动新一轮的文化投资。

关键词： 文化休闲娱乐、行业投资、景区游览、无形资产投资

自 2007 年《关于支持和促进文化产业发展的若干意见》提及要积极吸引外资参与大众娱乐项目的经营以及文化设施的建设、改造和经营的投资促进政策以来，国家仅仅出台四项投资政策文件明确提及支持和鼓励文化休闲娱乐服务行业投资，一些综合性的文化投资政策文件也很少提及，支持的力度相比其他行业显得较为薄弱。但规模大、投资时间长、沉没成本大的文化旅游产业的投资却备受政策关注，这主要因为文化旅游投资不仅带动文化旅游产业的投资，有效地缓解行业发展资金的困境，还能以文化旅游领域为核心，带动纵向、横向产业的联动发展，促使文化旅游景区环境改善，提高景区服务质量，带动旅游消费，促进行业发展。

一 文化休闲娱乐服务行业的投资状况分析

文化休闲娱乐服务行业作为一个新兴产业部门，具有文化性、经济性、综合性、相对独立性。近年来，国民生活水平不断提高，加之黄金周

和带薪休假制度相继出现，国内文化休闲娱乐服务消费热潮促使行业投资不断增加。

（一） 文化休闲娱乐服务行业投资状况

文化部、中央综治办、公安部、国家工商总局、国家出版局等联合制定的"2008～2010年全国娱乐场所阳光工程"，将通过评选"阳光金曲"和"阳光场所"，打造"阳光品牌"，推动娱乐场所标准化服务、特色化经营，引导娱乐场所转型升级。"阳光工程"将制定娱乐场所管理服务行业标准，建设全国卡拉OK内容管理服务系统和娱乐场所治安管理信息系统，建设满足人民群众休闲娱乐需要的文化娱乐市场。在政策的带动下，文化休闲娱乐服务行业的投资规模近五年保持高速增长，从2008年的2375.42亿元，增长到2012年的6049.61亿元，年平均增长率为26.3%。其中2009和2010年的投资规模分别达到3530.18亿元和4440.07亿元，分别增长48.61%和25.77%。

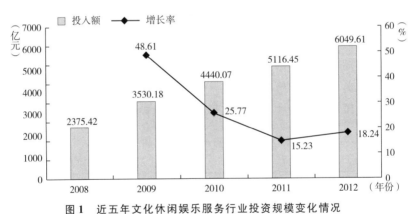

图1　近五年文化休闲娱乐服务行业投资规模变化情况

注：①未剔除2012年重新分类的影响；②重新分类后剔除旅行社项的统计。

数据来源：课题组根据国家统计局数据合理推算。

产品生产性固定资产投资规模较小，增幅对增长额较为敏感。受摄影扩印服务投资变化的影响，产品生产性固定资产投资增幅波动明显。同时，传播渠道固定资产投资保持稳定高速增长，但增长幅度却持续下降。

2012年文化休闲娱乐服务行业投资规模为6049.61亿元，其中传播渠道固定资产投资4850.33亿元，产品生产性固定资产投资7.37亿元，无形资产投资1191.91亿元；与2011年相比，分别增长18.24%、14.93%、－51.51%和35.27%。

表1 文化休闲娱乐服务行业投资状况

单位：亿元，%

年　份	2008	2009	2010	2011	2012
传播渠道固定资产投资	1963.13	2927.36	3669.59	4220.14	4850.33
增幅		49.12	25.35	15.00	14.93
产品生产性固定资产投资	9.53	10.02	9.08	15.2	7.37
增幅		5.14	-9.38	67.40	-51.51
无形资产投资	402.76	592.8	761.4	881.11	1191.91
增幅		47.18	28.44	15.72	35.27
合　计	2375.42	3530.18	4440.07	5116.45	6049.61
投资增幅		48.61	25.77	15.23	18.24

注：①未剔除2012年重新分类的影响，重新分类后剔除旅行社项的统计。②剔除2012年重新分类的影响，2008～2011年传播渠道固定资产投资规模分别为1947.56亿元、2907.24亿元、3646.61亿元和4192.31亿元；2009～2011年的投资规模增幅为49.28%、25.43%、14.96%。

数据来源：课题组根据国家统计局，数据合理推算。

（二）文化休闲娱乐服务行业主要领域投资状况分析

休闲娱乐类文化消费需求增加，促使休闲娱乐建设投资增加，行业服务质量不断提升，文化休闲娱乐服务产业投资规模保持持续增长势头，增幅呈现逐年提高的良好趋势。其中，景区游览服务领域投资占文化休闲娱乐服务行业投资比重最大，出现逐年上升的趋势。

表2 文化休闲娱乐服务行业主要领域投资状况

单位：亿元，%

年　份	2008	2009	2010	2011	2012
景区游览服务	1761.35	2587.60	3314.50	3834.92	4916.63
比重	74.64	73.72	75.04	75.36	81.27
休闲娱乐业	588.97	912.44	1093.51	1238.50	1125.61
比重	24.96	25.99	24.76	24.34	18.61
摄影扩印服务	9.53	10.02	9.08	15.20	7.37
比重	0.40	0.29	0.21	0.30	0.12

注：剔除2012年重新分类的影响。

数据来源：国家统计局，课题组根据公开资料合理推算。

1. 景区游览服务领域投资状况分析

近年来，国家紧密出台景区游览服务领域的产业发展政策和投资政策，自 2009 年起，国家已经出台四项景区游览服务的专项发展政策及三项投资政策。各地政府亦配套出台多项产业政策，《中国旅游业"十二五"发展规划纲要》出台后，截至 2012 年底，全国共有 31 个省区市出台旅游产业规划。

近五年，景区游览服务领域的固定资产投资推动着以景点、动物园、植物园等观赏游览为主的旅游景区的发展，在景区建设和娱乐服务质量等方面均出现了质的提升，进一步满足了人们休闲娱乐的需求。同时在政策与投资的共同带动下，景区游览服务行业的营业收入（暂只统计 A 级旅游景区）和 A 级旅游景区数量均出现了较大幅度的增长。2012 年，A 级旅游景区数量和行业的营业收入分别达到 977 家、3190 亿元，同比增长 4% 和 19.97%。但文化旅游产业的高速发展亦带来了景点同质性建设明显、旅游娱乐项目缺乏创意、旅游景点的开发建设与环境保护矛盾等负面影响。

表 3　景区游览服务领域的经济指标

年　份	2008	2009	2010	2011	2012
景区游览服务投资规模（亿元）	1761.35	2587.60	3314.50	3834.92	4916.63
经济指标增幅（%）		46.91	28.09	15.70	28.21
A 级旅游景区营业收入（亿元）	1496	1742	2151	2659	3190
经济指标增幅（%）		16.44	23.48	23.62	19.97
A 级旅游景区数量（家）	838	871	906	939	977
经济指标增幅（%）		3.94	4.02	3.64	4.05
A 级旅游景区平均收入（亿元）	1.79	2.00	2.37	2.83	3.27
经济指标增幅（%）		11.73	18.50	19.41	15.55

数据来源：《中国旅游景区发展报告》，年度旅游业统计公报。

2. 娱乐休闲服务领域投资状况分析

近年来，休闲娱乐文化、休闲娱乐产业和休闲经济作为一个新经济增长方向，已成为各地政府和各界人士关注的焦点，各级政府纷纷出台多种政策措施促进休闲娱乐产业的发展，满足了百姓休闲娱乐文化的需求。

我国娱乐休闲服务领域投资额增幅较大，主要受各地陆续出台的产业发展政策、社会各界对休闲文化新经济的关注以及奥运场馆和世博会场馆建设等多重因素的影响。我国休闲娱乐领域投资规模从 2008 年的 588.97 亿元迅速上升至 2012 年的 1125.61 亿元，行业收入从 2008 年的 379 亿元上升至

2012 年的 566 亿元。行业投资的增加在一定程度上带动了行业收入的增长，但收入的增幅低于投资增幅，投资带动收益的效应尚未得到释放。

表 4　休闲娱乐领域主要指标状况

单位：亿元，%

年　份	2008	2009	2010	2011	2012
休闲娱乐业投资规模	588.97	912.44	1093.51	1238.50	1125.61
投资增幅	—	54.92	19.84	13.26	-9.12
休闲娱乐业收入	379	409	442	477	566
收入增幅	—	7.92	8.07	7.92	18.66

数据来源：课题组根据公开资料整理。

预计未来，随着我国带薪休假制度的进一步落实完善，休闲娱乐时间会增多，这将为我国休闲娱乐产业的发展提供更多的时间保障和投资商机。值得注意的是，随着我国娱乐消费模式的改变，娱乐业面临转型升级发展，单靠迎合低级趣味谋求发展已不能适应行业发展的需求，娱乐产业应重视提升产品和服务的品质。

3. 摄影扩印服务领域投资状况分析

2011 年 11 月，商务部《关于"十二五"期间进一步促进人像摄影业发展的指导意见》指出："十二五"期间，力争使人像摄影业营业收入年均增长 10% 以上，到 2015 年突破 1500 亿元；行业结构逐步优化，摄影服务的便利化程度明显提高，形成一批管理规范、竞争力较强的全国性和区域性品牌摄影企业；行业科技应用和节能环保水平不断提升，总体发展基本适应服务市场需求。

据测算，全国包括照相馆、影楼、摄影工作室、冲印及制作网点在内的摄影扩印服务企业达 35 万家，年均营业收入超过 1030 亿元，从业人员达 550 万人。尽管我国摄影扩印服务领域年均营业收入规模大，但企业数量亦较多，以致平均每家企业年均营业收入仅为 29.43 万元，人均产值仅为 1.87 万元。

表 5　摄影扩印服务领域主要指标状况

单位：亿元，%

年　份	2008	2009	2010	2011	2012
摄影扩印服务业投资规模	9.53	10.02	9.08	15.2	7.37
投资规模增幅		5.14	-9.38	67.40	-51.51

续表

年 份	2008	2009	2010	2011	2012
摄影扩印服务业收入	891	958	1030	1107	1190
行业收入增幅		7.52	7.52	7.48	7.50

数据来源：课题组根据公开资料整理。

二 文化休闲娱乐服务行业社会资金提供情况

（一）文化休闲娱乐服务行业社会资金提供概况

文化休闲娱乐服务行业资金来源的渠道以上市融资、银行贷款、股权投资、并购、金融债券票据等为主。2009～2012年，股权投资、上市融资、金融债券票据和并购融资等渠道为文化休闲娱乐服务行业共提供资金799.22亿元。从各渠道资金规模比重上看，债券票据融资资金增长幅度最大，资金规模占行业的比重最高，直接拉动行业社会资金的供应量。

表6 文化休闲娱乐服务行业社会资金渠道情况

单位：亿元，%

年 份	股权投资		上市融资		债券票据融资		信托融资	
	金额	比重	金额	比重	金额	比重	金额	比重
2009	2.89	2.44	24.97	21.08	90.00	75.97	0.60	0.51
2010	3.62	2.08	21.28	12.23	142.01	81.64	7.03	4.04
2011	7.77	3.24	3.99	1.66	221.00	92.21	6.90	2.88
2012	0.00	0.00	0.00	0.00	251.00	93.95	16.15	6.05
合 计	14.29		50.24		704.01		30.68	

注：①未公布股权投资金额的事件不在统计之内；②并购资金部分为文化产业内的企业提供的资金，部分为文化产业外的企业和投资机构提供的资金，并购资金独立章节进行分析。

数据来源：新元文智根据公开资料统计整理。

近年来，文化休闲娱乐服务行业社会资金提供情况出现了较大变化。

1. 社会资金规模增长明显，主要依赖债券票据融资

2009～2012年文化休闲娱乐服务行业社会资金提供规模增长明显，2009年行业社会资金提供规模为118.47亿元，至2012年达267.15亿元，增幅1.26倍。在各种融资渠道中，债券票据融资总额由90亿元增长到

251 亿元，年均增长 21.4%；2012 年，债券票据融资总额占整个行业融资总额的 93.95%，占据着绝对的核心地位。

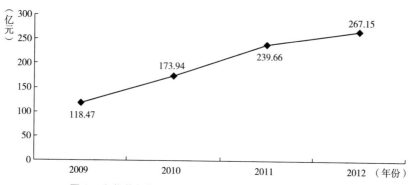

图2　文化休闲娱乐服务行业社会资金提供的年度趋势

数据来源：新元文智根据公开资料统计整理。

2. 股权投资资金渠道和上市融资资金渠道跌落冰点

2009 年，文化休闲娱乐服务行业的股权投资资金和上市融资资金总规模为 27.87 亿元，占行业资金总规模的 23.52%。但在 2012 年，股权投资资金和上市融资资金渠道双双跌落冰点。

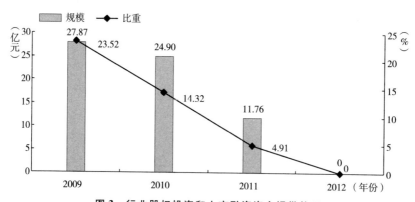

图3　行业股权投资和上市融资资金提供状况

数据来源：新元文智根据公开资料统计整理。

（二）文化休闲娱乐服务行业并购概况

2009 年至 2013 年 6 月间，国内文化休闲娱乐服务领域共发生 104 起并购事件，其中 85 起公布并购金额，资金总规模为 150.14 亿元；单个事件涉及平均规模为 1.77 亿元。行业并购呈现以下特点。

1. 并购融资热度逐年增加，并购融资的力度逐年递减

文化休闲娱乐服务领域并购融资热度逐年增加，从 2009 年的 26 起增加至 2011 年的 44 起；但 2012 年出现较大的回落。并购融资的力度却出现逐年递减趋势，从 2009 年的 702239.43 万元下降至 2012 年的 225945.04 万元。在整体并购案例中，股权并购事件数占比高达 74%，单纯资产并购事件数占的比例不到 2%，资产并购及"股权 + 资产"并购的事件数占比也不到 26%。

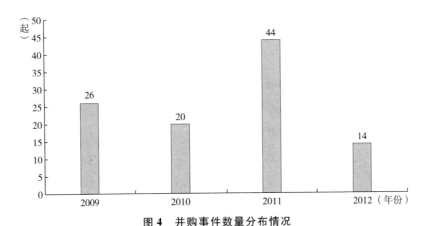

图 4 并购事件数量分布情况

数据来源：根据公开资料统计整理。

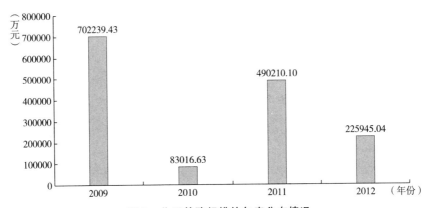

图 5 公开并购规模的年度分布情况

数据来源：根据公开资料统计整理。

2. 行业的纵向并购和横向兼并热度平分秋色

2009 年至 2013 年 6 月，跨领域并购事件 28 起，占总数的 26.92%；纵

向并购事件 35 起，占总数的 33.65%；横向并购事件 41 起，占总数的 39.42%。在融资力度上，横向兼并的规模 812870.33 万元，占总规模的 54.14%。

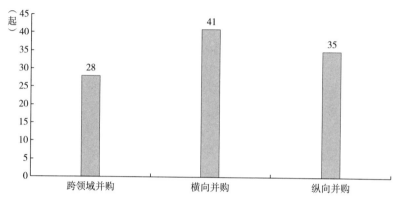

图6　并购方式的事件数分布

数据来源：根据公开资料统计整理。

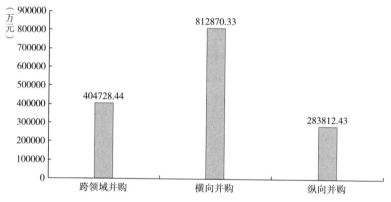

图7　并购方式的规模分布

数据来源：根据公开资料统计整理。

三　文化休闲娱乐服务行业投资发展趋势与投资机会

（一）景区游览领域未来步入黄金十年，投资热潮将会持续

近年来，国内旅游业持续较快增长，黄金周在高基数上再创新高，侧面体现了文化休闲娱乐业旺盛的需求。未来十年城镇化和人口结构将成熟，调结构扩内需将成为主题。在城镇化的产业选择上，城镇化一直是景

区游览发展的一大动力，将为景区游览提供经济条件；景区游览作为关联度高、带动性强的产业，必定得到政策的大力支持。从人口年龄结构看，我国年龄中位数持续走高，景区游览适龄人口和年轻空巢家庭持续增长，为景区游览发展带来了社会条件。

文化政策推动和市场兴起，推动景区游览更深层次需求——文化旅游。文化旅游属于精神文化需求，具有深厚的文化属性，但在多年的以经济为中心的开发模式中，这一属性一直被忽略。随着国家文化体制改革的深入、文化旅游消费升级、宋城上市并迅速扩张，文化旅游行业有望迎来"文艺复兴"。目前多个上市公司集体发力，深入挖掘旅游文化，大力发展文化旅游演艺，同时政府仍将大力推广红色文化。未来十年，文化旅游发展的驱动因素将由单一的出游率提升为出游率和出游花费双升，引导行业提速发展。

（二）智慧文化旅游的兴起，行业投资将趋向多元化领域

城市文化旅游的智慧化是今后文化旅游发展的一个趋势，随着科技设备大量运用到文化旅游相关的服务中，文化旅游的智慧化正在普及。智慧文化旅游广泛利用互联网等新技术，借助便携的终端上网设备，主动感知文化旅游资源、文化旅游经济、文化旅游活动、文化旅游者等方面的信息，实时发布，让人们能够实时了解这些信息，实时安排和调整工作与文化旅游计划，从而达到对各类文化旅游信息的智慧感知、方便利用的效果。这可以最大限度地为游客服务，从出行、定位、向导等方面为游客提供出游必备信息，游客将享受到便捷、智慧的出游体验。此外，电子商务的流行促使自由行的盛行。旅客可以通过电子网络，自行设计线路，提前预订酒店、机票、火车等，甚至可根据当地特色安排行程。

（三）新兴配套领域发展将带动新一轮的投资

1. 旅游电子商务的投资

旅游电子商务又称在线旅游交易，指以网络为主体，以旅游信息库、电子化商务银行为基础，利用最先进的电子手段运作旅游业及其分销系统的商务体系。利用先进的计算机网络及通信技术和电子商务的基础环境，整合旅游企业的内部和外部资源，扩大旅游信息的传播和推广，实现旅游产品的在线发布和销售，为旅游者与旅游企业之间提供一个知识共享、增进交流与交互的平台。

2. 邮轮旅游的投资

邮轮旅游始于 18 世纪末，兴盛于 20 世纪 60 年代，是用邮轮将一个或多个旅游目的地联系起来的旅游行程。邮轮度假风潮是由欧洲贵族开创的，它的精髓在于全家人借浩瀚的海洋去寻访历史，是种优雅、闲适、自由的旅行，是欧美人最向往的度假方式之一。邮轮游艇产业在我国属于新兴产业，国务院《关于发展旅游业的意见》和《海南国际旅游岛建设发展若干意见》的实施，给我国处于起步阶段的邮轮游艇产业带来极大的发展机遇与契机。

3. 旅游演艺的投资

旅游演艺是以异地观众为主要观赏对象的演艺活动。这个界定没有对演出场所、演出形式做出限定，而只强调其受众对象为"异地观众"。所谓"异地观众"隐含着两层意思，一是节目在本地演出，但观赏者是来自异地的旅游者；二是节目到异地演出，观赏者虽然在自己的常住地观看，但相对节目的产出地仍然是异地观众。换句话说，这个界定只强调节目产出地与受众客源地错位，"旅游"的主体可以是观众，也可以是演艺节目本身，演艺活动可以驻场也可以巡回。

4. 旅游综合体的投资

城市综合体是以建筑群为基础，融合商业零售、商务办公、酒店餐饮、公寓住宅、综合娱乐四大核心功能于一体的"城中之城"（功能聚合、土地集约的城市经济聚集体）。而"旅游综合体"，有时也被称为"休闲综合体"或"度假综合体"，指基于一定的旅游资源与土地基础，以旅游休闲为导向进行土地综合开发而形成的，以互动发展的度假酒店集群、综合休闲项目、休闲地产社区为核心功能构架，整体服务品质较高的旅游休闲聚集区。作为聚集综合旅游功能的特定空间，旅游综合体是一个泛旅游产业聚集区，也是一个旅游经济系统，并有可能成为一个旅游休闲目的地。

（四）四大子行业将会带来明显的投资机遇

目前，我国文化休闲娱乐行业仍处于景气上升周期，特别是景区游览服务已经成为国家战略性支柱产业。预计未来，稳健、具有较强营运能力和扩张能力的旅游企业，将有不错的业绩表现，经济型酒店、文化旅游景区、免税购物及文化演艺等四大子行业将会带来明显的投资机遇。

四 文化休闲娱乐服务行业投资的几点思考

（一）引导区域特色文化建设，提高游览产品质量，减少区域间的重复建设

目前，我国的景区游览产品还处于初级开发水平，高质量的旅游产品应突出游客的参与性、娱乐性、知识性和享受性以及产品的文化内涵。上述因素在我国景区游览产品开发中没有充分得到体现。对于不同类型的旅游产品，当今旅游者的需求越来越个性化，旅游者希望通过参加具有鲜明特色的旅游活动来体现自己的个性。目前我国景区游览产品中有特色的产品很少，大多表现为无差别、无特色，旅游经营千篇一律的产品加剧了市场竞争，尤其是恶性价格竞争。政府在游览景点规划或规划立项审批时，应加强对景点定位的指引，引导建设区域特色文化的景区，提高游览产品质量，减少区域间的无差别、无特色的景区或旅游产品的重复建设。

（二）协调景区建设、游览和环境保护的平衡

生态、环保和经济效益发展，一直是景区游览产业发展不可回避的问题。优美整洁、安全卫生、方便舒适、轻松愉快的游览环境，无疑是景区游览生存和发展的基础和条件，直接或间接地影响着景区游览的经济效益、环境效益和社会效益。一些地方的生态旅游规划缺乏科学理念，不遵循自然规律，导致在自然区域内大兴土木，建造了破坏景观和生态系统的人造景点，从根本上违背了生态旅游的初衷；一些地方根本不按规划建设，开发出的生态旅游不伦不类，不但破坏了环境，而且难以吸引游客，无法获得预期的经济效益。

协调景区建设、游览和环境保护，建议应着重在游览景区发展建设中做好旅游环境规划。旅游环境问题的产生、旅游区环境质量下降的主要原因是人类经济活动的不当，因此需要制定具有科学性、严谨性和预见性的旅游环境规划，以管理经济、旅游及其他破坏旅游环境的活动，解决发展生产、扩大旅游规模与景点环境保护之间的矛盾，保证经济发展和旅游活动持续稳定地进行，防止游览景区环境被破坏。

（三）规范行业的服务和市场竞争，引导市场良性发展

1. 避免盲目削价竞争

景区游览一般通过旅行社作为主要市场营销的载体，而许多旅行社把降价作为主要竞争手段。以这样的营销战略长期进行营销，将影响旅游企业产品形象，损害文化旅游企业自身利益，还会影响国内旅游收入。因此景区管理会应当明确与旅行社合作的最低价格。政府应协助旅行社之间成立沟通和监督机制，力争在价格平等的基础上展开市场竞争。

2. 加强售后服务，防止游客流失

现代旅游市场营销中，旅游产品是一个包含核心产品、形式产品、附加产品的整体概念。它不仅要求给予旅游者生理上、物质上的满足，而且要给予旅游者心理上、精神上的满足。旅游企业应当建立一个较好的旅游产品售后服务体系，把产品分析放在应有的位置。

（四）积极鼓励发展新形态的旅游产品，丰富旅游的内涵

1. 购物旅游

以购物为目的的特殊旅游形式，是在"旅游购物"基础上实现的目的更鲜明、过程更精致的内涵延伸，是通过将旅游和购物更充分地进行融合来深化旅游产业的价值链。世界知名的巴黎、新加坡等"购物天堂"凭借享誉世界的名特商品吸引着全球各地的购物旅游者，购物旅游业已经成为这些国家和地区旅游产业的龙头。

2. 旅游娱乐业

经过20多年的发展，中国内地已经有了一批初具规模的游乐园、主题公园。但总体来看，大多数主题公园在经营、管理和建设方面都有待改善和提高。值得注意的是，近一段时期，旅游文娱表演，如民俗风情表演、历史文化节目、武术竞技以及影视特技等已经成为各旅游区（点）的重要内容。随着中国旅游业入世承诺及市场准入承诺的加快兑现，多元化的投资主体，快速进入国内的国外资金、理念和技术以及灵活多样的经营管理模式使得游乐项目的更新换代和发展速度大大加快。

3. 会展旅游业

我国会展旅游业起步较晚，总体上还处于初级阶段。我国会展旅游市场总量还比较小，但发展非常迅猛，可谓是刚刚崛起的朝阳产业。20世纪90年代以来，我国会展旅游业发展迅速，年增长速度在20%以上，大大高

于我国其他领域经济总量的增长。

4. 修学旅游业

修学旅游业在发达国家十分盛行，主要是组织学生利用假期到国外进行修学、观光和学习。在欧美和日本，修学旅游已经成为一种传统，并被认为是素质教育的一个组成部分。国内修学旅游市场一直发展缓慢，尽管近年来全国各地成立了面向教育系统的旅行社，但仍因面临产品单一、组织落后、管理混乱等问题而难以打开局面。但我国学生去泰国等东南亚国家修学考察在广东等南方省市颇有市场，同时，北京多年来一直是日本学生来华首选的修学旅游目的地，占接待人数的85%。

5. 滨海旅游业

滨海旅游在我国方兴未艾，沿海各省市都提出了发展滨海旅游的口号。我国有1.8万多公里的海岸线，6500多个大小岛屿，滨海旅游资源极为丰富。资料统计表明，我国沿海及海岛地区近年来接待的游客人次以每年20%～30%的速度增加。

附录　相关数据说明

①无形资产投资数据。国内权威统计部门暂未公布文化信息传输领域无形资产投资的统计，因而选取一定数量的样本企业，以样本企业各年度固定资产投资和无形资产投资的比重作为计算的依据。选取的样本企业包括黄山旅游、丽江旅游、桂林旅游、华侨城A、宋城股份、峨眉山A。其中无形资产投资数据以上市企业年报或招股说明书中无形资产和研发费用之总和为依据。

②行业股权投资、上市融资、债券票据融资、信托产品融资和并购的数据来源于新元文智。

资金来源

Sources of Funds

B. 13

文化产业市场融资渠道与资金来源分析

摘要：我国文化产业市场融资主要渠道包括上市、政府财政资金、基金投资公司（VC/PE、天使投资人、股权投资基金等）、信托市场、债券市场（中国银行间市场和沪深证券交易所）、银行信贷等。2006～2012年共发生投融资事件711起，其中公布规模的投融资事件为464起，投融资涉及金额规模折合1026.94亿元。债券市场上，约有80多家文化企业在银行间市场进行180多次各类债券融资交易，融资规模累计达1820亿元左右，约占文化企业债务融资总量的95%。文化产业在信托市场的融资整体增长情况呈现明显波动，2012年发展尤为迅速。截至2012年，我国共有112家文化企业成功上市，IPO上市文化创意企业融资规模达到1057.85亿元。此外，银行金融业支持文化产业的贷款规模已突破千万元，政府财政资金对文化产业的投入规模持续加大，支持方式不断创新，股权投资类基金和公司等新的运作主体开始出现并发挥其功效。

关键词：文化金融、股权投资、债券、银行信贷、信托

一 文化产业市场融资资金来源发展概况

（一）产业外部资金对文化产业发展的意义与作用

从2009年国家开始大举振兴文化产业起，资本市场就作为文化产业发展的重要支持力量而发挥着不可忽视的作用。这种作用突出地体现在文化产业本身的产业属性和发展现状上。一方面，文化产业的规模经济和范围经济特点突出，行业界限模糊，覆盖面广，加上技术革新带来的行业间融合与关联的日益紧密，使得有一定实力的文化企业经常要为自身的稳定性发展争夺有力的竞争资源，整合、并购的需求始终存在。目前，我国文化

企业多局限于一个地域、一个行业经营，集中度不高。今后整合产业链、开展跨行业跨地域经营必将加剧，在这一过程中，资本市场的作用将会进一步凸显；另一方面，文化产业本身即是以知识产权为主的轻资产化运营，一次性投入大、投资回报周期长、投资收益不确定，这与资本市场"风险共担、收益共享"的融资模式相适应。与此同时，众多的中小企业和民营企业可借助外部造血能力强的资金和资源，降低自身经营风险，提高企业创新产品服务与运营管理的水平，完善公司法人治理结构，提高自身信用等级水平和抗风险能力。

（二）文化产业外部资金来源总体概况

1. 政策层面加大资本对文化产业的开放和支持力度

2010 年，国家九部委联合下发《关于金融支持文化产业振兴和发展繁荣的指导意见》，正式将金融和文化产业的对接工作提上日程，开启了我国文化产业融资的新局面。

2011 年 4 月，为科学引导符合条件的文化企业上市融资，文化部出台了《关于推进文化企业境内上市有关工作的通知》，建设文化企业境内上市资源储备库，及时掌握优秀文化企业的上市意愿和进展情况，并联合沪深交易所等部门机构在全国范围内开展了文化企业上市培训。

2012 年 5 月，《文化部"十二五"时期文化改革发展规划》提出，"十二五"时期，将促进文化产业与金融业全面对接，推进银行业全面支持文化产业；并推动上市融资，扩大直接融资规模，支持文化企业通过债券市场融资。

2012 年 6 月，文化部出台《鼓励和引导民间资本进入文化领域的实施意见》，提出鼓励民间资本投资文化产业；支持民营文化企业通过信贷、信托、基金、债券等金融工具融资，支持民营文化企业通过并购重组、上市等方式融资；鼓励和引导民间资本参与的金融机构、中介组织、各类投资基金进入文化产业领域。

2. 多层级资本市场扩大对文化产业的覆盖和吸纳

2009 年 10 月底，国内创业板市场正式开启，一批有条件的文化企业纷纷成功登陆，2010 年至今，在深交所上市的文化企业已经超过 30 家，占了文化上市公司总数的将近 40%。2013 年 8 月，国务院、证监会明确提出中小企业股份转让系统将正式扩容，此举将极大地促使具有高成长性和创新性的文化传媒企业获得资本市场青睐。借此时机，私募股权领域迎来了新一轮的文化企业投融资浪潮，7 年中，35 支文化产业投资基金纷纷设立。2011 年和 2012 年，私募股权领域发生投融资事件 431 起，占到过去 7 年总数的 61%，资金主要流向互联网、移动通信等文化与科技融合的新型业态领域。今后一段时间内，私募股权融资和上市融资将重点向企业并购、业务整合方向发展。

银行业从 2009 年开始加大对文化产业的关注力度，文化部先后与中国进出口行、国家开发行、中国银行、中国工商银行等十家银行机构建立了合作关系，各合作银行机构加大了对文化产业的信贷支持力度，为各类文化企业、文化产业项目提供全方位的金融支持。主要的商业银行在原有信贷产品基础上，重点开发文化产业信贷产品，并与担保、保险公司通力合作，搭建文化产业信贷一体化合作机制。近年来，债券和信托市场也逐渐开始成为文化企业获得融资的有效渠道之一，开始逐步发挥作用。

二 文化产业股权投资资金来源分析

国家对文化产业发展的大力鼓励，尤其是国内上市通道的打开，促使私募股权机构纷纷布局文化产业，寄希望于文化企业在股市上的变现能力，以此获取高溢价收益。据不完全统计，2006～2012 年，我国文化产业领域发生私募股权融资事件 711 起，其中公布规模的投融资事件为 464 起，投融资涉及金额规模折合 1026.94 亿元。2011 年文化产业私募股权融资出现拐点，表现为融资事件猛增，融资规模变大，融资领域重点以互联网文化信息与软件服务、数字化内容生产与制作等创新性业务为主。

（一）文化产业投资基金已经成为文化产业融资的重要渠道

2007～2012 年，投资界快速兴起了一个文化产业投资基金的群体，成为投资界和文化产业界一道独特的风景，也成为文化产业股权投资一支主要力量。

6 年时间，35 支文化产业综合股权投资基金发起设立，33 支披露募资总金额，总募资金额高达 1187.5 亿元，平均单支基金的总募集金额达到 35.98 亿元。其中首期募集金额共达到 398.6 亿元，平均单支基金的首期募集金额达到 12.08 亿元，截至目前实际到位金额达到 459.6 亿元。其中 2011 年募集基金数量最多，达到 16 支，基金总金额最大，为 660 亿元，首期募集金额也达到 271 亿元。

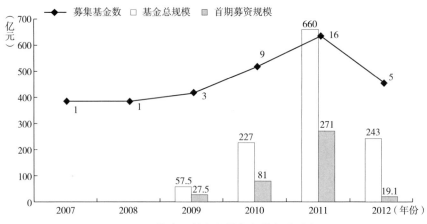

图1 文化产业基金数量与规模年度分析

数据来源：新元文智根据公开资料整理。

其次，在文化产业投资基金纷纷设立的同时，国内也迎来了文化产业投资大潮。此番文化产业投资热潮始自 2006 年，到 2008 年达到新高峰。2011 年文化产业投融资迅猛发展，超过过去 5 年投融资的总和，达到 3979199.28 万元，加快了文化产业的发展步伐。

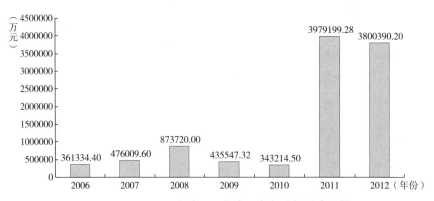

图2 2006～2012 年我国文化产业各年度投融资规模

数据来源：新元文智根据公开资料整理。

（二）人民币基金（VC/PE）投资文化产业的实力逐步释放

2009 年以前，外币基金（VC/PE）一直是投资文化产业的主力，但是经过 2009 年全球金融危机后，人民币基金（VC/PE）在文化产业的投融资上的实力开始逐步释放，投资事件数与外币投资事件数逐步拉近。

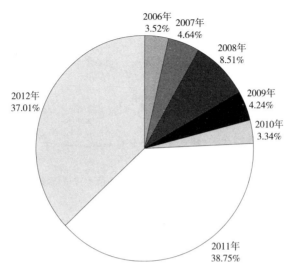

图3 2006~2012年我国文化产业各年度投融资规模比例

数据来源：新元文智根据公开资料整理。

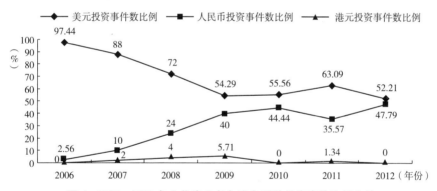

图4 2006~2012年文化产业各年度各币种投资事件比例走势

数据来源：新元文智根据公开资料整理。

虽然在各币种的投资规模比例的各年度走势上，人民币的投资规模处于下风，但是投资规模紧紧跟随着外币投资，人民币基金的投资实力将会得到逐步的释放。

（三）股权投资资金重点流向创新性业务的文化创意企业，传统业务的文化创意企业投资吸引力偏弱

2012年文化产业投融资事件主要分布在传统媒体、动漫及影视、网络新媒体及网络游戏等领域，其中以网络新媒体领域的投融资事件数最多，

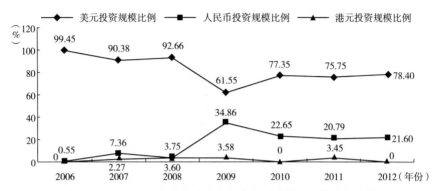

图5 2006～2012年文化产业各年度各币种投资规模比例走势

数据来源：新元文智根据公开资料整理。

为138起，占事件总数的65.09%；以出版印刷领域的事件数最少，为5起，占事件总数的2.36%。

2012年文化产业投融资事件中，182起投融资事件发生在创新性业务的文化创意企业中，包括以互联网、数字化创作、无线传输等为载体的领域，占当年文化产业投融资事件数的85.85%；其融资规模为3417980.20万元，占当年文化产业投融资规模的89.94%。

182起投融资事件单个投资规模为35236.91万元，与年度单个事件平均投资规模相比高出1605.13万元。

三 文化企业上市融资渠道分析

上市融资由于具有能够取得固定的融资渠道，得到更多的融资机会以及获得创业资本或持续发展资本用以解决企业发展资金短缺等方面的好处，成为文化企业直接融资的重要方式。近年来，一批经营稳定、管理成熟的优质文化企业逐步登陆资本市场，利用多层次资本市场做大做强。截至2012年，我国共有112家文化企业成功上市，我国IPO上市文化创意企业融资规模达到1057.85亿元。其中，2012年我国文化创意企业共有17家成功登陆资本市场，11家IPO上市的企业中，上市融资规模折合人民币103.44亿元。主要情况如下。

（一）上市融资的文化企业数量整体趋于上升，但个别年份呈现波动性

受国家政策鼓励支持影响，我国文化企业纷纷选择上市融资来为企业

的快速增长筹集资金。截至 2012 年，我国共计已有 112 家文化创意企业成功上市，在经过金融风暴的短时影响以及创业板的正式开市后，2010 年我国迎来文化创意企业上市的高峰期，共计有 21 家文化创意企业成功上市，进一步拉升了文化创意企业的投资价值。

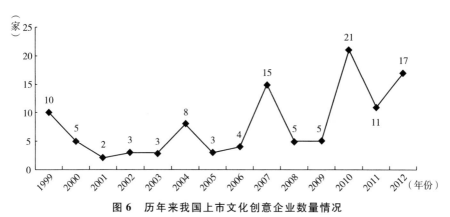

图 6　历年来我国上市文化创意企业数量情况

数据来源：新元文智根据公开资料整理。

（二）中小型企业上市占大多数，融资能力不强，但单个企业融资比例高

IPO 上市文化创意企业融资的总体规模不大。从融资规模的角度而言，2012 年 IPO 上市的文化创意企业融资规模并不突出，共融资 89.31 亿元，在历年 IPO 上市的文化创意企业融资规模排名中排第五，融资规模占历年融资规模的 8.44%。单个企业平均融资规模则排名第八，远远低于历年单个企业平均融资规模水平。

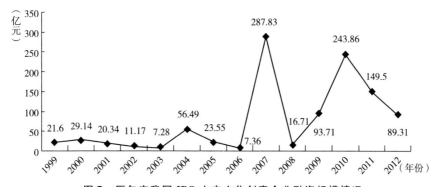

图 7　历年来我国 IPO 上市文化创意企业融资规模情况

数据来源：新元文智根据公开资料整理。

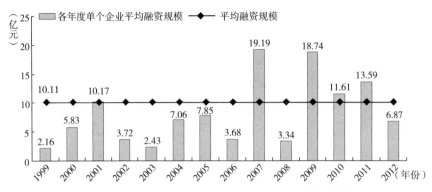

图8 历年单个 IPO 上市文化创意企业平均融资规模情况

数据来源：新元文智根据公开资料整理。

（三）国内资本市场融资能力表现强劲

从历年文化创意企业上市选择的资本市场看，国内资本市场登陆的企业数量最多，为 50 家，占历年来文化创意企业上市数量的 44.64%；其中 IPO 上市的 47 家，占历年来 IPO 上市文化创意企业数量的 44.34%。

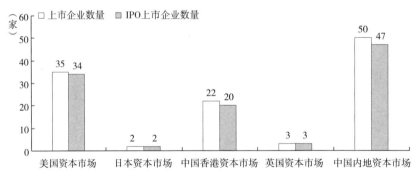

图9 历年文化创意企业上市的资本市场选择情况

数据来源：新元文智根据公开资料整理。

四 文化产业债券市场融资渠道分析

文化产业债券融资渠道主要包括中国银行间市场和上海深圳证券交易所，其中，银行间信用类债务融资市场是我国融资市场的重要组成部分，债券托管量占比 90% 以上。债务融资产品除国债、金融债、央行票据、政府支持机构债外，还有企业债、公司类债券以及公司信用类债务融资产

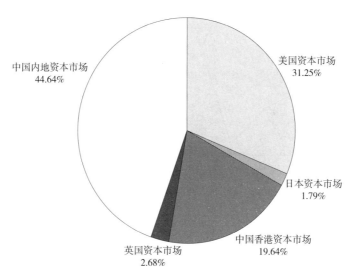

图 10 历年文化创意企业上市的资本市场选择比例情况

数据来源：新元文智根据公开资料整理。

品。公司信用类债务融资产品包括超短期融资券（SCP）、短期融资券（CP）、中期票据（MTN）、定向工具（PPN）、资产支持票据（ABN）、中小企业集合票据（SMECN）。截至 2013 年 7 月，约有 80 多家文化企业在银行间市场进行 180 多次各类债券融资工具交易，融资规模累计达 1820 亿元，约占文化企业债务融资总量的 95%。

（一）文化产业在中国银行间市场发债情况分析

1. 文化企业融资规模持续扩大，整体呈现波动增长趋势

自 2004 年以来，中国银行间市场文化企业债务融资规模总体呈持续增长趋势，2013 年 1~7 月融资规模就已超过 2012 年全年，达 497.52 亿元。总体来看，年度债务融资增长率波动很大，2007 年债务融资规模和速度都有所下降，呈负增长状态（-19%），而 2008 年年度增长率达 291%，总体融资规模达 133 亿元。2009 年以后增长相对平稳，进入平稳增长期。2009~2011 年加速增长，在 2011 年增长率达 79.20%。但 2011 年至 2013 年 7 月增长速度有所下降，发行次数却由 2006 年的仅 5 次增长到 2012 年的 55 次，2013 年 1~7 月的 48 次。

2. 三大行业占据融资主导地位，行业多样化趋势更加明显

2004 年至 2013 年 7 月之间，文化休闲娱乐服务（含旅游业）、广播电视

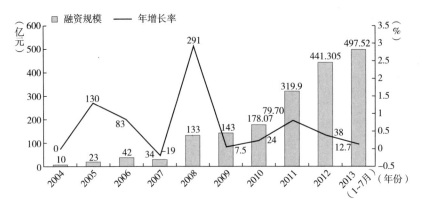

图 11 中国银行间市场债务融资规模及年增长率

数据来源：新元文智据公开资料整理。

电影服务、新闻出版发行服务占据融资总额前三名，融资数额和比例分别为：1350 亿元，近 75%；226.82 亿元，近 13%；200.25 亿元，超过 11%。工艺美术品的生产、文化信息传输服务和相关文化的产品生产只占超过 1%。

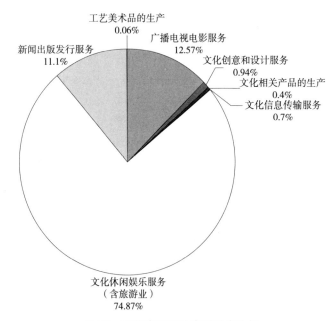

图 12 文化产业细分类别融资比例

数据来源：新元文智据中国货币网资料①整理。

---

① 报告中采用分类标准依据国家统计局设管司《文化及相关产业分类（2012）》。

文化产业在中国银行间市场债务融资领域呈现多样化趋势。在 2004 ~ 2007 年，文化休闲娱乐服务和广播电视电影服务两个子行业几乎占 100%，到 2011 年降低到 80% 左右，规模达到 250 亿元。文化信息传输服务、文化创意和设计服务、工艺美术品的生产这些子行业先后进入中国银行间市场债务融资领域，尽管比重不大，但呈现上升趋势。

各文化行业呈现不同的融资方式。特别是广播电视电影服务行业特征明显，新闻出版行业选择方式较为多样，文化休闲娱乐行业（含旅游业）还倾向于选择超短期融资券方式。

3. 中小文化企业集合融资规模不大，处于初步尝试阶段

统计 2004 年至 2013 年 7 月数据，共有 8 次中小企业集合债券涉及文化企业，为 12 家文化企业或者文化相关产品生产行业提供 8.83 亿元资金支持，仅占银行间信用类债务融资市场文化企业债务融资的 1.72%，但由于增信政策的存在和大量优惠政策的支持，基本不存在偿付风险。其中，文化相关产品的生产占比最大，为 42%，主要是 3 家印刷复制企业和 1 家游艺器材及娱乐用品的制造企业。而文化休闲娱乐服务（含旅游业）占 32%，文化创意和设计服务（主要是广告业、动漫业和室内装饰设计行业）占 15%，工艺美术品的生产 11%。

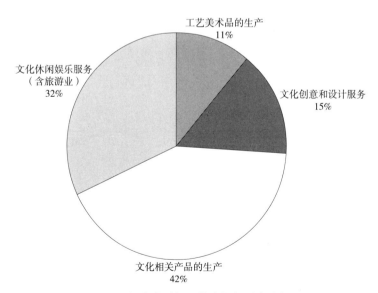

图 13　细分类别行业集合票据融资比例

数据来源：新元文智据中国货币网资料整理。

2012 年是中小文化企业进行集合票据融资发展迅速的一年，比上一年增长 78.26%，达到 4.1 亿元，也是 2010 年以来，参与行业最为多样的一年。文化企业中小企业参与银行间市场债务融资多选择 4%～6% 利率区间，文化相关产品生产利率相对较高，为 6% 左右，而文化创意和设计服务多选择 4.6% 左右的利率水平发行。参与银行间市场集合票据融资的文化企业主要是出于补充流动资金，偿还银行贷款的目的，总共占融资目的量化分析的 83.33%。进行业务拓展也是其重要目的，占融资目的量化分析的 16.67%。

（二）文化产业私募债融资情况分析

1. 发行数量少，融资规模小

统计自 2004 年到 2013 年 7 月的数据，约有 21 家企业在上海证券交易所和深圳证券交易所（以下称为"两交所"）进行债券融资，融资总金额达 96.2 亿元，约占文化企业总债务融资额的 5% 左右，其中上海证券交易所文化企业债券融资为 58 亿元，深圳证券交易所为 38.2 亿元。

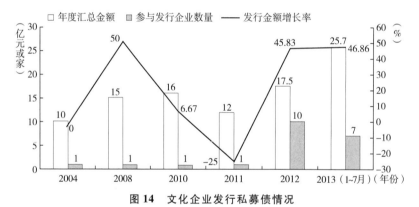

图 14　文化企业发行私募债情况

资料来源：新元文智根据中国货币网资料整理。

2. 以文化娱乐和文化信息传输类企业为主

参与两交所债券融资的细分行业，金额排名第一的是文化休闲娱乐服务（含旅游业，以下同），总金额为 39.5 亿元，占比为 41%；文化信息传输服务为 22 亿元，占比为 23%；广播电视电影服务为 16.7 亿元，占比为 17%；其次为文化相关产品的生产、新闻出版发行服务、文化创意和设计服务。

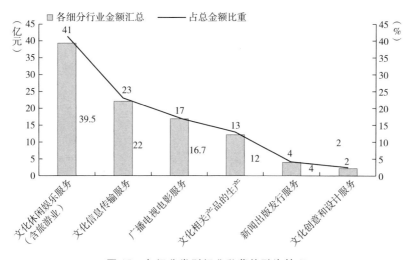

图15　各细分类别行业私募债融资情况

数据来源：新元文智根据公开资料整理。

五　文化产业信托融资情况分析

（一）融资规模呈波动增长趋势

截至 2013 年 7 月，文化产业通过发行信托产品进行了约 124 次融资，融资总金额约 198.56 亿元①。

文化产业在信托市场的融资情况呈现波动增长趋势，特别是 2012 年发展尤为迅速。2004 年到 2010 年参与主体数量少，融资金额少；2011 年发展较为迅速，增长率达 244.39%，发行次数增长到 11 次，金额达到 18.01亿元；2012 年增长迅速，增长率达 545.57%，融资额度达 116.28 亿元，发行次数达 64 次；2013 年 1~7 月发行次数为 33 次，融资额度为 55.84 亿元。

（二）文化产业信托基金规模相对较小

规模在 0.05 亿~1.05 亿元之间的有 63 支，融资额为 33.16 亿元；规模在 1.05 亿~2.05 亿元之间的有 25 支，融资额为 42.36 亿元；规模在2.05 亿~3.05 亿元之间的有 20 支，融资额为 54.70 亿元；规模在 3.05 亿元以上的有 14 支，融资额为 68.32 亿元。

---

①　统计数据为 197.26 亿~199.86 亿元，此处取中间数。

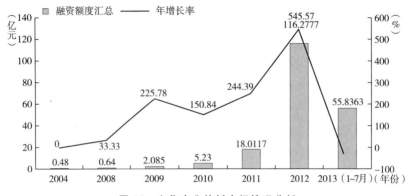

图16 文化产业信托市场情况分析

数据来源：新元文智据公开资料整理。

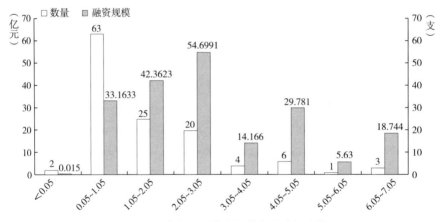

图17 文化产业信托基金规模与融资额度状况

数据来源：新元文智据公开资料整理。

（三）文化休闲娱乐服务占信托融资主导地位，其他行业所占比重有所增加①

在2004年至2013年7月间，文化休闲娱乐服务（含旅游业）占文化产业信托市场融资总额度的52%，融资额度达103.1亿元；广播电视电影服务（含影院建设）融资22.74亿元，占12%。文化艺术服务、文化相关产品的生产（主要包括会展、娱乐游艺器材生产）、文化创意和设计服务、新闻出版发行服务、文化信息传输服务和工艺美术品的生产（含珠宝首饰

① 报告中采用分类标准依据国家统计局设管司《文化及相关产业分类（2012）》。

设计零售）等文化行业信托融资额度分别为 20.61 亿元、14.26 亿元、14.01 亿元、13.81 亿元、5.78 亿元和 4.25 亿元，分别占文化产业依托融资总额的 10%、7%、7%、7%、3% 和 2%。

2011 年，文化相关产品的生产、文化创意和设计服务、工艺美术品的生产、文化信息传输服务、广播电影电视服务等细分类别行业参与进入信托市场，占据产业融资总额的 22%。2012 年文化休闲娱乐服务所占比重进一步下降至 42%，约 49.38 亿元，同时新闻出版发行服务参与到文化产业信托市场融资（9.92 亿元）比重相对较低（9%）。

六　文化产业银行信贷融资情况分析

从 2009 年起，文化产业贷款就已经开始成为文化产业融资重要方式之一。截至 2012 年，我国文化产业信贷融资规模已经超过千亿元，有效地支撑了文化产业的发展。

银行信贷融资的资金特点如下。

（一）成熟型文化信贷产品的价值开始凸显

在众多的文化金融产品中，北京银行的"创意贷"文化创意贷款系列产品、华夏银行北京分行的"文创贷"系列产品、交通银行的"展业通"文化系列产品、中国工商银行的"融慧贷"、中国建设银行的"文化悦民"等产品方案逐渐成形，成为所属银行在文化金融领域的创新点。

截至 2013 年 6 月末，北京银行累计审批通过文化产业相关贷款金额多达 550 亿元，共计 3000 多笔，占到北京市场的 50%；先后获得北京市辖内文化创意企业贷款专项评比第一、北京银监局"小企业金融服务特色产品奖"以及人行营管部"文化金融产品创新先进单位"称号，形成可持续、可复制、具有强大生命力的文化金融模式。

截至 2013 年 7 月，交通银行北京分行文化创意产业贷款累计发放 23.89 亿元，涉及 110 家企业，贷款余额 13.68 亿元，主要行业投向为影视节目、文化演出、出版发行、动漫制作、广告会展、艺术品经营、创意设计、网络游戏、文化旅游等。

截至 2013 年第一季度末，华夏银行北京分行文化创意产业贷款总额 19.51 亿元，比 2012 年增长 3.55 亿元，重点支持了网络、软件、新闻出版、广播、电视、电影及广告会展行业的小企业。

（二）以无形资产与收益权（抵）质押为主

银行机构主要从企业所属动产和能够体现其收益能力的有效凭证设计金融产品，包括知识产权、专利权、商标权、著作权、版权等无形资产和收账款、未来收益权、门票收入、租金收入、运营收入或其他经营活动产生的净现金流，部分信贷产品将企业法人连带责任与信用评级计入。如中国工商银行"融慧贷"——文化创意企业贷款产品的"电影版权质押担保+个人连带保证担保""票房收入监管+电影现金流"，北京银行"创意贷"文化创意贷款系列产品版权质押、商标权、专利权、应收账款质押、未来收益权质押等无形资产质押担保方式，另外还包括法人无限连带责任、中小企业联保、打包贷款模式等。

（三）广播电视和文化旅游领域投贷最多，创新型文化业态受关注

广播影视行业成为银行投资主流，投资集中在大型影视集团或公司。从目前统计到的资料来看，几乎大型国有银行以及股份制银行都涉足广播影视行业，信贷投放数量从几千万到几亿不等。文化旅游方面，由于文化旅游业的良好发展前景，银行普遍愿意对风险控制能力强、资产管理能力强的项目发放贷款，贷款结构以中长期贷款为主。

此外，新兴业态迅猛发展，如移动多媒体广播电视、公共视听载体、数字出版、网络出版、手机出版等新兴文化产业迅速崛起，一些银行已经开始涉足这些领域，为其提供信贷支持。比如，在2011年，招商银行上海分行成为梅赛德斯奔驰文化中心创始合作伙伴，并为该文化中心所有方东方明珠安舒茨文化体育发展（上海）有限公司办理了贷款；2012年，天涯社区公司获得交通银行海南省分行10亿元的授信支持，推动了建设立足海南、辐射国内外的国家级科技型文化产业基金。

七 文化产业市场融资的几点思考

（一）持续推进文化体制的深层次改革

文化产业并购整合的潜力很大，但是长期以来受制于行政管制带来的条块分割，今后应就如何落实"十二五"规划中提出的"鼓励文化企业跨地域、跨行业、跨所有制经营和重组"进行深层次改革。如加强行业管理

的可预期性，提高知识产权的有效保护，增强扶持政策的稳定性和连续性，以此降低文化企业经营风险，尽可能地消除影响企业持续稳定发展的政策风险。

（二）进一步完善资本市场多样化的融资和服务方式

文化企业形态的多样性，客观上需要资本市场有多样化的融资和服务方式与之相适应，而在已有的实践中，吸纳企业上市融资和银行信贷还是文化企业与资本市场对接的主要着力点，并且主要针对有一定条件的文化企业，大部分的中小型文化创新企业还很难得到有效的资本扶持。就目前现状而言，当前资本市场的规模、覆盖面和规范程度都有了显著提高，创新服务方式、提高服务能力有了一个很好的基础，下一步需要在相关调研基础之上，进一步寻找新的对接点。

（三）搭建文化企业与资本市场间经常性的沟通交流机制

市场竞争机制下建立的资本市场体系一般都对风险的可控性、企业的偿还能力和信用评级等事宜有着相对规范和标准化的评估体系，专业性突出，这对于现存的大多数初创期中小文化企业而言，有一定的认知门槛和获取障碍。因此，国家和相关机构有必要为文化企业和资本市场搭建双方经常性沟通交流的平台，既让文化企业及时了解相关的投融资知识，又可以让资本市场及时获知文化企业的相关需求，切实有效地做好双方互通有无的对接工作。

B. 14

国内公共财政文化投入状况分析

　　摘要：近年来，公共财政文化投入大幅攀升，其中公共财政对固定资产投资增长较快，2012 年增长近五成。公共财政文化投入近九成来源于地方财政投入，公共文化服务的支出所占比重较大，占地方总投入的38.25%；中央财政文化投入主要在广播影视、新闻出版两个领域，占中央本级总支出比重达到 60%，以重点提高媒体国际传播能力。2013 年度中央财政文化产业发展专项资金达到 48 亿元[①]，比 2012 年增加41.18%。截至 2013 年 11 月，中央财政已累计安排 142 亿元文化产业发展专项资金，有力地支持了文化体制改革和文化产业发展，对推动中国文化领域结构调整、合理配置文化资源、优化产业发展整体布局发挥了重要作用。

　　关键词：公共财政文化投入、文化产业发展专项资金、固定资产投资、文化科技投入

　　近年来，公共财政持续加大对文化事业发展、公共文化设施建设和文化产业发展的支持力度，每年以 20% 的增长速度投入大量扶持资金。2013年，中央财政文化体育与传媒预算支出 540.54 亿元，增长 9.3%，支出规模进一步加大，表明财政投入把文化放在了更重要的战略位置。其中，支持文化产业发展继续成为中央财政文化投入的重点。

---

　　① 数据来源中央文化企业国有资产监督管理领导小组办公室。

一 2010～2012年全国财政文化投入整体形势分析

（一）公共财政文化投入大幅攀升，近九成来源于地方财政投入

据国家财政部数据显示，2010～2012年全国公共财政文化投入总额度达4430.6亿元，由2010年的1150.03亿元增长到2012年的1814.08亿元，年度平均增长率为25.60%。其中，中央财政投入占比为10.53%，累计投入金额达466.66亿元，年均投入金额为155.55亿元，年均增长率为13.55%，远低于地方财政投入增幅水平27.06%。但中央资金充分发挥了其导向性和示范性作用，致使地方财政将有限资金投向了文化发展的重点项目。

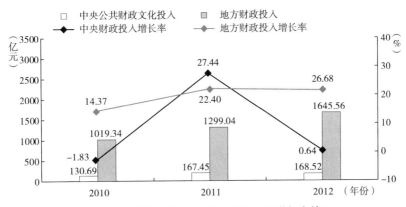

图1 中央与地方公共财政文化投入及增长率情况

数据来源：国家财政部文化体育与传媒支出决算（去除行政运行、一般行政管理事务和体育的支出）。

（二）公共财政对固定资产投资增长较快，2012年增长近五成

这些年来，国家财政不断加大对文化产业的固定资产投资力度，国家预算基金逐年增加。总体来看，国家文化固定资产投资预算基金增长率波动很大，由于初始投资额较小，2005年到2009年增长率都在25%以上，2008年因奥运会原因，文化固定资产投资增长率甚至达到了52.94%，而后进入平稳增长时期。2012年国家又加大投资力度，比2011年投资多一半，达到了837亿元，增长约48.67%。

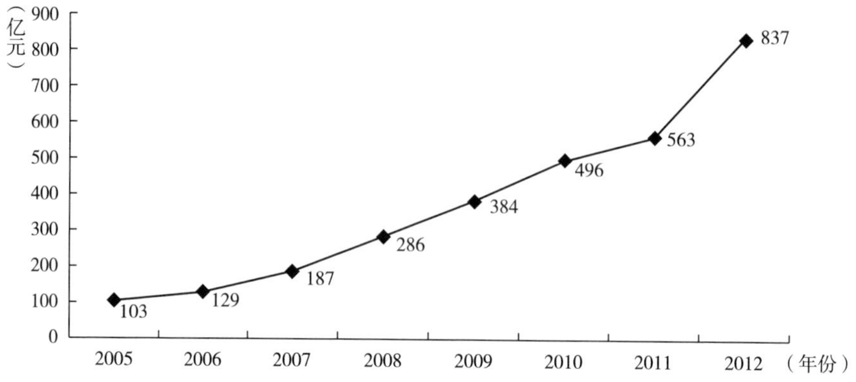

图2　国家公共财政对文化固定资产投入规模走势

数据来源：国家统计局。

（三）中央与地方资金形成合力，地方文化投入偏向公共文化服务

中央财政投入的持续增长发挥了良好的示范效应，带动了地方各级财政资金的投入，逐步形成了中央、地方分级负担的财政投入体制。2012年，中央财政文化投入主要在广播影视、新闻出版两个领域，占中央本级总支出比达到69.71%，以重点提高媒体国际传播能力。地方财政支出中，公共文化服务的支出所占比重较大，共计投入629.37亿元，占地方总投入的38.25%；广播影视共投入425.78亿元，占地方总投入的25.87%，二者投入所占比重高达64.12%，以逐步满足人民群众文化需求。

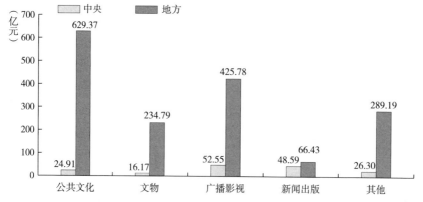

图3　2012年中央和地方公共财政文化投入对比

数据来源：国家财政部、省（市）财政年度决算表。

（四）文化产业专项资金规模扶持扩大，使用方式不断创新

2013 年度中央财政文化产业发展专项资金达到 486 亿元，比 2012 年增加 41.18%。截至 2013 年 11 月，中央财政已累计安排 142 亿元文化产业发展专项资金，有力地支持了文化体制改革和文化产业发展，对推动中国文化领域结构调整、合理配置文化资源、优化产业发展整体布局发挥了重要作用。

根据公开资料统计分析，全国市级以上文化产业专项资金总数为 298 个（包括 16 个以基金管理形式存在的文化产业专项资金），有力地推动了文化产业的发展，目前呈现了以下几个特征。

1. 文化产业专项资金规模扩大，所占公共财政文化支出比重较小

据可统计数据推测，目前除北京以外的市级以上文化产业专项资金总规模约为 90 亿元。结合北京市每年统筹安排的 40 亿元，全国市级及以上政府每年共安排约 130 亿元文化产业专项资金，保持稳步增长趋势。但相比于 2012 年全国公共财政文化投入的 1814.08 亿元，文化产业专项资金投入仅占 7.17% 左右。

2. 产业专项资金使用方式不断创新，社会资金带动效益日益增强

各级政府更加注重文化产业专项资金的产出效益，目前政府出资参与设立的文化产业投资基金、股权投资公司共计 32 个（26 个文化产业投资基金、6 个文化产业股权投资公司）。公开数据显示，政府财政投入可统计的资金规模约 36.5 亿元，预计撬动约 374 亿元社会资金，带动效益比约为 1∶10，其中，投资基金带动效益约为 1∶12；股权投资公司带动效益约为 1∶4.3。

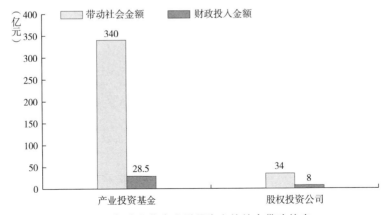

图 4　部分文化产业引导资金的社会带动效应

数据来源：新元文智根据公开资料整理。

3. 政府出资参与的产业投资基金占四成以上，主要集中在东部地区

据不完全统计，政府部分出资参与设立文化产业投资基金数量达到 26 支，约占全国 59 支文化产业投资基金数量的 44%。在区域分布上，政府出资参与的投资基金除 1 支国家级的以外，东部共计 11 支（江苏省级及市级 5 支，山东省级及市级 3 支，浙江省 1 支，北京市 1 支，海南省 1 支），中部地区 8 支（安徽省 3 支，湖北省 2 支，湖南省 1 支，吉林省 1 支，黑龙江省 1 支），西部地区 6 支（云南省 2 支，四川省 2 支，贵州省 1 支、陕西省 1 支）。

4. 部分城市建立文化产业投融资体系，为产业融资发展提供支撑

目前，一些城市把部分文化产业财政资金用于建立文化产业投融资体系，推动文化企业与金融资本和社会资本对接。以北京为例，北京市财政出资设立的投融资服务公司，包括 1 家投融资担保公司、1 个文化创意产业统贷平台和 2 家小额贷款公司。投融资担保公司注册资本为 5000 万元，统贷平台由北京市文资办设立专项资金，首期统筹 5000 万元，国家开发银行北京市分行、中国建设银行北京市分行分别给予平台 20 亿元的授信额度，以"政府增信、组团担保、集合贷款"为特点，给予企业"优惠利率、绿色通道、集体打包"的金融支持。

二 公共财政文化支出主要使用领域

（一）公共文化服务建设深受重视，财政投入逐年递增

随着我国民生建设的不断深入，公共文化服务对建设社会主义先进文化的重要作用得到了政府越来越多的重视。为更好地满足广大公众的公共文化权益需求，近三年我国公共财政在支持公共文化服务建设上累计投入额达 1636.99 亿元，占公共财政文化总支出的 36.95%，年度平均投入额已超过 500 亿元，年度平均增长率为 20.34% 且呈逐年递增态势。

利好政策环境促群众文化服务水平日趋走高。"十二五"期间公共文化服务体系建设实施纲要提出公共文化服务体系建设的重点任务除了继续提高基层公共文化设施建设水平并实现有效覆盖外，还提出要加强公共文化产品的创作和生产，丰富服务内容。其中，要探索建立群众文化需求反馈机制，充分尊重群众的参与权和表达权，探索建立群众文化需求的动态反馈机制。总体来看，2010～2012 年，全国公共财政在公共文化服务领域主要投入细目为群众文化、图书馆、文化展示及纪念机构、艺术表演场

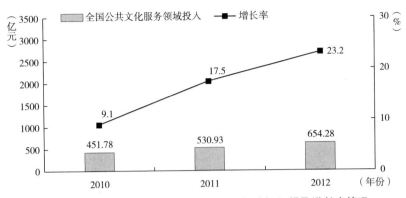

图5 2010～2012年全国公共文化服务领域投入额及增长率情况

数据来源：国家财政部。

所、艺术表演团体、文化活动、文化交流与合作、文化创作与保护、文化市场管理及其他文化支出，其平均支出额达163.7亿元，平均支出占比为10%；其中群众文化服务累计支出额达293.8亿元，远远高于公共文化服务领域各细目平均支出水平，超出额近一倍；在整个公共文化服务领域支出占比达17.95%，超出各细目平均占比近8个百分点。

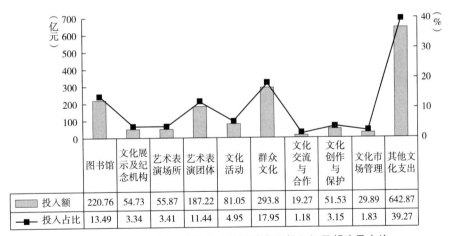

	图书馆	文化展示及纪念机构	艺术表演场所	艺术表演团体	文化活动	群众文化	文化交流与合作	文化创作与保护	文化市场管理	其他文化支出
投入额	220.76	54.73	55.87	187.22	81.05	293.8	19.27	51.53	29.89	642.87
投入占比	13.49	3.34	3.41	11.44	4.95	17.95	1.18	3.15	1.83	39.27

图6 2010～2012年全国公共文化领域主要投入细目额度及占比

数据来源：国家财政部。

（二）公共财政对文物投入呈现加速增长趋势

据国家财政部数据显示，近三年全国公共财政在文物领域累计投入594.53亿元，占公共财政文化总支出的13.42%。其平均支出额近200亿元，平均年度增长率为 28.37% 左右。其中 2012 年文物支出额增长幅度较大，比 2011 年决算增长了 31.21%。可见，近年来，随着文物普查工作的实施，中国文化遗产资源总量不断上升，国家财政投入文物领域的经费也在逐年增加。

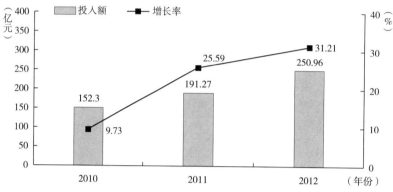

图 7 2010～2012 年全国文物领域投入额及增长率情况

数据来源：国家财政部。

超半数文物支出属博物馆经费，公共财政日益加大文物保护投入责任。据调查显示，近三年博物馆的支出在整个文物领域居首位，其累计支出额为 314.55 亿元，所占份额高达 52.91%；其次是文物保护支出，累计支出 170.89 亿元，所占比例为 28.74%（参见图 8）。一方面，博物馆是保护、展示历史文化遗产和人类环境物证的文化教育机构，是一个国家、一个民族宣传其文明成就和发展水平的重要窗口，属于公益性文化设施、财政基本保证单位。博物馆为社会提供公益服务，收入较少或没有收入，财政对其所需必要经费需给予保证。一方面文物保护涉及国家和民族全局性利益，为了加强对文物的保护，继承中华民族优秀的历史文化遗产，公共财政对文物保护投入的责任日益加大。

（三）国家财政对广播影视的投入近三年平均增长超过 20%

据国家财政部数据显示，近三年全国公共财政在广播影视领域的整体投入水平仅次于公共文化服务领域，投入额共计 1183.37 亿元，占公共财政文化总投入的 26.71%。其平均年投入额为 394.46 亿元，年度平均增长率达 30.80%；其中 2011 年增长率最高，达 52.19%，远高于平均增长水平。

广播影视领域超过四成支出属于电视方面，广播电视监控经费最低。

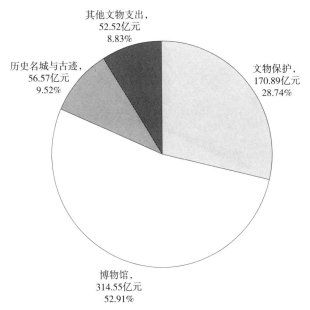

图8 2010~2012年全国文物领域主要投入细目的额度及占比

数据来源：国家财政部。

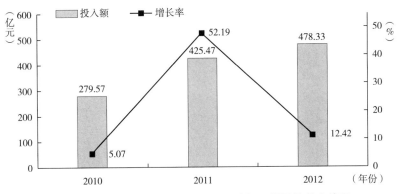

图9 2010~2012年全国广播影视领域投入额及增长率情况

数据来源：国家财政部。

据国家财政部数据显示，近三年公共财政对整个广播影视领域投入分布中，电视方面累计投入额最高，达497.63亿元，投入占比为42.05%，其年度平均投入额为165.88亿元；投入额最低的为广播电视监控方面，累计投入25.67亿元，投入占比只达2.17%，年度平均投入额为8.56亿元。

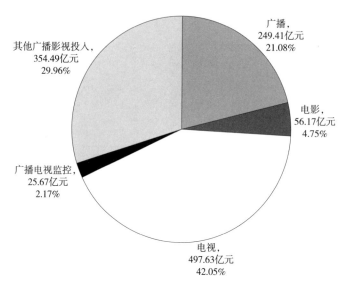

图 10　2010～2012 年全国广播影视领域主要投入资金使用情况

数据来源：国家财政部。

（四）新闻出版领域支出占比最低，增长率呈下滑状态

近三年公共财政在新闻出版领域的投入额达 309.52 亿元，占总投入额的 6.99%。其中 2010 年投入额为 85.77 亿元；2011 年投入额为 108.73 亿元，较上年增长 26.77%；2012 年总投入额为 115.02 亿元，较 2011 年增长 5.78%。整体来看，虽然投入额呈逐年递增趋势，但增长率却呈下滑态势，且相对公共文化服务、文物、广播影视领域的投入占比最低。这在很大程度上归因于出版社、报社和杂志社等新闻出版单位，绝大多数已经实行企业管理，有比较规范的企业运营机制。但也有一些部门所属的出版社、报社等新闻出版单位因发行、管理不到位造成收不抵支。对这些单位，除极个别者，如党报、党刊、残疾人和少数民族出版单位等，国家给予一定的资助外，其他都走向市场，通过兼并、重组和改造，实行企业集团化经营，财政不再给予经费资助。

出版发行支出以近四成占比居首位。近三年公共财政对整个新闻出版领域的投入中，出版发行投入额最高，达 119.65 亿元，所占份额达 38.66%，平均年度投入额为 39.88 亿元，年度平均增长率为 26.67%；出版市场管理及版权管理投入额相对较低，分别投入 4.3 亿元、2.36 亿元，所占份额分别为 1.39%、0.76%，其年度平均投入额分别为 1.43 亿元、0.79 亿元，其年度平均增长率分别为 26.23%、27.17%。

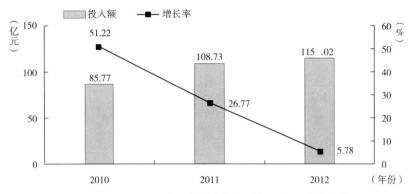

图 11   2010～2012 年全国新闻出版领域投入额及增长率情况

数据来源：国家财政部。

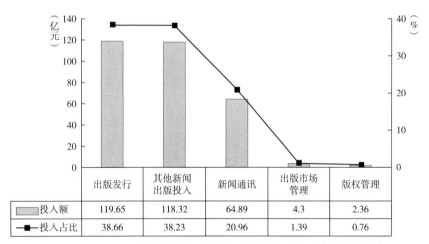

	出版发行	其他新闻出版投入	新闻通讯	出版市场管理	版权管理
投入额	119.65	118.32	64.89	4.3	2.36
投入占比	38.66	38.23	20.96	1.39	0.76

图 12   2010～2012 年全国新闻出版领域主要投入细目的额度及占比

数据来源：国家财政部。

（五）公共财政其他文化领域支出占比未达两成，2012 年增幅较大

有数据显示，公共财政投入公共文化、文物与传媒领域的其他支出累计额达 706.19 亿元，占总投入额的 15.94%。其年度平均投入额为 235.4 亿元，平均年增长率为 29.30%。整体处于增长状况，且 2012 年相对增幅较大，投入额为 315.49 亿元，相比 2011 年增长了 50.17%，远远超出平均增长水平。

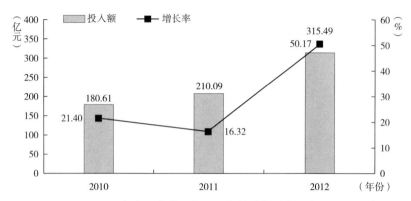

图 13 2010～2012 年全国其他文化文物与传媒领域投入额及增长率情况

数据来源：国家财政部。

全国宣传文化发展专项资金投入增长缓慢。为贯彻落实中共中央宣传文化经济政策，支持宣传文化单位发展，繁荣社会主义宣传文化事业，加强社会主义精神文明建设，政府特设宣传文化发展专项资金。近三年公共文化、文物与传媒其他领域宣传文化发展专项投入额为 114. 72 亿元，所占份额达 16. 24％，平均年投入额为 38. 24 亿元。

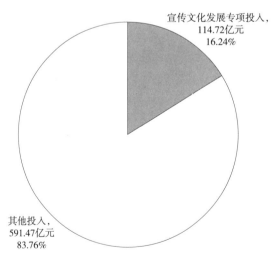

图 14 近三年全国其他文化文物与传媒领域主要投入细目的额度及占比

数据来源：国家财政部。

三 文化科技公共财政投入状况分析

(一) 科学技术支出总额逐年上升，增长幅度差有所放缓

近三年文化部、广播总局、新闻出版总署三部门科学技术支出总计 119785.33 万元，其中 2010 年科学技术支出额累计达到 28363.4 万元，2011 年科学技术支出额为 43120.9 万元，比上年增长了 52.03%；2012 年科学技术支出 48301.03 万元，相比 2011 年增长了 12.01%。整体来看支出总额逐年递增，但增长率浮动额差异化较大，呈下滑态势。

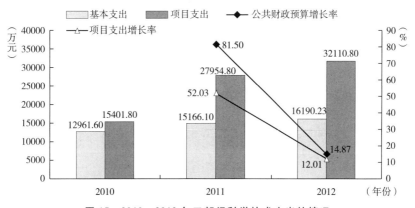

图15 2010～2012 年三部门科学技术支出的情况

数据来源：国家财政部。

(二) 项目支出年度总额及增长幅度都远高于基本支出

2010 年文化部、广播总局、新闻出版总署在科学技术方面的基本支出总额为 12961.6 亿元，其中近七成资金来源于文化部，投入额达 9050.28 亿元；三部门科学技术项目支出额累计 15401.8 亿元，支出最多的仍属文化部，以 6521.47 亿元占比 42.34%，广播总局与新闻出版总署的科学技术项目支出额差异不大，分别为 4272.95 亿元、4607.38 亿元。

2011 年文化部、广播总局、新闻出版总署在科学技术方面的基本支出总额累计 15166.1 亿元，增长率为 17.01%，其中支出占比最高的仍属文化部，支出额为 10533.54 亿元，所占份额达 69.45%。三部门科学技术项目支出累计额为 27954.8 亿元，相比上年增长了 81.5%，增长额主要集中于新闻出版总署及广播总局，文化部的项目支出额本年度呈缩减状。

2012年文化部、广播总局、新闻出版总署在科学技术方面基本经费支出总计16190.23亿元，项目支出额达32110.8万元，其增长率分别为6.75%、14.87%，其中基本支出中72.94%的金额属于文化部经费（11809.11亿元），过半数的项目支出额为新闻出版总署经费（17093.92亿元）。

总体来看，文化科技方面的项目支出的年度增长额远高于基本支出年度增长额，项目支出额都高于基本支出额，并且二者在2012年实现了大幅度增长。

四 公共财政文化投入区域分布状况

（一）各省市公共财政对文化与体育投入规模进一步扩大

根据对22个省份数据统计，2012年财政文化投入支出总额在40亿～60亿元的省份达到6个，60亿～80亿元的省份达到5个，两者占总数的50%，支出总额合计为535.8亿元。而2010年财政文化投入支出总额在20亿～40亿元的省份达到11个，占总数的50%，2011年财政文化投入支出总额在20亿～40亿元的省份达到6个，40亿～60亿元的省份达到7个，两者共占总数的59.1%。

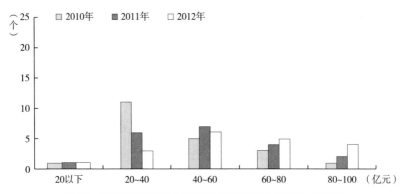

图16 部分省份财政文化体育与传媒投入规模区间分布

数据来源：据公开资料整理。

（二）各省市文化财政资金投入持续增长，区域之间文化投入不协调

区域财政文化投入逐年高速增长。根据不完全统计，2012年有11个省份增长率在20%～50%，占统计总体的61%，表明全国财政文化整体增

长速度趋于加快。

区域文化投入不协调。西部地区文化投入与东部地区相比，无论在公共文化服务、文化产业和文化设施等方面投入都存在着很大差距。2010~2012年以广东、江苏、浙江、山东、北京、上海等为代表的东部省份的财政文化投入规模位居全国前列，平均规模近100亿元。以河南、湖南、甘肃、陕西、云南、山西、河北、贵州、广西等为代表的中西部地区主要省份财政文化投入总额相对较少，但近三年基本保持稳定高速的增长态势，成为推动全国财政文化投入增量发展的主要力量。

部分省市需要更加重视文化投入。重庆、天津经济基础较强，因两地的文化产业规模相对较低，产业增加值约为北京的1/6，因此2012年文化投入仅分别为32.4亿元和35.8亿元。东北三省目前文化产业增加值的GDP占比普遍低于沿海发达省份，导致文化投入也相对较少。2011年，吉林省文化产业增加值总量为274.13亿元，增幅为31.31%，占GDP的比重达到2.59%，同比提高0.18个百分点；黑龙江省文化产业增加值占GDP比重为2.27%，同比提高0.24个百分点；辽宁省为3.1%，同比提高0.02个百分点。

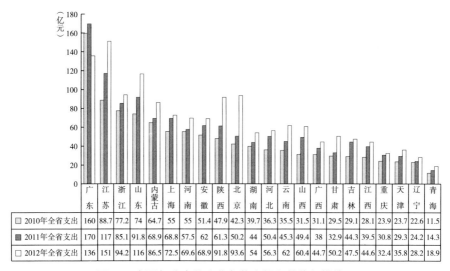

（亿元）	广东	江苏	浙江	山东	内蒙古	上海	河南	安徽	陕西	北京	湖南	河北	云南	山西	广西	甘肃	吉林	江西	重庆	天津	辽宁	青海
□ 2010年全省支出	160	88.7	77.2	74	64.7	55	55	51.4	47.9	42.3	39.7	36.3	35.5	31.5	31.1	29.5	29.1	28.1	23.9	23.7	22.6	11.5
■ 2011年全省支出	170	117	85.1	91.8	68.9	68.8	57.5	62	61.3	50.2	44	50.4	45.3	49.4	38	32.9	44.3	39.5	30.8	29.3	24.2	14.3
□ 2012年全省支出	136	151	94.2	116	86.5	72.5	69.6	68.9	91.8	93.6	54	56.3	62	60.4	44.7	50.2	47.5	44.6	32.4	35.8	28.2	18.9

图 17　全国部分省份文化与体育投入整体规模情况

数据来源：据公开资料整理。

（四）部分省市年度增长率波动区间较大，年度文化投入稳定性需提升

由于目前文化需求的不确定性以及财政文化投入机制还处于探索实践

阶段，2010～2012年全国财政文化与体育投入速度整体加快，但每个省份的增长波动明显，个别省份上下浮动幅度较大。

广东省因举办亚运会而进行了大规模的体育文化设施建设和改造，并受国际经济危机影响，2010年文化投入增长83.2%，2012年出现文化投入减少两成的现象。

北京市从2012年起设立了100亿元的文化创新发展专项资金，重点打造文化投融资服务体系，从而推进首都文化中心城市建设，2012年增长率达到86.3%。

上海2010～2012年近三年的增长率分别为3.58%、25.09%和5.76%；重庆市2012年文化投入增长率仅为9.4%，远低于前两年的25%以上的增长速度，两者增长率波动较大。

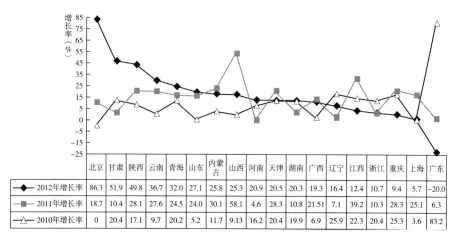

	北京	甘肃	陕西	云南	青海	山东	内蒙古	山西	河南	天津	湖南	广西	辽宁	江西	浙江	重庆	上海	广东
2012年增长率	86.3	51.9	49.8	36.7	32.0	27.1	25.8	25.3	20.9	20.5	20.3	19.3	16.4	12.4	10.7	9.4	5.7	-20.0
2011年增长率	18.7	10.4	28.1	27.6	24.5	24.0	30.1	58.1	4.6	28.3	10.8	21.51	7.1	39.2	10.3	28.3	25.1	6.3
2010年增长率	0	20.4	17.1	9.7	20.2	5.2	11.7	9.13	16.2	20.4	19.9	6.9	25.9	22.3	20.4	25.3	3.6	83.2

图18　2010～2012年我国部分省份公共财政投入增长率

数据来源：据公开资料整理。

五　财政文化投入存在的问题与发展建议

总体来看，虽然长期以来国家文化建设取得了很大的成绩，但仍然还存在着问题，需要创新思路，提升公共财政文化投入资金的使用效益。

（一）公共财政文化投入存在的主要问题

1. 全国各地区文化投入不平衡，文化发展差距进一步拉大

一是地区间不平衡，东部地区形势很好，西部地区间差距大。二是由于文化本身具有高度的历史地缘特性和依附特性，因此文化资源的分布存

在天然的不平衡性，这种不平衡性在经济条件不甚发达的情况下，更加加剧了区域间的差异。三是部分中央项目资金预算缺乏合理细化，资金安排与实际需求不符，经费标准与地方财力不匹配，易产生"半拉子工程"，影响了项目的有效实施。

2. 文化基础硬件设施得到加强，文化产品和服务供给环节落后

"十一五"期间，我国财政文化投入主要投向了基础设施等硬件建设上，而包括文化产品和服务的软性配套服务还十分落后，硬软件脱节的现象十分突出，文艺创作与生产满足不了需求，造成基本服务和项目的整体建设无法按要求完全实现。

3. 文化产业专项资金分配机制缺少针对性和指导性

目前，文化专项资金分配存在"大而全"现象，没有针对不同行业、不同发展阶段、不同项目和不同企业而制定不同的扶持规模和方式，未形成有层次、有梯度的扶持模式，导致文化产业专项资金分配的指导性较差。同时，一些地方将一些非计划支出如日常公用经费挤进了专项资金，形成专项资金的规模、额度被人为地削减、挤占的现象，影响了专项资金的产出效益。

4. 专项资金投入没有形成评估、监管、评价等系统性的管理体系

绝大部分省份的文化产业专项扶持资金还处于刚刚设立阶段，对辖区领域内的文化产业发展缺乏必要的规划、指导和实践经验，导致产业专项资金投向不集中，项目评估不充分。地方对文化项目的监管较为严格，但对专项资金使用的监督管理较弱，明显存在"重分配，轻管理"的倾向；缺乏总体分析和长效考核，没有形成定期的工作汇报反馈机制，难以形成对专项资金使用管理情况和项目实施成效及时有效的反馈。

5. 文化创意专项基金繁多，市场化运作水平需要提升

地域性质的文化创意专项基金较多，如常州、杭州、海南、天津、新疆等地均建立相应的文化创意产业基金，但多以项目投资形式为主，对产业的资助模式和方式较为单一，没有建立起能够带动社会资本参与的文化产业投融资体系，对文化产业融资的带动和支撑作用依然较小。

（二）财政文化投入提升策略与建议

今后一段时间，将继续加大对文化的财政投入，优化支出结构，创新投入方式，进一步完善促进文化改革发展的政策保障机制，为推动文化发展繁荣"保驾护航"。

1. 创新财政投入方式，增强文化产业专业资金的导向性和制度性

（1）借助市场专业力量来运营文化专项资金。

鼓励中西部地区通过项目补贴、贷款贴息、保费补贴以及设立文化产业投资基金，引入社会化、专业化的基金管理机构与管理机制，搭建文化产业发展投融资平台，引导和带动金融资本和其他社会资本投入文化产业，实现以尽可能少的财政投入生产出尽可能多的优质文化产品。

（2）借助其他产业资金实力，加强文化资源整合。

在文化建设工作中，注重文化内部资源的整合，同时加强文化与教育、文化与科技、文化与旅游的结合，建立资源共建共享的机制。

（3）建立更加合理科学的文化产业专项资金分配机制。

通过市场调研与研究，根据不同的文化行业、文化项目和文化企业制定不同的扶持办法和支持规模，针对文化企业的不同发展阶段制定不同的扶持举措，从而建立专项资金有层次、有梯度的分配制度，形成有重点、有方向、有区别的资金投入机制。

2. 优化管理，努力提高财政资金的使用效益

（1）要优化财政文化投入结构。

新增财政文化投入应重点向农村倾斜，向经济欠发达地区倾斜，向民族地区倾斜，向困难群体倾斜，向改革发展的薄弱环节倾斜，加强重点领域的经费保障。其中，重点支持公共文化服务体系建设、优秀传统文化保护、文化产品创作生产和对外文化传播以及文化产业发展。

（2）完善文化产业专项资金产出效益评估机制。

主要内容包括关于资金委托执行机构的对内考评和项目执行机构的对外评估两方面。一方面，必须明确资金委托方、执行部门和第三方评估机构的权责，保证资金的申请、审批及监督等程序透明，保证资金管理费、审批标准及结果等信息对外公开，利用执行机构的年度评审提升服务效率和质量。另一方面，针对文化产业社会效益隐形化和业态多元化的主要特性，结合一般专项资金的操作实务，编制多维度且可操作性强的绩效评估指标体系，明确相关的指标标准和评估方法，对于获得资金扶持的企业或项目进行切实有效的周期性评估考核，利用评估结果规范和调整资助工作。

（3）建立财政资金投入使用监督。

建立跟踪监控机制，密切配合财政、审计等部门，积极采取各项措施，加强对专项资金管理使用的监督检查工作，重点对大额专项资金管理和使用进行全程监管和不定期抽查，实行统筹分配、统筹管理、统一验收，避免投资项目重复建设。

3. 健全新型国有文化资产管理体制，增强文化整体实力

开展国有文化企业负责人经营业绩考核和薪酬管理等工作。加强兼并重组、重大投资等重大事项管理，提高资产运营效率，实现国有资产保值、增值。加快国有文化企业的合并、重组、股改和上市步伐，努力形成以公有制为主体、多种所有制并存的发展格局。按照政府社会经济管理职能与国有资产管理职能相分离的原则，逐步将国有文化企业纳入国有资本经营预算实施范围，完善以资产关系为纽带的经营性国有文化资产管理体系。

B. 15

国际文化投资模式研究

摘要：美国、英国、德国、日本、韩国、印度等国家早已对文化产业给予高度重视，制订了包括财政税收政策、法律法规、文化贸易政策等在内的完善的文化产业发展战略，并将其付诸实践。在此基础上，这些国家文化产业发展迅速，文化市场日渐繁荣，文化投资环境明显改善，在文化产品生产和服务领域成绩突出。

关键词：国际投资 文化资本构成 文化投资 投融资创新模式

在当今世界，尤其在近几年全球经济低迷的特殊时期，文化及相关产业成为综合国力竞争的一个主要领域，各国相继通过大力发展文化产业来调整本国产业结构，寻找新的经济增长点。根据《2008/2009 年世界经济年鉴》的统计，美国、英国、德国、日本、韩国等世界主要发达国家文化产业产值占 GDP 的比重逐年提高；印度等欠发达国家也意识到发展文化产业对经济增长的重要影响，开始重点关注文化产业产值对 GDP 的贡献程度。

一　国外文化产业发展的基本情况

（一）美国：以市场为主导，多层次的资本投入

美国坚持实施版权战略，保持世界文化产业头号强国的位置不动摇。进入新世纪，美国坚持完善版权制度和实施版权战略，极大地促进了美国文化产业（美国称文化产业为版权产业）的发展。根据《美国经济中的版权产业：2008 年报告》提供的数据，美国核心版权产业以 3.51% 的增长率快速增长，超过同期美国 GDP2.4% 的年均增长率。2008 年美国核心版

权产业的产值占 GDP 的 5.98%，总体版权产业产值约占到美国 GDP 的 12%。2008 年美国电影市场销售总额高达 180 亿美元，占全球 85% 的份额。2011 年，美国文化产业产值占 GDP 的 25% 左右，成为仅次于军工的第二大支柱产业；每年文化产品出口额超过 600 亿美元，超越航空航天工业，成为美国第一大出口创汇产业。美国电影业收入是文化产业整体收入的重要收入来源之一，美国电影业收入来源也具有典型性。在美国，电影衍生品收入占电影总收入的七成以上，远远高于电影票房收入，电影衍生品对电影产业的发展有巨大影响。比如电影《变形金刚》的电影衍生品收入每年高达 10 亿美元以上；电影《狮子王》票房收入 7.8 亿美元，而衍生品收入高达 20 亿美元。

（二）日本和韩国：以立法为保障，政府资金投入并引导社会机构、民间资本陪同投入，形成"文化产业专门投资组合"

韩国的"文化立国"战略引领文化产业强劲有序发展。韩国是亚洲各国中文化产业发展最早的国家，其文化服务贸易出口额占国际文化服务贸易额比重约为 5%，明显高于其他亚洲国家。韩国提出了"文化立国"战略，将文化产业作为 21 世纪发展经济的战略性支柱产业。自 2004 年开始，韩国跃升为世界第五大文化产业强国。到 2005 年，在"韩流"文化产品中，最具影响力的韩国电影出口额已增长到 6700 万美元，电视剧出口额近 1 亿美元，成为继美国和法国之后第三大电影生产国。近几年，韩国动画产量稳居世界第三，仅次于美国和日本。同时，韩国的游戏产业成为韩国经济新的增长动力源，网络游戏产业更是全球领先。网络游戏是韩国重点发展的战略性支柱产业，也是其文化产品出口的主力军。目前，韩国是全球在线游戏开发领先的国家之一，其市场份额占亚太地区（不含日本）在线游戏市场的 45.3%，占世界在线游戏市场的 1/4，更是占据了中国市场 75% 的份额。另外，韩国移动游戏产业也出现了可观的增长，位居世界第三。据韩国文化振兴院提供的数据，2009 年，韩国文化产业规模达到 69.4 万亿韩元（约合 3826 亿元人民币），同比增长 4.5%，约占当年 GDP 的 6.5%。

日本秉承发展低能耗、附加值高的文化创意产业理念，全力打造文化品牌国家形象。目前，日本由漫画、动画、游戏及其相关产业带来的利润收益占到国际市场 1/3 左右。全球电视台播放的动画节目中有 60% 来自日本原产动画；在欧洲，"日本制造"的动画占有市场份额超过了 80%。据统计，日本动漫艺术及相关产业规模已经超过汽车工业，成为日本第二大支柱产业，仅次于旅游产业。2008 年日本输出的漫画等也占到世界市场50% 以上。同时，日本还大力发展互联网延伸业务，在移动互联网领域独树一帜。据日本信息和通讯部的调查报告，2006 年底日本就有 6920 万人使用移动互联网设备，在手机游戏方面的消费达到 18 亿美元；在音乐方面，铃声下载已经达到 30 亿美元。然而，日本发展文化创意的路径不限于此，2011 年 9 月 13 日，日本政府知识产权战略推进事务局公布了"酷日本"标志图案。"酷日本"是日本针对海外受众打造的一个国家形象和品牌战略。"酷日本"的精髓是通过在国际社会树立日本国家品牌和宣传日本软实力，提升本国本土产品的品牌和文化含量，从而创造出每年高达上万亿日元的品牌附加值。2011 年，日本确定今后五年为实现"文化艺术立国"的六项重点战略：一是有效地支援文化艺术活动，二是支援创造和支撑文化艺术的人才，三是以孩子和年轻人为对象充实文化艺术振兴政策，四是向下一代扎实传承文化艺术，五是振兴各地域文化艺术以促进旅游和振兴产业，六是推进和充实文化传播、国际文化交流。

（三）英国和德国：以资源为主导，根据行业战略地位的不同，整合政府、社会、民间资源投入文化领域

德国文化产业发展迅速，中小文化企业成为市场的主体组成。据统计，截至 2009 年中期，欧盟中共有 490 万人从事文化事业、文化产业领域的工作，而德国以 100 万从业人员位居第一，占全部就业人数的 3.3%，第二是英国，87 万人，而法国为 49 万人。据德国联邦政府经济部 2009 年2 月发布的《文化与创意经济调查报告》，2006 年德国文化与创意经济产值 610 亿欧元，占当年国内生产总值的 2.6%；到 2008 年，德国文化产业的产值即增长到约 1320 亿欧元，而且还呈现出上升趋势。文化产业产值仅次于德国知名的汽车产业和机械产业，远远超过化工和能源产业，成为其第三产业。

英国凭借文化创意产业先行优势，文化产业整体快速发展。近十年来，英国文化创意产业增长了 93%，增长值超过了国家整体经济增长值的70%，文化创意产业产值已占 GDP 的 9%，文化创意产品出口每年约有15% 的高增长，创意产业也是英国最重要的吸纳就业领域。根据英国跨部门商业注册机构的数据，2005 年，创意产业共有 117500 家公司，占全部注册公司的 7.2%。但实际上，创意产业公司的比例还要更高，因为一些

行业如工艺制作业主要由小型企业构成。英国电影委员会2007年1月的最新统计数据显示，2006年是电影制作的丰收年，电影制作共投入了8.4亿英镑，比2005年高出48%。英国的音乐产业是其文化产业的支柱之一，近年来平均每年对国民经济的贡献高达30多亿英镑，出口额约12亿英镑，其出口纯利润甚至大于英国的钢铁业出口。软件业是英国近年来增长速度最快的产业。英国软件和计算机服务市场是欧洲最大的市场，其产出占到英国国内生产总值的3%。一些跨国公司如微软、甲骨文、IBM和太阳微系统公司（以下简称为Sun）以及一些小型企业都在英国建立了经营基地。

（四）印度：以政府资金扶持为基础，鼓励民间资本，引导外资投入，形成政府联合民间、内资联动外资的独特文化投资模式

印度文化产业厚积薄发，增长迅速。印度文化产业相比美国、英国等发达国家发展相对缓慢，电影、唱片公司和出版公司在印度都是"百年老店"，它们在长期经营中早已形成了自己的特征和发展模式。印度没有一家像新闻集团那样独领风骚的传媒巨头，而是多家零散的娱乐公司和媒体在竞争中和谐共存。与集团化、规模化、多元化的文化产业发展趋势相比，印度文化产业各行业依然是由企业主控制、规模小和分散的状况。当然，印度政府和业界已经意识到问题的存在，开始积极采取措施改善，效果已经显现。在2003年，印度文化产业的增长速度为15%。增长较快的行业主要得益于政府相关政策的调整和互补性经营，政府批准了城市调频电台的私有化，并调低了娱乐税。作为一种打击电影盗版光碟的长期规划，政府在城乡结合部和农村兴建了一批电影院，以吸引市民观影。在政府政策指导下，大量文化企业开始调整经营策略，从而带动了整个文化产业的快速发展。印度的音乐产业非常有特点，它与印度电影业有着微妙、密切的联系。印度的音乐业很大程度上依赖于电影音乐。印度电影音乐占印度音乐市场份额的60%以上，电影音乐在音乐市场中长期保持首位。在2003年的唱片市场上，新电影音乐占55%，老电影音乐占11%，外国音乐占7%，流行音乐占12%，其他音乐占15%。

二 国外文化投资政策环境

（一）美国：最小化政府干预，高度市场化

美国文化政策模式一贯坚持自由主义传统，最小化政府干预，强调文

化产品生产、销售的高度市场化原则。美国文化产业的法律法规相对健全，文化投资环境非常宽松。美国没有文化部，而是以各州政府为核心协调单位，为文化产业的发展提供了良好的投资运作环境。对于文化艺术事业的资金支持方面，美国政府在文化金融政策上采取的是一种"杠杆方式"，以"投资组合"来要求和鼓励各州、各地方以及企业拿出更多的资金来赞助和支持文化艺术事业。这种做法避免了联邦政府单方面的资金压力，它一方面促使各地方政府拨出相应的地方财政来与联邦政府共同资助，另一方面也要求各艺术团体或艺术家积极向社会筹集资金以获得政府的资助，从而调动了各艺术团体、艺术家的积极性；同时，通过多方的共同考察，评价出拟资助项目的社会意义与艺术意义，避免无效投入。

（二）日本和韩国：政府主导文化产业发展

日本将文化出口当成国策并大力支持游戏动漫等内容产业发展。2003年，日本政府成立了"知识财富战略本部"，正式把"新文化产业"确定为国家发展战略的一项重要内容，对这一产业放宽限制，增加预算，完善相关法律。2011年9月，日本政府知识产权战略推进事务局公布了"酷日本"标志图案，提出"酷日本"战略，强调要把出口文化当成国策，变"产品输出"为"文化输出"，推动游戏、动漫等内容产业和国家经济的整体发展。2007年5月，日本政府出台《日本文化产业战略》。这份纲领性文件提出，文化资源的培育和利用离不开产业以及最新的科技和社会发展，而文化产业培育的也不仅是经济利益，文化产业的发展也符合提升日本软实力等国家利益。根据这一战略思维，日本官民并举，一方面在海外展开推广日本语言文化的各种活动，一方面在国内以政策引导和扶持等方式，鼓励企业在文化产业方面创新和走出去，同时从知识产权保护、文化产业国际标准、创新人才培养等方面为文化产业"保驾护航"。

韩国文化产业投资主要靠政府引导和资金扶持。韩国成为亚洲文化产业最发达的国家，文化产业之所以能取得迅猛发展，与政府大力引导支持密切相关。20世纪90年代末，韩国政府内部设立了文化产业局，之后陆续设立了游戏综合支援中心、文化产业振兴院、广播影像产业振兴院、软件振兴院等数个扶持性机构，到2009年，又将上述几个文化产业扶持机构进行统合，成立了目前的韩国文化振兴院，承担人才培养、产品开发、制作、流通、市场营销、吸引投资和促进出口等职责。在资金支持方面，目前政府每年直接投入文化产业扶持资金约为2000亿韩元，直接对一些项目进行扶持。此外，韩国政府还在税收上对文化产业给予一定支持。政府除了划拨预算外，还利用税收、信贷等经济杠杆，向相关产业提供优惠政策，如减少或免除游戏和电子出版等产业的税务负担，在文化产业园区建设中免除相关的土地费用等。又如在韩国电影业，政府通过以大幅减税为主的种种政策鼓励韩国国内大企业对电影事业进行直接投资。

（三）英国政府以引导为主，德国则相对集权

英国奉行"一臂之距"原则，政府不直接管辖文化事业单位。英国政府对文化艺术事业的管理别具特色，在具体实施过程中奉行"一臂之距"原则。在文化艺术事业领域，英国的文化事业单位不受政府直接管辖，中央政府文化行政主管部门文化媒体体育部只负责制定政策和财政拨款，没有直接管辖文化艺术团体和文化事业机构的权力，这些文化艺术机构都可自主经营、独立运作、自由竞争，但如果申请登记为非营利免税机构，如皇家歌剧院、皇家芭蕾舞团、大英博物馆、国家美术馆、大英图书馆等国家所有的大型文化单位，其虽可得到较多的约占全部收入的30%的政府财政资助，但同时也会受到较多制约，如保持一定比例的低价门票，以使较贫困阶层的公民享有平等享受艺术成果的权利。

在财政支持方面，为应对全球电影业的激烈竞争，英国中央政府与各地方政府利用国家彩票基金和其他公共机构提供的资金，大力支持英国电影产业的发展。英国文化媒体体育部负责制定相关的电影文化和产业政策，旨在创造一个强大的电影工业，给英国带来文化和经济利益。它全权负责制定将彩票基金与拨款资助金发放给英国电影业的政策，并通过英国电影委员会发放上述资金。

德国政府对文化产业的介入和管理程度较深，市场开放程度不够。在市场开放程度方面，与其他发达国家相比，德国对文化产业的管控"相对集权"，政府对文化产业介入和管理程度较深，在会展行业比较明显。德国对会展业基本上是控制的。在德国，会展场馆基本都是由政府投资建设，社会机构投资机会较少。但基于本国成熟的市场经济背景，国家也不乏对文化企业立足市场组织经营的鼓励与支持，比如媒体行业。德国并没有在国家层面进行新闻立法，媒体的公共职能和约束管理，主要由各州的立法来具体明确和保障，目的是防止单一媒体垄断。

德国文化产业扶持政策比较有特点，德国重视文化艺术领域的发展，现有的扶持政策主要以扶持文化、艺术发展为主。2010年，德国联邦政府

文化预算 12 亿欧元，比原计划增长 2200 万欧元；计划把文化创意产业纳入现有的中小企业扶持计划和创新补贴计划中；已经修改企业销售额等限制性条款，扩大小额优惠贷款的受惠面。为推动电影业的发展，在资金支持上，德国政府目前出台的主要措施有：目前每年出资约 3200 万欧元评选德国电影奖、剧本奖等；2007 年设立了"电影促进基金"，联邦政府每年出资 6000 万欧元，对在德制作、投资成本超过 100 万欧元的故事片提供 16%～20% 的补贴，以返还在德国支出的电影制作费用的形式鼓励本国影视艺人创作，并吸引外国制片商到德国拍片。截至 2008 年，该基金已向 198 个项目提供了 1.185 亿欧元资金支持，有力地推动了德国电影业的发展。2008 年，德国产电影市场占有率升至 1/3 以上。

（四）印度：以政府扶持为基础，积极吸引外资

印度在文化领域降低市场准入门槛，实行开放的投资政策，鼓励文化产业投资。伴随着印度国家经济改革，印度政府对广播电视电影行业的管理模式进行了一系列的重大调整，降低了电视业行业准入门槛，允许外国资本和民间资本进入电视市场，结束了国家广播电视传媒的市场垄断。在广播业，1998 年，政府决定推出民营调频电台，全方位开发调频电台的市场潜力。1999 年 10 月政府宣布，在全国 40 座城市开通 108 个调频广播频道，根据竞标规定，除了宗教组织、政府党派和广告公司以外，所有印度民营公司都可以参与竞标。2000 年 3 月，印度政府公开拍卖了 106 个民营调频电台的营业执照，获得了 38.6 亿卢比；在电影业，印度各邦为鼓励影片出口，对出口海外的电影实行减税政策；在报业，目前，印度报业开放程度较高，主流报纸全部为私营，政府报纸数量尚未占到全国报纸数量的 2%，部分宗教团体和政党机构都经营自己的报纸，但是影响不大。

印度电信业进一步开放，放宽境外卫星电视传输政策。2000 年 11 月 2 日，印度政府宣布一项新政策，允许 DTH（卫星直播电视）进入印度，不管谁拥有电视公司的所有权，不管电视公司的管理人员构成如何，印度政府都允许该电视广播公司在印度本土上进行卫星线路的连接。如果是外国电视广播公司，其必须遵守《印度宪法》和相关法律，如广告法规和广播法规等。2001 年 1 月 9 日，印度电信部正式宣布实施 DTH 的规定。为了与相关政策匹配，政府修订了《1997 年印度电信管理委员会法》，组建了印度电信管理委员会。同时，印度在 2000 年宣布向民营企业开放国内长途电话市场。任何民营企业只需要交纳一笔准入费就可以经营通信业务。不管

民营公司从中获得了多大利润，它们只交纳预先规定的利润比例。这些新政策既调动了投资公司的积极性，又带动了经济发展。

三 国外文化投资运作模式分析

（一）国外文化资本的主要构成

国外文化资本构成主要包括政府资助资金、金融资本、外国资本和社会捐赠资金，除此之外，还有一些非常规的文化资本，比如通过网络筹资而来的网络筹资资本、政府发行彩票取得的收入以及吸收隐形投资取得的资本。大部分文化产业发达的国家，政府资助、社会捐助等资金主要投入于塑造国家艺术形象的公共文化艺术领域和保护传统文化两方面，对于能够充分市场化的部分则主要通过金融资本市场和吸引外资渠道获得资金。

1. 政府资助资金

政府资助资金对一国文化发展来说，起到的是基础性、引导性的作用，政府扶持资助资金的投向可以看作文化产业发展的风向标。对于不同国家而言，国家政府投入资金支持文化产业的力度是不同的。美国崇尚自由主义，认可自由市场竞争，因此，以国家政府名义对文化产业进行资金扶持的力度相对较弱，日本、韩国恰恰相反，国家对文化产业的财政支持占比较高。即使如此，美国政府还是会对文化产业，尤其是文化艺术事业给予一定的资金支持，但它采取的依然是一种"杠杆方式"，以"投资组合"来要求和鼓励各州、各地方以及企业拿出更多的资金来赞助和支持文化艺术事业。

韩国政府在财政上对文化产业进行大力扶持，2011年政府直接用于扶持文化产业的资金约为2000亿韩元，2012年这部分扶持资金有望增加至2500亿韩元。

日本文化厅财政预算近些年来逐年递增，至2011年预算额度已达1032亿日元。其中，文化厅预算的2/3用于不可替代文化财富的保存、利用和继承，例如寺院的修缮保护、传统艺术的海外演出等，剩余1/3的预算是用于文化艺术的创作、人才的培养与推进文化艺术传播和国际文化交流等。

英国文化资本的构成主要是各级政府的文化拨款，文化媒体体育部负责财政拨款，但不对文化单位直接提供资金支持，具体事务交给非政府公共文化机构，如英格兰艺术委员会、工艺美术委员会、博物馆和美术馆委员会等由专家组成的机构，他们负责对各文化单位进行评估和拨款。

在德国，地区性的财政补贴计划由各州制定。比如德国的电影业，德国的"国家电影资助机构"每年为德国电影的制作、发行与保存提供近3000万欧元的财政支持。2007年，德国政府设立了"电影促进基金"，每年出资6000万欧元，以返还在德国支出的电影制作费用的形式鼓励本国影视艺人创作，并吸引外国制片商到德国拍片。截至2008年，该基金已向约198个项目提供了1.185亿欧元资金支持，有力地推动了德国电影业的发展。

各国政府对文化艺术机构除了采用直接划拨资金、补贴的手段之外，还以专门成立各种艺术基金的形式，对文化艺术事业进行资助。如英国2003年成立了旅游基金会，这是一家独立的慈善机构，目标是协助英国的旅游企业以可持续性的方式开展旅游事业。

2. 金融资本

纵观美国、英国等文化产业、资本市场发达的国家，资本市场在文化产业发展中发挥了重要作用，金融资本成为文化企业快速成长和发展的坚实后盾，形成了文化资本多元化的资本结构。如私募基金进入文化领域、股票市场和债券市场成为普遍的文化产业投融资渠道。

（1）风险私募基金。

2004年，美国华尔街的风险私募基金（即风险投资基金）开始投资电影，步入文化产业的大军，如2005～2006年，Gun Hill Road分别投资索尼和环球营业7.5亿美元和5.15亿美元；Magic Films投资迪斯尼5.05亿美元；华纳兄弟和福克斯分别获得来自Legendary Pictures和Dune Capital的5亿和3.25亿美元资金；Melrose Investment投资3亿美元给派拉蒙。由于各国资本运作方式、国内市场环境存在着较大差异，因此各国在风险私募基金的运作上也存在很大差别，以影视业的风险投资为例，基本可以分为三类：①美国风险私募基金的"赤字模式"。美国风险私募基金介入影视业的方式主要采用"赤字模式"，即在影视作品筹备期，风险投资者和制片方共同分担投资风险，风险投资者可以获得该产品的使用权，而制片方因承担部分市场风险而享有产品的二级和三级销售权。②英国风险私募基金的"成本附加模式"。英国风险私募基金介入影视业主要采用的是"成本附加模式"，即风险投资者委托制片方拍摄影视作品并支付全部费用，并预付利润（10%）作为回报，风险投资者不仅可以获得初级权利（如节目首播权），还可以获得大部分二级权利（如多次播放、影碟发行权等）。

③韩国风险私募基金的"全程参与模式"。韩国的风险私募基金在介入影视业的运作方式上，更加重视投资者和制作方的一体化，更多采用"全程参与模式"。

风险私募基金是否愿意进入文化产业领域，一个重要的条件是能否顺利地退出并获得巨大的回报，退出机制是否完善对风险投资至关重要。总体来说，发达国家由于资本和金融市场比较完善，退出机制较为灵活和多样，包括首次公开发行（IPO）、并购、管理层收购、清算和公司回购等多种形式。发达国家风险投资介入文化产业的方式虽然差别很大，但在退出方式上则大多首选通过首次公开发行（IPO）退出。

（2）债券资金。

美国、英国等发达国家拥有发达的资本市场，债券市场也成为各大文化企业的主要融资渠道。据统计，美国五大文化产业集团——迪士尼集团、时代华纳集团、维亚康姆集团、新闻集团和 Comcast Corporation 的债务融资，总融资比重超过70%，并且债务融资方式也十分灵活。这些大型文化集团的债务融资方式以发行非担保债券（Unsecured Bond）为主，发行债种包括优先债券与次级债券等，债券期限结构较长。迪士尼集团1993年曾发行年限为100年的债券，名动一时，其他债券余额的期限结构从1年到83年不等。便捷高效的直接融资，帮助美国文化产业与资本市场实现了成功对接。

（3）担保。

担保对于创意型中小企业来说是一项重要的手段，以鼓励金融机构提供以债务为基础的担保融资。虽然大部分的文化创意产业公司很难实现这一融资方式，但还是有成功的案例存在。主要的担保计划都是由公共体系完成的，即国家级别或是地方级别。有少部分的私人担保存在，比如荷兰的 Kunstenaars & Co 和一家私人银行合作为文化产业提供担保基金。担保主要有三个种类：公共担保（主要在德国、爱尔兰和英国）；针对创意中小企业的公共兼私人担保（主要在法国和西班牙）；还有针对创意行业子行业的私人担保（荷兰）。目前主要有两种担保计划存在：普通中小企业多行业担保和创意产业特殊担保。

（4）股权融资。

创意产业的企业在使用股权融资上还是很受限的。不过这主要还是取决于公司的大小，大公司趋向于找寻私人投资，而小公司，特别那些有很大潜力的，在成立之初，很多都通过股权融资的方式获得资金的注入。内容产业，包括信息通信导向的创意企业，比如视频游戏、动画、网页设计、广播等一直是最大受益于股权融资的子产业，比如 Ingenious Media。

股权融资相比别的融资手段有很大的优势，因为它提供资金支持的同时也提供业务上的支持。对于大部分创意行业来说，贸易收益和在同一价值链的其他利益相关者提供的资金是它们主要的资金来源，在图书、音乐、视频游戏和视听产业，许多重要人物（投资人）充当小型创意公司的"守门员"，并且为它们提供资金去找寻新的创新和探索。这些重要人物或者大公司经常把创意行业中小的利益相关者当作资源，并找寻投资机会。

目前，欧洲有两种主要的股权融资方式：风险投资和夹层投资。和美国相比，欧洲只存在很少的风险投资和夹层投资。整个欧洲，有62个特别的股权融资计划，其中一部分是针对文化创意产业的。大部分是近几年出现的，由公共和地区政府牵头，其中32个是针对和ICT相关的视听产业。如比利时的瓦隆尼亚视听投资基金 Wallimage 在不到10年内，联合贷款120个电影项目共计3000万欧元，这些投资带动瓦隆尼亚和布鲁塞尔地区1亿欧元的消费。

（5）企业上市资金。

文化企业通过证券市场发行股票上市融资已成为一种普遍的企业融资模式，投资者通过一二级市场认购股票也成为一种普遍的文化渠道。资本市场最为发达的美国，拥有世界最大的证券交易所——纽约证券交易所和全球中小企业的融资天堂——纳斯达克证券交易所，因此美国文化企业如符合上市条件，基本都会选择上市融资的方式扩张势力，实现进一步的投资目标，企业上市筹集资金成为文化投资资本的重要组成部分。如新闻集团分别在纽约证券交易所、伦敦证券交易所上市交易，现在仍然在澳大利亚证券交易所上市交易。又如全球第一大社交网站 Facebook 在2012年2月1日正式向美国证券交易委员会（SEC）提出首次公开发行（IPO）申请，目标融资规模达50亿美元，并任命摩根士丹利、高盛和摩根大通为主要承销商。这将是硅谷有史以来规模最大的IPO。2012年5月18日，Facebook 正式在美国纳斯达克证券交易所上市。

3. 外国资本

在全球经济一体化的今天，外国资本越来越成为一国文化资本的必然组成部分。当前，经济全球化一体化迫使各国文化市场逐渐对外开放，各国为保护本国文化市场，对文化进口产品均课以重税。在这种情况下，别国只能采取直接投资打入市场。因此，一国文化资本构成中往往能看到外国资金的身影。如美国为造成市场封闭，经常采用贸易保护主义政策对外国进口商品课以重税，限制进口，别国文化产品要打入美国市场，只能采取直接投资的方法，这造成了大量国际投资进入美国文化产业。从很大程度上来说，美国文化产业是由外国跨国公司来运作的，如在好莱坞最具实力的电影制片厂之中，哥伦比亚三星的老板是日本的索尼公司，福克斯的老板则是澳大利亚的新闻集团。在流行音乐产业部门更是如此，除了美国的 WEA 公司之外，更多在美国市场上赚取钞票的是日本的索尼、荷兰的宝丽金、德国的 BMG、英国的 Thorn - EMI 公司，等等。美国电影与音乐等产业部门对外来资本的依赖尤甚。比如曾在 1998 年风靡全球的好莱坞大片《泰坦尼克号》，实际上是由 7 个国家的 30 多家公司协作完成的，其中的特技制作包给了有 16 家多国中小技术公司协助的 Digital Domain 公司，音乐制作包给了日本的索尼公司。

印度政府也减弱了对外资进入广播业的控制。印度国家新闻广播部对外国新闻频道在印度境内进行卫星上行线路连接采取了许可制度。新政策主要是用审批许可证的方式来管理和约束境外新闻频道，并不涉及其他频道，即使 100% 的外资娱乐频道也可以在印度境内利用任何通信卫星进行广播，只需满足印度政府相关的法律法规即可。印度报业也逐渐引入外国资本，拓宽了行业融资渠道。印度政府在 2002 年 6 月宣布印度报业可以拥有 26% 的外资股份，外资可以投资报纸业。

4. 社会捐赠资金

社会捐赠资金是一国文化发展，尤其是文化艺术事业中所消耗的财力的有力补充。社会捐赠资金的捐赠者既包括社会企业、金融机构，也包括各类基金会和个人。欧美文化事业发展，很大程度上依赖社会各界的捐赠。

美国通过制定和颁布税收激励政策来鼓励社会各界和个人对非营利的文化艺术事业机构进行捐赠。这种税收激励措施大大激发了社会对文化艺术机构的捐助热情，美国的文化团体和个人从社会各界得到的捐赠数倍于联邦政府和州政府财政拨款。经有关部门统计，通过税收扣减，美国财政部每少收 1 美元，文化艺术事业机构得到的捐赠就会相应增加 90 美分到 1.4 美元。事实上，捐赠对文化艺术事业机构的资助确实达到了可观程度，如博物馆、交响乐团、歌剧院和其他文化机构从门票和入会费中得到的收入仅占全部收入的一小部分。即使是美国一流的文化艺术机构，如果没有社会捐赠，其创造的经济利润很难维持自身运转。

志愿者服务，可以理解为社会捐赠的另一种表现形式。在美国，志愿者服务是非营利文化艺术机构在广义范围内获得的一种捐赠。这些志愿者服务时间所蕴涵的价值如果统计起来，同样非常可观。据统计，1997～1998 年间，全美有近 39 万名的全职志愿者利用业余时间义务为文化、艺术等机构工作和服务。如果把每个志愿者服务时间定为每年 1700 小时，那么全体志愿者服务时间高达 6.63 亿小时。每个志愿者的义务付出都必然为非营利组织节省一定的成本或取得一定收入。换言之，志愿者们通过自己的行动，无形中又为文化艺术产业投入了大笔的资金。

5. 吸引隐形投资

吸引隐形投资是指投资者投资资金或者物品并不是以获得投资现金收益或者股权为目的，而是为了做推广、宣传，提升投资企业品牌形象，如我们所熟知的企业赞助。这种赞助，既可以是钱，也可以是物，但不可否认的是它确实是文化资本构成的组成部分。

（二） 国外文化投资的主要行业领域

1. 美国文化产业重点投资领域是电影业

美国的电影产量只占世界电影产量的 6%～7%，却占据了世界总放映时间的 50% 以上，好莱坞电影更是占据了世界电影市场份额的 90% 以上。

2004 年，美国华尔街的私募基金加入电影投资的大军，以电影投资基金的方式出现，这在当时的文化产业投资领域尚属先行者，这一举措吸引了大批投资人加入电影产业投资中，一定程度上保证了电影制作的资金来源。

除了电影投资基金外，美国还积极开展资产证券化和夹层融资，资产证券化由投资银行以影片 DVD 销售收入和票房收入为基础资产，向投资者发行证券化产品。夹层融资则主要采取次级贷款的形式，以及转换票据或优先股等，这两种金融手段破解了电影业融资难的问题，为美国电影业的发展带来了深远影响。

2. 日本文化产业重点投资领域是动漫业

日本动画片在全世界播放的动画片中约占 60%，广义动漫产业占日本GDP 的 10% 以上，已经成为日本第三大产业。

在日本从事动画的人比搞文学创作的人更赚钱，因此利益驱动也使更多的优秀人才献身于动画制作。日本不仅有专门的动画制作学校，最高学府东京大学还开设了动画专业。动画在日本的重要性也由此可见一斑。

作为文化产业的重要组成部分，动漫产业获得的来自于政府的支持非常多。日本每年都有文化勋章，颁予对日本文化有贡献的人，不少漫画家、动画家都获此殊荣。日本动漫大家可以把作品陈设在国立美术馆和博物馆，有时官方甚至出资在海外进行展览。1997 年日本国际贸易产业部（Ministry of International Trade and Industry）发起组织了一个数字动画研究团体，旨在研究如何推进动漫产业。中央政府的这一举措得到了各地方政府的响应。比如在主要的动漫产品发源地东京，在 2002 年 2 月举办了 21 届东京国际动漫节，这是日本商业动漫产品的第一次国际贸易展。来自日本、法国、韩国、美国等国家的 104 家动漫公司参加了展览，吸引了 5 万多名参观者。从前，动漫产品被认为是缺乏任何市场保证的，因此它的支持资金很难取得。2004 年，由 Gonzo、日本数字内容、Rakuten 证券（Rakuten Securities）和 JET 证券（JET Securities）共同发起和建立了日本第一家动漫基金。2005 年，日本数字内容、中小企业部（Organization for Small & Medium Enterprises）和地区创新部（Regional Innovation，一个独立的政府机构）又各投资 5 亿日元为内容产品建立了一个投资基金。银行也开始改变原先的相对保守的态度，以积极的、进取性的姿态投入内容产业。

3. 韩国文化产业重点投资领域是网游业

韩国在网游兴起之初，就成为这个市场上的霸主。韩国政府的扶持和宽带的普及最后都促成了韩国网游产业的繁荣，当全民沉浸在这场狂欢中时，网游悄然超越了韩国任何一个产业而跃居第一。

韩国政府采用了当初成功培育现代、三星等大集团的模式，全力支持本国网游产业的发展，为产业购买商业引擎，交给诸多公司免费使用，同时大力支持各大游戏公司从世界各地引入人才，引导国内技术力量的革新。在推广网游的过程当中，韩国人受到美国的《魔兽争霸》游戏在韩国热卖的启示，开始把发展网络游戏产业奉为韩国国策，并制定了一系列的相关政策和优惠措施，鼓励国内企业发展以宽带、游戏为代表的信息产业。

据统计，韩国国内的游戏制作及经营企业已达到 1500 多家，网吧等游戏场所 46900 个，8 个包括韩国政府部门下属的韩国尖端游戏产业协会 KESA、韩国游戏支援中心 KGPC 在内的游戏协会，在 288 家有 IT 相关学位的大学中由政府指定赞助 10 家游戏大学及研究院，6 家包括 On Game Net、Game TV 在内的有线电视和卫星广播专业游戏频道等，这些组成了庞大的游戏产业群体。

4. 英国政府文化投资的领域非常明确，明显倾向于公益性文化

英国政府资助的重点有三个方面：第一，严肃艺术，如戏剧、古典音乐、歌剧、芭蕾等；第二，国家级的重点文艺团体和事业单位，如皇家歌剧院、皇家芭蕾舞团、大英博物馆、大英图书馆、国家美术馆等；第三，高质量的艺术节目。

5. 德国政府的重点投资领域当属会展行业，私人重点投资领域为出版业

德国是世界最大的会展国，国际上重要的专业博览会约有 2/3 在德国举办，比如，柏林国际旅游博览会、法兰克福消费品博览会、科隆五金展等。德国会展业的年均营业额虽然只有 230 亿欧元左右，但参展商和参观者为博览会的支出却已超过 100 亿欧元，极大地带动了当地的就业与消费，德国每年约有 10 万人从事与会展有关的工作。

德国私人机构重点投资的文化领域是出版行业。德国是世界第二大出版国，截至 2009 年 5 月，德国注册出版社（包含杂志社）多达 16000 家，成规模的出版社 2000 家左右，但出版市场基本被 100 多家大中型出版公司垄断，他们的销售总额约占全国销售额的 92%。

6. 印度文化产业重点投资领域分别是电影业和广播业

印度电影产业发展迅速，电影市场繁荣，得到各类投资者的普遍青睐。印度是一个电影产量大国，宝莱坞和印度其他几个主要影视基地构成了印度的庞大电影业，每年出产的电影数量和售出的电影票数量居全世界第一。在印度，任何人都可以当电影制片人，任何公司也可以摄制电影，这种灵活的运作机制，使印度电影业具有了非常大的投资吸引力。

印度的广播业也是近些年的投资热点区域。进入 21 世纪后，印度广播信号已覆盖 94% 的国土面积，政府和私营电台用 24 种印度主要语言和 146 种地方语言广播。全国 2/3 的家庭都有收音机，听众接近 4 亿。作为世界上最大的广播电台之一，2001 年全印广播电台拥有 27000 名工作人员。每天在全国、地方和对外广播中播出 300 多档新闻节目。全印广播电台在全国建立了 213 座广播电台和广播中心，其中包括 114 家区域电台、77 家地方电台、14 家转播中心、3 家娱乐广播中心（多彩印度）、5 家社区广播电台。

四 国外文化投融资创新模式

近些年，为了加快本国文化产业发展速度，增强文化产业国际市场竞争能力，一些文化产业发达国家创新了多种文化产业投融资模式，如尝试利用互联网平台、彩票发行平台进行融资，与金融资本市场进一步融合，通过引入私募基金、利用资产证券化等手段进行融资。

（一）网络融资模式

随着文化产业内容生产、传播与消费的互联网化，网络众筹网站平台随之兴起。网络众筹模式最早出现在美国，现在已经初具规模，具有一定的市场影响力。之后，韩国和日本的动漫业、影视业也开始采用网络众筹方式为项目筹集资金。据《经济学人》报道，网络众筹业目前正在全球迅速发展，全球众筹资金从 2009 年的 5.3 亿美元上升到 2012 年的 26.6 亿美元。在 2007 年，全球网络众筹平台不足 100 个，到 2013 年初已经有 700 多个。

1999 年，韩国 Intz.com 网站建立了第一支电影网民基金，为喜剧片《茅冦王》接受网民投资，最终从 464 名网民手中筹得 7.75 万美元资金，占影片成本预算的 1/20 左右，网民投资者获得的投资收益率高达 97%。在很长一段时期，韩国票房好的商业大片都曾建立网民基金。尽管韩国电影的振兴、电影网络融资模式的成功吸引了社会的广泛关注，然而不可回避的是，由于网络固有风险以及网络融资制度不完善等问题逐渐暴露出来，从 2001 年开始，网络融资在规模上迅速萎缩。

美国动漫产业较早尝试网络众筹，比尔·普林顿等知名导演、The Cyanide & Happiness 等知名品牌都曾在美国最知名的众筹网站 Kickstarter 上成功完成过项目融资计划。据统计，截至 2013 年 6 月众筹网站 Kickstarter 共实现 379 个动漫项目的筹资目标，其中漫画项目 325 个，动画项目 54 个。

（二）发行彩票融资

为满足国家文化艺术事业发展的资金需要，欧洲一些国家会采用发行彩票的方式进行筹资，将取得的彩票发行收入投入文化艺术事业建设中，例如英国。彩票发行收入是英国文化发展的重要资金来源。英国政府在鼓励企业赞助文化艺术的同时，也鼓励全体公民自愿支持文化事业。1994 年 11 月 19 日英国发行了第一期国家彩票，到 2001 年上半年，国家彩票累计发行总额已达到 314 亿英镑，其中的 25% 用于资助文化艺术、体育和慈善事业。在 1995 年到 1999 年间，超过 1000 个艺术项目从"彩票基金"中获得了总额 10 亿英镑以上的资助。仅彩票收入一项，一年就可以为文化艺术事业筹集到赞助费 6 亿多英镑，极大地弥补了政府文化投资的不足。

（三）资产证券化融资

资产证券化是近十几年来国际金融领域十分重要的创新之一，知识产权资产证券化是金融资本与知识资本的一种有效结合，是以金融技术为依托，以知识产权的信用为担保，以证券化为载体的融资方式。它具有融资成本低，实施难度小，不影响知识产权权属和融资风险小等优势。在美国，知识资产证券化已运用于文化产业的各个领域，从电子游戏、音乐、电影、休闲娱乐、演艺、主题公园等与文化产业关联的知识产权，到时装的品牌、最新医药产品的专利、半导体芯片，甚至专利诉讼的胜诉金，几乎都已成为证券化的对象。

（四）引入私募基金

私募基金是发达国家金融市场的重要组成部分，在国外已发展了 50 多年。全球私募资金总额高达 702 亿美元，2006 年在美国私募股权并购项目总额也高达 250 亿美元。目前美国私募基金的交易量已经占到美国 GDP 的 3.2%，而且还在继续增长。对募资企业来说，私募股权融资不但能够为文化创意企业带来资金，还可能给企业带来管理、技术、市场和其他需要的专业技能。而且，如果投资者是大型知名企业或著名金融机构，它们的名望和资源在企业未来上市时还有利于提高上市的股价、改善二级市场的表现。此外，与传统的银行贷款相比，私募股权基金的周期相对较长，通常都在 5~7 年，比较符合文化创意企业投入周期、投资回报相对较长的特点。

五 国外文化投资发展给中国的借鉴和启示

我国要根据本国国情，明确政府角色定位，借鉴世界发达国家文化发展和文化投资实践经验，总结和制定出适合本国文化发展的相关政策，采取繁荣文化投资市场、拓宽文化资本的来源渠道、确立灵活的文化投资运作机制、有效提高资本进入文化产业领域的收益、降低投资风险、改善投融资环境、增强资本自觉投入的意愿等措施，具体可概括为以下几个方面。

（一）结合国情需要，强化政府角色

各国由于国情不同、文化发展历程不同，因此在文化投资模式的选择上有很大差别：有以美国为代表的市场主导型文化投资发展模式，也有以英德为代表的资源主导型文化投资模式，还有以日韩为代表的文化产业专门投资组合文化投资模式，更有以印度为代表的"政府联合民间、内资联动外资"的独特文化投资模式。相较之下，这几种文化投资模式都有我国文化投资发展中所应借鉴之处。结合目前国情，我国文化投资发展更适合采用"政府主导模式"结合"文化产业专门投资组合"的文化投资模式。

（二）加大政府投入，提高政府财政税收支持力度

法国政府对文化事业及相关产业给予不同形式的财政支持或赞助，既有中央政府直接提供的赞助、补助和奖金，也有地方财政的支持，还有政府制定的各种减税政策和税收优惠；德国联邦政府和各州政府、行业协会、基金会等多个层面对文化产业投资进行扶持和帮助，形成"政府投入、社会企业赞助、基金会资助和企业自身投入"的系统资本运作模式。这些都值得我国借鉴，用以完善文化及相关产业的财政和税收优惠政策。

（三）实现文化投资主体多元化，强化非政府组织、金融机构、民营机构的重要作用

对我国而言，未来文化及相关产业发展单纯依靠政府投资是不够的，应逐步由政府一元化投入转变为政府、企业、个人、社会多元化投入。为此，必须打破行业垄断、降低门槛、简化手续、广泛动员外资及社会资本等各种社会力量投入文化产业。具体来说，对公益性文化项目，以政府投资为主，满足人民群众日益增长的文化需求；对营利性文化项目，以政府投资为引导，带动社会资本进行投资，随着社会资本在这些领域投入的逐步加大，政府应减少投资并逐步从这些领域退出。同时，要落实有关文化经济政策，鼓励社会力量对文化事业的捐赠。

（四）熟悉政策及资本市场，实现多种投融资渠道相结合的文化投融资运作机制

多样化的融资方式为美国文化产业发展提供了重要的保障，这也是值

得我国学习、借鉴和落实的。尤其是美国文化产业的金融介入程度比较高，在各个文化产业集团已经形成了比较完善的融资体制，一些有实力的文化产业集团如美国广播公司、哥伦比亚广播公司等，其背后都有金融资本的有力支撑，文化产业集团与金融集团间互相渗透，互相参股、控股，建立了稳定的伙伴关系。另外，美国积极利用新兴的融资方式，广泛吸纳民间资金和国外的资金，选择多种渠道融通资金，如引入私募基金、资产证券化。而在中国，私募股权基金目前占 GDP 的比例还不到 0.1%，未来投资空间非常大，因而创意企业应积极加以利用。资产证券化是近十几年来国际金融领域十分重要的创新之一。我国的文化产业知识产权所有人应积极利用这种先进的融资方式，借变现债权来改善现金流状况，优化自己的资产负债结构，提高资金周转率，而且还可以利用所得价款进行后续研发，寻找更好的市场机会。

（五）引入外国资金直接投资，推进文化产业资源配置的国际化

除了利用民间资金和资本市场支持以外，我国文化产业也可以考虑在某些行业领域直接利用外国投资，推进文化产业资源配置的国际化。我国目前利用外资的程度还相当低，但吸收外资进入我国文化产业的方式很多，可以吸引其直接投资建厂，也可以将其资金引入大型文化项目，抑或对我国文化企业进行并购或股权互换。引入外资，不仅仅是需要借助其资金，更重要的是引入其先进的管理模式，完善我国文化企业的公司治理结构，增强我国文化企业的核心竞争力。当然，考虑到文化产品的意识形态属性，在引入国外资本的同时，要保持中华文化的主权和独立，抵御外来文化的消极影响。

（六）完善文化资本投融资保障体系，优化文化资本运作环境

目前，我国出台的关于文化及相关产业发展即经营活动的法律法规相对较少，文化投资运行环境相对较差，一定程度上影响了整体文化及相关产业的发展。在文化投资保障体系建立方面，印度、日本实施得较早，应该向它们学习。

在印度，由于 VCD 和 DVD 光盘刻录技术的普及，印度电影盗版问题非常突出，印度法律界就电影版权保护和反盗版提供了法律依据；日本先后颁布了著作权管理法、IT 基本法、知识产权基本法、文化艺术振兴基本法等法律法规。新的法律颁布后往往还有更为具体的措施相配套，使文化

产业得以健康有序地发展。

我国目前在文化产业投融资政策法规方面还刚刚起步，根据文化资本运作发展形势的变化和要求，应及时调整、完善和出台新的有针对性的文化产业投融资的政策法规，尤其在知识产权评估、交易等方面。

（七）鼓励和支持中小企业创业成长，培育多层次的文化投资主体

德国根据本国文化产业特点出台的一系列政策举措，有力地促进了文化创意经济的蓬勃发展，其做法和经验对我国发展文化产业、拓宽文化投资市场有一定的学习和借鉴价值。比如说，德国文化企业以微型企业和中小企业为主体。据统计，德国微型企业（年销售额200万欧元以下）占企业总量的97.2%，占销售总额的27.1%。由于德国文化产业具有规模小、个体经济成分大、涉及领域广等特点，因此德国建立了全国性、跨部门的促进机构和协调机制，制定了支持中小文化企业的发展政策，以便各级政府部门在实际操作中能够规范并有效地落实国家发展文化产业的各项鼓励政策。我国的文化产业投资政策应该借鉴德国的这些举措，积极支持中小企业创业成长。

（八）加大文化投资领域的开放力度，降低行业准入门槛，调动民间资本的参与积极性，深化文化体制改革，推动更多文化企业上市，鼓励文化企业资本重组

德国广播电视行业私人机构的投资机会多，许多媒体和公司都为私人机构投资持有。这方面，我国与之有较大不同。目前，我国绝大多数报业机构属于事业单位。这种体制下，参与主体不能灵活、有效地参与市场竞争，资源配置渠道不畅。制约我国文化发展的主要原因仍是体制因素，因此深化文化体制改革是大势所趋。具体改革思路是，时政类报纸的经营业务或经营性报纸逐渐转制成立公司，建立起与国际市场接轨、符合现代媒体发展规律的体制。

区域报告

Regional Report

B. 16

北京文化产业投资报告

摘要： 北京市是我国文化产业发展的领先地区。面对全球经济放缓，北京市文化产业投资保持了平稳较快发展的良好势头，充分发挥了全国文化中心的示范作用。2012 年，北京市文化产业实现增加值 2189.2 亿元，同比增长 10%，占 GDP 比重提升到 12.3%。北京市文化固定资产投资额总计 295.85 亿元。北京文化产业经过几年的大力推动和快速发展，已经成为北京市主要支柱产业和新的经济增长点。北京文化产业投资保持较高的增长速度，同时民间资本成为投资主体，金融支持文化创意产业力度持续提升。但同时文化企业资金来源仍然比较单一，主要还是以银行借贷为主，所以突破北京文化金融融合发展的瓶颈，促进文化与金融资本对接，健全文化创意产业投资服务体系仍是北京文化产业发展的重要环节。

关键词： 文化产业投资、投融资体系、文化金融、文化无形资产

《北京市国民经济和社会发展第十二个五年规划纲要》指出，北京作为中国的政治经济中心、历史文化古都和特大型国际化大都市，要把塑造高品位、有特色的城市文化作为重要发展战略。2012 年，"十二五"计划进入第二年，也是落实规划实施的关键一年。为加快推进文化产业的发展与振兴，充分发挥金融在促进资源配置、调节经济运行中的核心作用，2012 年市政府又相继出台了一系列引导投资及金融支持文化创意产业的政策法规，"1 + X"模式政策体系更加完善。

一 北京文化产业政策体系概述

2012 年 6 月，北京成立北京市国有文化资产监督管理办公室（简称文

资办），这是北京市创新文化管理体制改革的一项重大举措，再加上一系列新的扶持政策的出台，为北京文化产业发展营造了更加有利的投资环境。

（一）北京文化产业政策体系概述

"十一五"期间，北京构建了比较完整的政策体系，所采取的是"1+X"模式。

"1"是指2006年10月31日发布的《北京市促进文化创意产业发展的若干政策》。这是一个纲领性的文件，总计三十五条，八个部分。这八部分是指放宽市场准入，完善准入机制；支持创意研发，鼓励自主创新；保护知识产权，营造创意环境；加大资金支持，拓宽融资渠道；拉动市场需求，促进内外贸易；优化资源配置，推动产业升级；实施人才兴业，强化智力支撑；完善统筹机制，加强组织协调。三十五条涵盖了市政府每年安排5亿元的专项资金用于文化创意产业等鼓励扶持措施。

"X"是指一系列相关配套措施。主要包括文化产业整体性政策、文化产业重要行业发展政策及各区县制定的相关政策三类。其中文化产业整体规划及促进政策主要有《北京市文化创意产业投资指导目录》（2006年）、《北京"十一五"文化创意产业发展规划》（2007年）、《关于金融支持首都文化创意产业发展的指导意见》（2009年）等；重要行业政策有《北京市推动文艺演出行业发展的若干意见》、《北京市"十一五"时期广播影视发展规划》、《北京市出版"十一五"时期发展规划》、《北京市关于支持影视动画产业发展的实施办法（试行）》（2009年）、《北京市保护利用工业资源，发展文化创意新产业指导意见》（2007年）、《北京市关于支持网络游戏产业发展的实施办法（试行）》（2009年）、《北京市"十一五"时期旅游业及会展业发展规划》（2006年）、《北京市人民政府关于全面推进北京市旅游产业发展意见》（2008年）、《北京市文化旅游创意产业发展实施方案》（2006年）、《北京市促进设计产业发展的指导意见》（2010年）等。

1. 北京文化产业重点投资政策

2009年，北京市文化创意产业领导小组办公室颁布实施《北京市文化创意产业创业投资引导基金管理暂行办法》，进一步完善了北京市文化创意产业投融资服务体系建设。引导基金初始规模为3亿元，办公室每年从市文化创意产业发展专项资金中安排1亿元，连续安排3年，主要以参股方式运作，即以股权投资的方式同合作创业投资机构共同设立创业投资企业，投资符合文化创意产业重点支持方向的处于创业早期的文化创意企业，并在约定的期限内退出。

2013 年 10 月，北京市出台了第一个针对民间资本投资文化创意产业的支持政策——《进一步鼓励和引导民间资本投资文化创意产业若干政策》，重点从简化审批、放宽准入、创新投融资、人才建设等方面给予民间资本更佳的发展空间，形成了新的"文创 16 条"政策。它旨在鼓励民间资本进入文化艺术、广播影视、新闻出版、艺术品交易等文化主导行业，引导民间资本在设计服务、广告会展、动漫网游等创意主体行业实现规模化发展、品牌化运营。政策提出将放宽企业工商登记条件，简化行政审批程序，加强政府服务保障和政府资金支持，鼓励民间资本参与国有文化企事业单位改革和重大文化项目的建设与运营，以及投资文化共性服务平台建设和各类新型孵化、研发、知识产权服务、展示交易等共性服务平台，并参与投融资服务体系创新及文化产品与服务创新。政策将民营文化创意企业自主创新产品及服务纳入新技术新产品（服务）认定体系，并鼓励民营文化创意机构开展国内外文化交流，积极"走出去"。

2. 北京文化产业主要知识产权保护政策

2009 年 5 月 6 日，北京市政府出台《关于实施首都知识产权战略的意见》（以下简称《意见》）。《意见》共分六个部分，明确了实施首都知识产权战略的重点内容：一是大力发展以高新技术和文化创意产业为支撑、以现代服务业为纽带、以知识产权制度为基础、以专利和版权为核心的知识产权产业；二是构建知识产权导向的创新创业政策体系；三是主动服务中央在京单位的自主创新战略；四是发挥中关村科技园区知识产权龙头带动作用，进一步增强园区知识产权综合能力，推动园区知识产权资源支撑首都经济发展；五是实施知识产权保护工程，构建和完善知识产权保护的政策法规体系、行政执法统筹体系和防御体系；六是完善知识产权服务体系，积极发展知识产权交易市场，加强和改进中介机构服务与管理，发挥行业协会的重要作用。《意见》提出，截至 2014 年，在全市培育不少于 500 家正版产品销售示范单位；实施远航工程，初步建成国际版权交易中心，建立数字作品登记中心，鼓励作品版权登记，作品版权登记量年均增长 10%。《意见》对商业秘密、植物新品种、遗传资源、传统知识和民间文艺、地理标志等领域都提出了明确的目标和任务。

此外，北京市还出台了《北京市文化创意产业知识产权保护与促进意见》（2008 年）和《北京市展会知识产权保护办法》（2007 年）。

（二）文化产业投资开放程度

《北京市文化创意产业投资指导目录》（2006 年，以下简称《指导目录》）将文化创意产业确立为 11 个门类，按照投资准入程度分为鼓励类、允许类、限制类和禁止类四项。《指导目录》指出重点发展文艺演出、出版发行和版权贸易、影视节目制作和交易、动漫和网络游戏研发制作、广告会展、古玩艺术品交易、设计创意、文化旅游等八个行业，它旨在进一步放宽市场准入条件和领域，鼓励非公有资本及海外资本进入文化创意产业，而未涉及的文化创意行业或门类，遵照"非禁即入"的原则，均向社会资本放开。

表 1 北京文化产业投资的限制和禁止投资领域

资本类型	限制类	禁止类
非公有资本	不得投资出版物进口业务，国有文物博物馆、音像制品成品等文化产品进口业务。不得以合资、合作方式投资参股由国有广播影视机构控股 51% 以上的广播电视广告代理公司	广播电视频率、频道和时段栏目，制作新闻和新闻类专题专栏节目、新闻类访谈节目及理论、文献电视专题片，经营电影进口业务，投资设立和经营广播电视发射台（站）、转播台（站）、广播电视专用卫星、卫星上行站和收转站、微波站、监测（站）、有线电视传输骨干网等领域
外资	卫星电视接收机及关键性生产行业。不得以合资、合作方式投资参股由国有广播影视机构控股 51% 以上的广播电视广告代理公司。旅行社行业则不得经营中国公民出国旅游业务以及中国其他地区的人赴香港特别行政区、澳门特别行政区和台湾地区旅游的业务，并且不得设立分支机构	信息网络传播视听节目服务，广播电视频率、频道和时段栏目，投资设立和经营广播电视发射台（站）、转播台（站）、广播电视专用卫星、卫星上行站和收转站、微波站、监测（站）、有线电视传输骨干网等，图书、报纸、期刊、音像制品、电子出版物出版，互联网出版，出版物总发行和进口业务，音像制作，音像制品总发行和进口，电子出版物批发，文艺表演团体，演出场所经营，开办文物商店或经营文物拍卖的拍卖企业，利用各级文物保护单位拍摄电影、电视，经营性互联网文化单位，互联网上网服务营业场所，文化用品制造（墨锭），手工纸制造（宣纸），化学品制造

资本类型	限制类	禁止类
外资		（致癌、致畸、致突变产品和持久性有机污染物产品制造），工艺美术品制造（珐琅制品生产、象牙雕刻、虎骨加工、脱胎漆器生产），外商独资经营的演出经纪机构，设立和经营广播电视节目制作经营公司，设立和经营电影制片企业，建设和运营有线广播电视分配网，在境内投资设立电影发行企业（不包括香港、澳门），外商独资设立电影院、组建电影院线公司（不包括香港、澳门），信息网络传播视听节目服务
个体经营		投资出版物印刷、包装装潢印刷；除国家投资外的各类投资不得投资广播电台（站）、电视台（站）；除广播电台、电视台或依法享有新闻发布资格的互联网站以外的单位不得投资信息网络新闻类视听节目业务
未经批准的单位或个人		文物的商业经营活动

二 北京文化产业投资规模及行业分布

（一）2012 年度北京文化固定资产投资规模

2012 年，北京市文化固定资产投资额总计 2958510 万元。在十大行业分类中，文化休闲娱乐服务投资额数目最大，为 1035251 万元，占全市总额的 35%；其次是文化艺术服务业，投资额为 651995 万元，约占全市总额的 22%；文化创意和设计服务投资为 394974 万元，文化信息传输服务为 377575 万元，均约占总额的 13%；文化产品生产的辅助生产全年投资 277934 万元，约占全市投资总额的 9%；而广播电视电影服务业为 101337 万元，约占总额的 4%；新闻出版发行服务业为 79786 万元，约占总额的 3%；文化用品的生产业为 29024 万元，占全市总额不足 1%；文化专用设备的生产 2012 年投资额为 9473 万元，占全市总额不足 1%（见图 1）。需要说明的是，虽然新闻出版发行服务业在全市投资中所占比重不大，但占全国总投资额比重达 7.8%，仅次于文化信息传输服务的 8.39%。另外，文化创意和设计服务、广播电视电影服务分别占全国总投资额的 6.01% 和 4.17%。

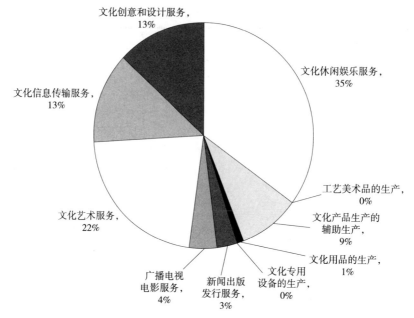

图 1　2012 年北京文化固定资产投资额比例

数据来源：国家统计局。

（二）北京文化固定资产投资规模增长情况

自 2004 年以来，北京市文化及相关产业固定资产投资规模总体呈快速增长趋势，在 2005 年出现一次负增长，同比减少 9.14%。2006 年增长率恢复至 44.12%。2007 年投资规模逐步走高，但是投资增速却开始略有放缓，2007 年同比增长 34.43%。2008 年同比增长了 7.78%。2009 年增长率仅为 1.01%。但 2010 年固定资产投资规模达 1763215 万元，增长率为 34.55%。截至 2012 年末，北京市固定资产投资金额总计 2958510 万元，增长率创新高，同比增长 63.32%（见图 2）。另外，2004~2012 年，文化产业投资主要集中在文化休闲娱乐、广播电影电视服务、文化艺术服务、新闻出版发行四大行业。

（三）北京文化固定资产投资重点行业增长情况

1. 新闻出版发行服务业

自 2004 年到 2012 年，北京市新闻出版发行服务固定资产投资规模总体呈平稳增长趋势。其中 2006 年、2008 年呈负增长，同比增长分别为 - 30.79% 和 - 16.55%。2009 年投资规模从 2008 年的 15388 万元上升至

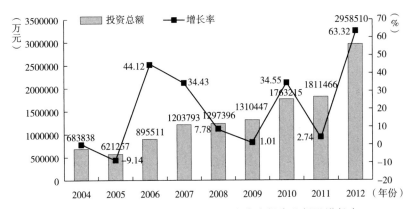

图2 2004~2012年北京市文化固定资产投资总额及增长率

数据来源：国家统计局。

35815万元，同比增长132.75%。2012年，北京市新闻出版发行服务业固定资产投资总额为79786万元，相当于2004年投资总额（19794万元）的四倍（见图3）。

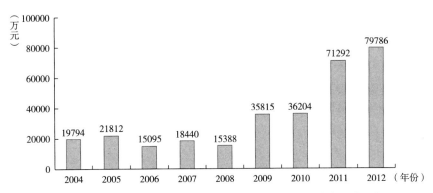

图3 2004~2012年北京市新闻出版发行服务业固定资产投资总额

数据来源：国家统计局。

2. 广播电视电影服务业

自2004年到2012年，北京市广播电影电视服务业固定资产投资规模总体呈增长放缓趋势。2004年到2008年，投资额逐年上升，到2009年时，同比减少约60%。2010年的增长率与2007年的持平，投资规模小幅回升至259270万元。随后两年投资规模逐年下降，2012年，北京市广播电影电视服务业固定资产投资为101337万元，同比回落约36%（见图4）。

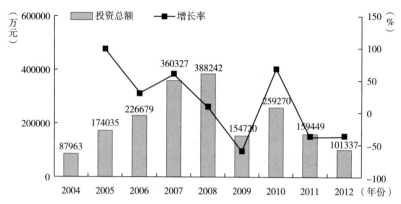

图 4　2004~2012 年北京市广播电影电视服务业固定资产投资总额及增长率

数据来源：国家统计局。

3. 文化艺术服务业

自 2004 年到 2012 年，北京市文化艺术服务固定资产投资规模总体呈稳步增长趋势。2005 年，投资规模有所下降，同比下降 14.48%，此后一直到 2009 年，投资规模和增速均缓步提升。自 2010 年开始，持续两年负增长。截至 2011 年，北京市文化艺术服务业固定资产投资规模为 179792 万元，同比下滑 32.68%。2012 年，北京市文化艺术服务固定资产同比大幅上升约 262.6%，投资规模达 651995 万元，显示出了强劲的增长态势（参见图 5）。

2012 年，我国对文化产业进行重新划分。2012 年以前，文化产业划分为九大类，99 个子行业；2012 年变更为十大类，120 个子行业。其中，2011 年以前，文化艺术服务为大类四，包含 11 个子行业；2012 年开始，文化艺术服务变更为大类三，包含 13 个子行业。

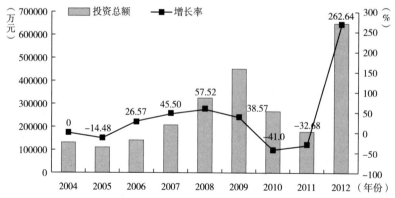

图 5　2004~2012 年北京市文化艺术服务业固定资产投资总额及增长率

数据来源：国家统计局。

4. 文化信息传输服务业

2005 年, 北京市文化信息传输服务固定资产投资规模达 1870 万元, 随后两年投资规模逐年减半, 持续负增长, 到 2007 年时, 缩减至 460 万元。2008 年, 北京市网络文化服务迎来一次发展高峰, 投资规模一跃升至 26002 万元, 是 2007 年的 56.53 倍。2009 年到 2011 年, 投资规模开始逐渐提升, 截至 2011 年底, 北京市网络文化服务投资规模已增至 65960 万元。

2012 年开始, 网络文化服务变更为大类四, 更名为文化信息传输服务, 包含 5 个子行业; 大类五变更为文化创意和设计服务, 也包含 5 个子行业。统计口径变动后, 北京 2012 年网络文化服务固定资产投资规模为 377575 万元 (见图 6)。

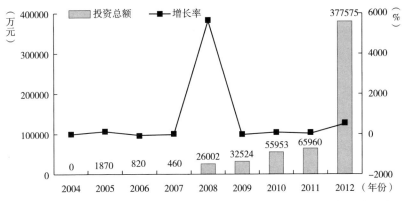

图 6 2004~2012 年北京市文化信息传输服务业固定资产投资总额及增长率
数据来源: 国家统计局。

5. 文化休闲娱乐服务业

自 2004 年到 2011 年, 北京市文化休闲娱乐服务固定资产投资规模总体呈波动上行趋势。虽然 2005 年、2007 年和 2008 年出现三次负增长, 但 2006 年、2009 年涨幅均超过 90%。截至 2011 年末, 投资规模已达 731551 万元, 相比 2004 年的 219945 万元, 增长了两倍有余。

投资规模呈阶梯式发展, 2007 年投资规模达 130321 万元, 同比增速 51.44%; 2008 年和 2009 年投资规模和速度都有下降, 呈负增长, 增长率分别为 -5.48% 和 -48.26%; 从 2010 年起, 投资规模大幅增加, 连续三年超过 70 亿元。2010 年、2012 年投资总额分别增至 713220 万元和 731551 万元。

2012 年, 我国对文化产业进行重新划分。2011 年以前, 文化休闲娱乐服务为大类六, 包含 10 个子行业; 2012 年开始, 文化休闲娱乐服务仍为大类六，子行业变更至 11 个。按照新的统计标准，2012 年，北京市文化休闲娱乐服务固定资产投资规模突破了 100 亿元（见图 7）。

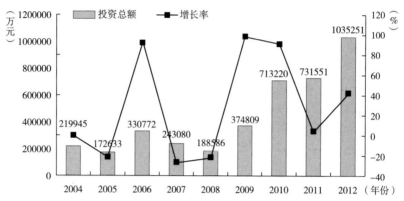

图 7　2004～2012 年北京市文化休闲娱乐服务业固定资产投资总额及增长率
数据来源：国家统计局。

三　北京文化产业投资资金来源构成

当前北京已建立了以政府的财政投入为引导、以社会资本为主体、以专业化的投资机构为重要力量的投资体系，其重点有三：一是市区财政投入及建立发起文化创意产业投资基金、创业投资引导基金、担保基金等；二是银行信贷、银企合作；三是北京文化创意企业的上市融资。资金短缺、融资困难正是目前北京文化企业做大做强、文化产业实现跨越发展的一个重大瓶颈，解决途径是建立多元化的投融资体系。

（一）财政投入

从 2006 年至 2010 年，北京文化创意产业专项资金 5 年投入 25 亿元，以直接补贴、奖励、贷款贴息、担保补助等方式，支持了近 600 个项目，带动更大数额的社会资金投入。

在 2012 年至 2015 年 4 年中，北京每年统筹 100 亿元资金，用于支持北京文化发展。100 亿元资金由存量和增量两部分构成，分别占比约 60% 和 40%。其中，存量资金包括每年体育产业发展专项资金 5 亿元、旅游产业发展专项资金 5 亿元、无形资产投资 5 亿元、文物及历史文化保护区专项资金 10 亿元等。北京市统筹设立的每年 100 亿元规模的文化创新发展专项资金文化产业约为 40 亿元，文化事业约为 60 亿元，分配比例约为 2∶3。
2012 年用 9 亿元资金，面向社会公开征集并支持优秀企业项目 338 个，直接带动社会资本投入 200 亿元，杠杆撬动率达到 1∶22。

2012 年 6 月，北京市国有文化资产监督管理办公室正式组建成立，北京市文化资产监督管理办公室作为出资人成立了注册资金 50 亿元的北京市文化资产投资发展集团，将其作为首都文化投融资平台及重大文化项目的实施运作主体。该集团先后投资 34 亿元，成立了一家基金管理公司（北京市文化创意产业基金管理公司）、一家融资担保公司（北京市文化科技融资担保公司），以及北京市文化产业小额贷款公司和北京市文化创新小额贷款公司这两家小额贷款公司；并安排 5000 万元资金设立了文化融资担保基金，投入 8 亿元设立了北京文化创意产业投资基金，吸引社会资本，募集设立影视、动漫等若干支子基金，将募集规模扩大至 100 亿元。该集团还与国家开发银行、中国建设银行合作，建立了针对中小文化创意企业融资的统贷平台，此外，还出资 5000 万元设立了北京市文化创意产业统贷平台风险补偿专项资金，对中小文创企业打包开展统贷统还业务。

2013 年和 2014 年面向社会公开征集的文化产业类项目专项资金（共计 9 亿元）涵盖文化创意产业专项资金（6 亿元）、扶持中小文化创意企业创新资金（1 亿元）、扶持广告与会展产业发展专项资金（1 亿元）、重大文化项目配套资金（1 亿元）四项。重点支持的内容涉及文化演出、动漫网游等 11 个大类 38 个小类。

（二）银行信贷

1. 文化创意产业贷款持续保持较快增长

（1）中资银行文化创意产业发放贷款同比增长 20.6%。

2012 年，北京市金融运行平稳，文化创意领域贷款增长不断加快。截至 2012 年 12 月末，北京市中资银行文化创意产业人民币贷款余额（不含票据贴现）536 亿元，同比增长 20.6%。

（2）中资银行文化创意产业发放贷款同比多发放 118.8 亿元。

截至 2012 年一季度末，北京市中资银行文化创意产业人民币贷款余额（不含票据融资）457.5 亿元，一季度共发放贷款 99.8 亿元；二季度末中资银行文化创意产业人民币贷款余额（不含票据融资）498.3 亿元，上半年累计发放贷款 262.2 亿元；三季度末，北京市中资银行文化创意产业人民币贷款余额（不含票据融资）517.8 亿元，比北京市金融机构人民币各

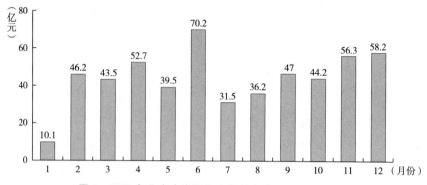

图 8　2012 年北京中资银行文化创意产业月度贷款情况

数据来源：新元文智根据公开资料整理。

项贷款增速高 19.1 个百分点，1～9 月累计发放贷款 376.9 亿元；四季度末，北京市中资银行文化创意产业人民币贷款余额（不含票据融资）536 亿元，全年累计发放贷款 535.6 亿元（参见图 8），比上年多发放 118.8 亿元。

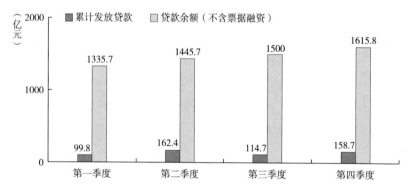

图 9　2012 年北京市中资银行文化产业贷款余额及全市贷款余额季度情况

数据来源：新元文智根据公开资料整理。

（3）中资银行投向文化创意产业贷款同比增长近四成。

央行营业管理部发布最新统计数据显示，截至 2012 年 11 月末，全市中资银行文创产业人民币贷款余额达到 540 亿元，同比增长 32.9%；1～11 月，累计发放文创贷款 477.4 亿元，同比增长 43.8%。

2012 年，北京市文化创意产业贷款保持快速增长势头。央行营业管理部表示，文化创意产业各子行业贷款余额均保持较快增势，行业贷款余额增速分别为：新闻出版 12.3%、软件网络及计算机服务 19.5%、广播电视电影 19.4%、广告会展 24.3%、旅游休闲娱乐 27.8%、文化艺术 50.5%、艺术品交易 74.9%、设计服务 96.1%。

2. 北京文化创意贷款产品逐渐成形

在众多的文化金融产品中，北京银行的"创意贷"文化创意贷款系列产品、华夏银行北京分行的"文创贷"系列产品、交通银行的"展业通"文化系列产品、中国工商银行的"融慧贷"、中国建设银行的"文化悦民"等产品方案逐渐成形，成为所属银行在文化金融领域的创新点。

截至2013年6月末，北京银行累计审批通过文化产业相关贷款金额高达550亿元，3000多笔，占到北京市场的50%，形成可持续、可复制、具有强大生命力的文化金融模式。截至2013年7月，交通银行北京分行文化创意产业贷款累计发放23.89亿元，涉及110家企业，贷款余额13.68亿元，主要行业投向为影视节目、文化演出、出版发行、动漫制作、广告会展、艺术品经营、创意设计、网络游戏、文化旅游等。

(三) 上市融资

截至2012年，北京市共有69家文化企业成功上市，上市企业数量增速达到19%。在69家上市的企业中，3家企业融资港元，占上市企业数量的4.35%；51家企业融资人民币，占上市企业数量的73.91%；15家企业融资美元，占上市企业数量的21.74%。

2012年，北京地区新增A股上市文化创意企业11家，其中主板1家，中小板2家，创业板8家，北京地区已上市文化创意企业达到51家，累计首发融资额336.7055亿元。上市公司中，其中A股上市的有47家，境外上市的有3家，北京本地上市的有传媒娱乐股光线传媒、华谊兄弟、华录百纳、乐视网、掌趣科技等。

行业主要分布在软件、网络及计算机服务业（38家），广播、电视、电影业（7家），旅游、休闲娱乐业（3家）和新闻出版业（2家）。A股"北京文化"板块正在形成，未来两年极有可能形成文化企业整体上市高潮。

(四) 私募股权融资

2012年，北京市文化创意产业共发生73起投融资事件，占2012年全国文化创意产业205起投资事件的35.61%；其中38起事件公布金额，占同期全国文化创意产业公布金额的111起投融资事件的34.23%；投融资涉及总规模为464419万元，单个投融资事件平均规模为12221.6万元。

投资案例数量方面，2012年北京市文化创意产业投融资事件主要分布在软件、网络及计算机服务，广告会展，广播电视电影，文化艺术，新闻出版，旅游、休闲娱乐及其他辅助服务等领域。其中以软件、网络及计算机服务领域投资事件数最多，为 49 起，占 2012 年投资事件总数 67.12%。

（五）债券融资

北京市文化创意类企业债券发行的渠道主要是中国银行间交易商市场协会和沪深两交易所，共计发行 34 次，发行总规模达到 446.48 亿元。以北京首都旅游集团有限责任公司和中国港中旅集团公司为代表的文化休闲娱乐服务（含旅游业）型企业共计发行 21 次，发行总规模达到 375 亿元，发行次数和总规模分别占比 61.76% 和 83.99%。

中国银行间交易商市场共计发行 27 次，发行总规模为 407.48 亿元，主要包括企业债、中小企业集合票据、短期融资券、超短期融资券和中期票据 5 种，超短期融资债券发行次数和发行规模最多，共计发行 11 次，发行总规模达到 165 亿元，分别占比 40.7% 和 40.5%。

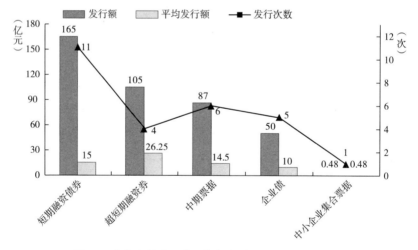

图 10　北京文创企业中国银行间交易商市场发债情况

数据来源：中国银行间市场交易商协会。

沪深两交易所方面，共计发行 7 次，发行规模合计 39 亿元，主要包括企业债（2 次）、公司债（4 次）和中小企业私募债券（1 次）3 种；发行规模上，公司债发行规模最大，为 22 亿元，其次为企业债，达到 16 亿元，中小企业私募债券发行规模为 1 亿元（见图 11）。发行主体分属文化休闲娱乐服务（含旅游业）、互联网信息传输服务、广播电视电影服务、文化创意和设计服务以及文化相关产品的生产。

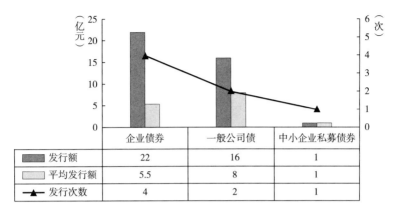

图 11　北京文创企业沪深两交易所发债情况

数据来源：上海证券交易所网站、深圳证券交易所网站。

（六）信托融资

据不完全统计，到 2013 年 7 月止，北京市文创企业共发起 22 起信托计划，总规模达到 39.4 亿元，发行主体主要涉及文化休闲娱乐服务（含旅游业）、广播电影电视服务、文化信息传输服务、工艺美术品的生产、文化创意和设计服务、新闻出版发行服务以及文化相关产品的生产。其中，文化休闲娱乐服务（含旅游业）发行次数最多，规模最大，共计 10 次 22.768 亿元，分别占比 45% 和 58%（参见图 12）。另外，北京也是信

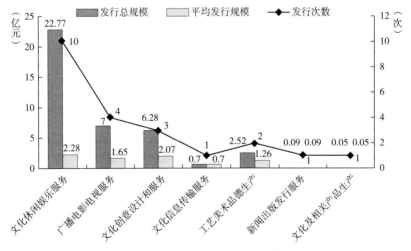

图 12　北京文创企业信托融资情况

数据来源：中国信托协会网站及金融界网站。

托机构选择项目所在主要地区之一。

四 北京文化产业投资未来展望

（一）投资鼓励政策的支持力度更大

文化产业是推动经济发展的重要战略支点。为了发展文化产业，北京市已经出台了多项鼓励政策。虽然北京对文化产业的支持力度是空前的，但是全国大部分省市也都把文化产业的发展提到了前所未有的高度，它们在招商引资，降低企业经营成本，入驻企业奖励或补贴，项目财政资金投入，税收返还以及人才待遇等方面的政策，针对性强、优势明显，这就造成大量优质企业从北京外流。西安曲江、浙江横店等地就有很大一部分是北京相当有实力的公司。全国在文化资源上的竞争可谓十分激烈。面对此种形势，2013 年 10 月，北京市出台了第一个针对民间资本投资文创产业的支持政策——《进一步鼓励和引导民间资本投资文化创意产业若干政策》，重点从简化审批、放宽准入、创新投融资、人才建设等方面给予民间资本更佳的发展空间，并形成了新的"文创 16 条"政策，旨在鼓励民间资本进入文化艺术、广播影视、新闻出版、艺术品交易等文化主导行业，引导民间资本在设计服务、广告会展、动漫网游等创意主体行业实现规模化发展、品牌化运营。政策还提出将放宽企业工商登记条件，简化行政审批程序，加强政府服务保障和政府资金支持，从而通过完善扶持政策、改进扶持方式，进一步加大对投资的鼓励力度。

（二）文化产业的法律保护力度更强

文化产业发展需要法治保障。现有的北京市文化产业政策中大部分为部门规章和政策性文件，法律效力不足。例如《北京市展会知识产权保护办法》《北京市文化创意产业知识产权保护与促进意见》等政策还不能真正满足知识产权管理的需求。为保证各项政策的顺利落实和实施，北京正在完善相关法律法规，为版权、专利权等知识产权提供法律保护依据，同时完善知识产权保护平台与体系，建立版权商务咨询交流平台和无形资产价值评估中心，为企业提供体系化的知识产权服务。2012 年 2 月 20 日，北京成立了"首都文化五大联盟法律服务团"，将在文化创意产业发展、文化企业转制改革、知识产权保护、打造大型文化企业集团、引导优秀文化品牌走出国门等领域开展相关的法律服务，为文化产业投资提供更有力的支撑。

（三）投融资体系更加完善

当前北京文化产业蓬勃发展，一方面投资热，另一方面资金需求量大。这就要求建立多层次投融资体系。现在，北京市政府对北京市文化产业的资金支持逐年增长，并建立了北京市文化创意产业投资基金，成立了北京文资华章文化产业投资基金、北京文通联合文化创业投资管理有限公司等子基金，这些资金将逐渐发挥其效用。此外，北京为进一步完善评估担保机制又新成立的两家担保公司也将逐步走入正轨。2012年，北京市还在积极开拓银行信贷、股票市场、债券市场、风险投资、私募股权基金以及保险等资金功能的基础上，鼓励民间资本参与国有文化企事业单位改革和重大文化项目的建设与运营，支持民营文化创意企业投资文化共性服务平台建设，参与投融资服务体系创新及文化产品与服务创新等，全力促进首都文化大发展、大繁荣。

B. 17
广东文化产业投资报告

摘要：2003 年，广东提倡建设文化大省，经过七年的发展，广东文化产业的规模和数量在全国占有相当重要的位置。2010 年 7 月，广东制定《广东省建设文化强省规划纲要（2011～2020 年）》，提出建设广东文化强省。建设广东文化强省以来，广东文化产业投资保持较高的增长速度。2012 年，广东投资项目明显增加，固定资产投资 876.78 亿元，比 2011 年增长 24.05%。投资结构的不断优化，有效夯实了广东文化产业发展的基础。目前，广东文化产业发展的金融扶持力度进一步加大，无形资产评估体系不断建立和完善，信贷环境更加宽松，融资渠道逐渐拓宽，知识产权保护体系也正逐步完善。

关键词：广东文化产业、文化产业投资、无形资产

改革开放以来，广东经济一直具有明显的外向特征，经济对外依存度较高，基本上处于国际产业链和价值链的低端。这就意味着高投入、高消耗、高污染而低收益。当前，广东产业结构正处于转型升级的时期。由于文化产业的特点以及其对产业体系强大的提升作用，要改变现有生产体系，提升广东产业的国际地位，转向科学发展的轨道，就要抓住文化产业发展的契机。广东文化产业总体发展较快，但也存在诸多障碍，如文化产业发展到一定阶段，会更依赖良好的制度环境，制度的不断创新是文化产业持续发展的保证。

一 广东省文化产业政策体系概述

（一）广东文化产业政策体系概述

广东为打造具备较强实力的文化产业体系和文化传播体系，先试先

行。早在 2002 年，党的十六大报告首次明确提出要积极发展文化产业时，广东省委在九届二次全会中就做出了"建设文化大省"的战略决策，广东省文化体制改革和文化大省建设领导小组也相继成立。现在，广东已经建立了一整套文化产业发展的制度支撑体系。

在重要纲领性政策方面，2010 年 7 月 30 日广东省人民政府印发的《广东省建设文化强省规划纲要（2011～2020 年）》（以下简称《纲要》）提出，重点发展文化创意、平面传媒、广播影视、出版发行、演艺娱乐、文化会展等六大文化服务业。到 2015 年，文化服务业增加值达到 2200 亿元，占文化产业增加值的比重超过 45%；到 2020 年，文化服务业增加值达到 4000 亿元，占文化产业增加值比重达到 50%，使广东省成为国内主要的文化内容生产与创新基地。《纲要》还提出着力培育文化领域战略性新兴产业，重点培育新一代网络游戏、数字电视、新型媒体终端等高增长性战略产业，形成具有较强竞争力的产业集群。《纲要》的发布，为广东文化产业的发展注入了强心剂，有利于促进省内文化产业的蓬勃发展。2012 年 8 月 16 日，广东省政府发布《广东省文化产业振兴规划（2011～2015 年）》（以下简称《规划》），提出到 2015 年，文化产业将成为广东省重要的支柱产业，文化服务业增加值达到 2200 亿元，重点发展传媒出版、创意设计等八大产业。

在企业方面，广东省将打造资产和销售过百亿元、核心竞争力强的龙头文化企业，鼓励社会资本进入政策允许的文化产业领域，支持有条件的文化企业上市融资和发行企业债券。《规划》中明确提出，要"推动南方出版传媒股份有限公司、珠江电影集团有限公司、南航集团文化传媒股份有限公司等国有文化企业，以及一批综合实力强的民营文化企业上市"，并打造资产和销售过百亿元、核心竞争力强的龙头文化企业，明确扶持的企业名单。

在行业政策方面，2010 年，广东省政府办公厅转发了广东省新闻出版局《关于做大做强我省出版产业的意见》。2011 年，广东省出台了《关于促进广东省电影产业繁荣发展的若干意见》和《广东省新闻出版和版权业"十二五"发展规划》。2012 年，广东省出台了《关于促进广告业发展的若干意见》《广东省旅游发展规划纲要（2011～2020 年）》《广东省滨海旅游发展规划（2011～2020 年）》等。

在文化财政金融政策方面，2006 年，深圳发布了《关于加快文化产业发展若干经济政策》《关于建设文化产业基地的实施意见》《关于扶持动漫游戏产业发展的若干意见》《深圳市文化产业发展专项资金管理暂行办法》等四个文件，其中重点提出专项资金要采取银行贷款贴息、配套资助、奖励、项目补贴等四种资助方式。2009 年，《广东省文化产业发展专项资金管理暂行办法》出台，设立专项基金，一是用于文化产业贴息贷款；二是资助文化产业专项，每个项目最高可获资助 2000 万元；三是奖励有重大影响的文化作品。

（二）广东文化产业投资开放程度

加快发展文化产业，一方面需要改革国有文化单位，另一方面要扩大投资渠道，引入社会资本，形成全社会投资文化产业的局面。2004 年，广东出台的《广东省社会资本投资文化产业指导目录》将文化产业分为鼓励、允许、限制、禁止等不同类别，将大部分文化产业列为鼓励或允许投资类，对部分特殊行业有所限制，鼓励社会资本进入文化产业领域，促进文化产业发展。

表 1 广东文化产业投资的鼓励、限制及禁止投资领域

类 别	领 域
鼓 励	音像制品及电子出版物批发，图书、报刊零售，音像制品及电子出版物零售，其他出版业，图书报刊批发、零售，广播节目制作、电视节目制作，文艺创作与表演、艺术表演，电影和影视节目制作，电影和影视节目发行，电影放映，录音制作，图书馆、文物及非物质文化遗产保护，博物馆，群众文化活动，社会人文科学研究，专业性团体（的服务），其他文化艺术业，互联网信息服务，基础软件服务，应用软件服务，文化经纪代理服务，野生动植物保护，图书出租、音像制品出租，柔性版印刷关键设备制造，液晶、等离子等新型显示器件开发制造，大屏幕彩色投影电视及其关键器件开发制造，数字音视频广播系统设备制造，数字照相机制造，机制纸及纸板制造，符合经济规模标准的纸制品生产，其他未列明商务服务业
限 制	互联网上网场所设立、经营，国内大型动漫游戏会展，大型文化主题公园建设，大型文化活动，有线广播电视传输服务，无线广播电视传输服务，卫星传输服务，烈士陵园、纪念馆、档案馆，主题公园，高尔夫球场，会展中心建设
禁 止	进入新闻业，设立广播电台、电视台

二 广东文化产业投资规模及行业分布

（一）广东文化产业投资规模及行业分布情况

2012 年，广东省固定资产投资金额总计 8767815 万元。2004 年到 2005 年，广东省文化投资年度增长率实现高增长，增长率达 32.95%，随后增速有所放缓。2011 年同比增长 28.50%，2012 年同比增长 24.04% 以上，增长势头明显。

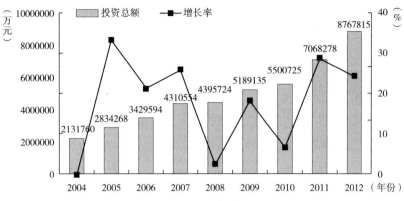

图1 文化及相关产业固定资产投资总额及增长率

数据来源：国家统计局。

在十大行业投资分布中，文化用品的生产投资规模居首，投资总额为2593033万元，其次是文化休闲娱乐服务，投资额总计15404887万元。在全国投资所占比重最高的是文化专用设备的生产，虽然该行业2012年只获得固定资产投资788568万元，占文化用品生产业的1/3强，但在全国该行业投资所占的比重却达到15.11%。新闻出版发行服务和广播电视电影服务在全国投资总额所占的比重分别为2.62%和4.48%。

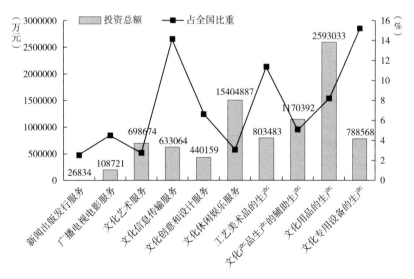

图2 2012年广东省文化及相关产业分行业投资总额及增长率

数据来源：国家统计局。

（二）广东文化固定资产投资重点行业近三年投资额及增长情况

1. 新闻出版发行服务

自 2004 年至 2011 年中，除 2006 年和 2008 年有两次显著增长，其他年份投资规模均在 1 亿元以下。2008 年投资额达到顶峰 54349 万元，超过其他年份投资总和。2012 年，广东省新闻出版发行服务固定资产投资为 26834 万元。

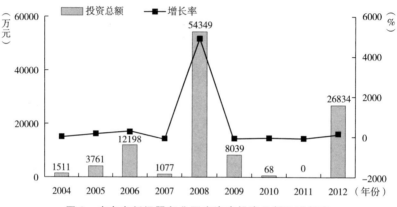

图 3　广东省新闻服务业固定资产投资总额及增长率

数据来源：国家统计局。

2. 广播电视电影服务

自 2004 年到 2011 年，广东省广播电影电视服务固定资产投资规模总体呈波动增长趋势。2004 年到 2006 年，投资规模平稳增长。2007 年投资规模有小幅减少，同比降低 21.38%。2011 年，投资额达到近年来的最高值 333501 万元。2012 年，广东省广播电影电视服务固定资产投资为 108721 万元，同比减少了 67.4%（见图 4）。

3. 文化艺术服务

自 2004 年到 2011 年，广东省文化艺术服务固定资产投资规模总体呈波动增长趋势。2011 年投资额总计 558665 万元，是 2004 年的两倍多。2012 年，广东省文化艺术服务固定资产投资规模为 698674 万元，同比增长 25.06%（见图 5）。

4. 文化信息传输服务

在 2004 年至 2008 年间，广东省网络文化服务固定资产投资规模总体较为平稳。2009 年，投资迎来一次高增长，投资额增至 646114 万元，

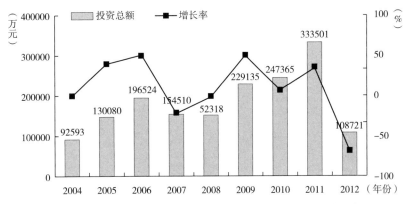

图4 广东省广播电影电视服务业固定资产投资总额及增长率

数据来源：国家统计局。

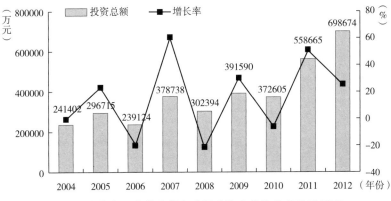

图5 广东省文化艺术服务业固定资产投资总额及增长率

数据来源：国家统计局。

同比增长356.41%。2010年，回落至201858万元，同比减少68.76%。2011年，同比增长82.49%，投资额至368370万元。2012年，文化信息传输服务固定资产投资规模达633064万元，基本接近2008年的投资水平（见图6）。

5. 文化休闲娱乐服务

自2004年到2011年，广东省文化休闲娱乐服务固定资产投资规模总体呈持续增长趋势，增长率总体维持在10%以上，增长势头明显。2011年，投资额增至2036027万元。2012年，广东省文化休闲娱乐服务固定资产投资规模为1504887万元，同比减少26.09%（见图7）。

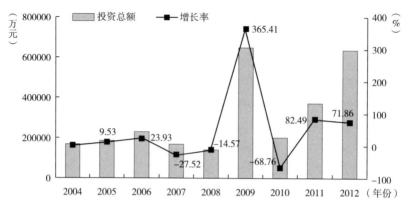

图6　广东省文化信息传输服务业固定资产投资总额及增长率

数据来源：国家统计局。

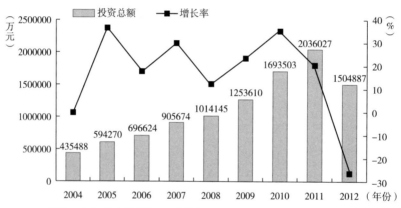

图7　广东省文化休闲娱乐服务业固定资产投资总额及增长率

数据来源：国家统计局。

三　广东文化产业投资资金来源构成

目前，广东文化产业呈现投资主体多元化、融资渠道社会化的特点，民间资本成为重要的投资主体。

（一）财政投入

从2011年起，广东省财政的文化事业经费支出占财政总支出的1%以上。2011年至2015年，全省投入250亿元以上资金，用于支持文化强省

建设。从 2011 年起，广东省财政的文化事业经费支出占财政总支出的 1%
以上。广东省财政设立基层公共文化服务设施建设专项资金，采取以奖代
补方式，对基层文化设施和重点文化工程项目达标的市、县给予补助。
2011 年至 2015 年，广东省财政每年安排扶持文艺精品创作专项资金 5000
万元，用于扶持和打造一批文艺精品。

财政设立基层公共文化服务设施建设专项资金，2011～2015 年每年安
排 1 亿元，共 5 亿元，采取以奖代补方式，对基层文化设施和重点文化工
程〔包括市、县图书馆、博物院、文化馆三馆达标，以及乡镇综合文化
站、村（社区）文化室、农家书屋、文化信息共享工程建设等项目达标〕
给予补助。

2009～2011 年，广东省财政每年拿出 2 亿元设立广东省文化产业发展
专项资金。并从 2011 年开始进一步加大对文化产业的扶持力度，广东省文
化产业发展专项资金将在前三年每年 2 亿元基础上每年递增 4000 万元，到
2015 年达到 4 亿元的资金规模，各地级以上市要设立文化产业发展专项资
金，并随着文化产业的发展逐年增加。2012 年度广东省文化产业发展专项
资金拟资助 64 个项目。

广东文化产业投资基金在 2012 年底前投入 30 亿元参与广东省文化产
业建设。首期基金定向投资于广东省广播电视网络股份有限公司增资扩股
项目。通过挖掘优质项目吸引社会资本积极投入文化产业，建立投资者交
流平台，引导战略投资者重点投向文化产业重点领域和优势项目。基金在
2011 年完成首期 10 亿元资金募集规模的基础上，2012 年中期达到募集资
金 30 亿元，2012 年底募资 40 亿元，在 2012 年底投入约 30 亿元参与广
东省文化产业建设。基金整体规模为 50 亿元，按照 70% 的资金投向广东省
内项目、70% 的资金投向文化产业的原则，重点推进广东省文化产业发展。

（二）银行信贷

2012 年，建行广东省分行与广州市先影投资管理有限公司签订关于
"解决文化项目融资难，为文化产业发展铺设成功之路"的合作项目，成
为首个试水影视投资的银行，给影视业融资提供了解决的路径。合作运作
的模式类似工商业的担保贷款：先影投资作为专业影视融资公司，负责与
贷款方（即影视制作机构）接洽，评估制作项目的盈利与风险，并为贷款
方提供担保，然后影视制作机构才能从银行获得贷款。

（三）上市融资

截至 2012 年，广东省共有 11 家文化企业成功上市，其中，8 家企业融资人民币，占上市企业数量的 73％，3 家融资美元，占上市企业数量的 27％。2012 年，广东省地区新增 A 股上市文化创意企业 8 家，其中主板 1 家，中小板 5 家，创业板 2 家。广东省地区已上市文化创意企业达到 12 家，累计首发融资额超 45 亿元。上市公司中，A 股上市的有 1 家，境外上市的有 3 家。

行业主要分布在商务服务业（3 家），IT 业（3 家），旅游、休闲娱乐业（4 家）和新闻出版业（1 家）。

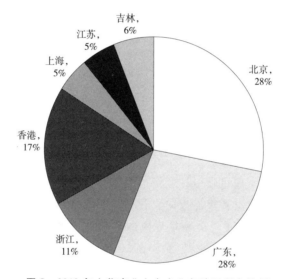

图 8　2012 年文化产业上市企业各地区所占比例

数据来源：新元文智根据公开资料整理。

2012 年 12 月，已在中国证监会申报但未上市的准上市文化创意企业共 80 家。广东省有 12 家，占 15％。撤回上市材料的 32 家文化企业中有 7 家来自广东省。

（四）私募股权融资

据统计，2012 年 1～12 月，全国共发生文化产业股权投资案例 165 起，有 100 起案例公布资金规模。2012 年全年，文化产业股权投资大部分发生在一线城市，广东省发生案例 16 起，占 9.7％。1～12 月披露资金规

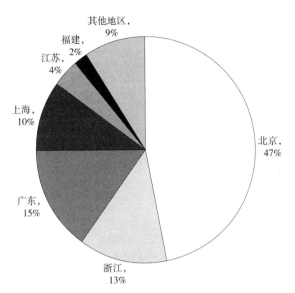

图 9　2012 年 12 月已申报的文创企业地区分布比例

数据来源：新元文智根据公开资料整理。

模的 100 起股权投资案例中也以一线城市居多，广东占 11 起，发生金额 14.47 亿元，占披露总金额的 13.2%。

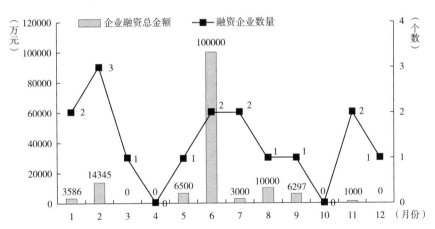

图 10　2012 年 1～12 月广东地区股权投资案例月度分析

数据来源：新元文智根据公开资料整理。

（五）债券融资

广东省文化创意类企业债券发行的渠道主要是中国银行间交易商市场

协会和沪深交易所，共计发行 20 次，发行总规模达到 411.5 亿元，发行主体主要为华侨城集团公司和珠海九洲控股集团有限公司这类文化休闲娱乐服务（含旅游业）型企业及广东南方报业传媒集团有限公司这类新闻出版发行服务型企业。华侨城集团公司共计发行 18 次，发行总规模达到 405 亿元。珠海九洲控股集团有限公司发行 1 次，规模为 3 亿元。广东南方报业传媒集团有限公司发行 1 次，规模为 3.5 亿元。

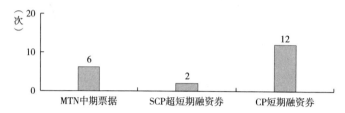

图 11　广东文创企业在中国银行间交易商市场发债情况

数据来源：中国银行间市场交易商协会。

（六）信托融资

据不完全统计，截至 2013 年 8 月，广东省文创企业共发起 5 起信托融资，总规模达到 2.479 亿元，平均规模 0.5 亿元，发行主体主要涉及文化信息传输、文化相关产品的生产。其中，文化信息传输发行次数较多，规模较大，共计 4 次，约 1.78 亿元，分别占比 80% 和 72%。

四　广东文化产业投资的相关期待

（一）进一步加强对民间投资的引导和服务

文化产业快速发展离不开民间资本，各方应加大对民营企业及机构的服务力度，研究出台更加优惠的扶持措施，加快完善相关管理制度、征信体系、资质认定、监管措施等，引导民间资本依法健康投资。

（二）进一步创新投资机制，培育龙头传媒集团

鼓励广东主要媒体跨地域、跨行业发展经营，支持报业、广播电视、出版、互联网等不同业态的媒体之间重组及强强联合，打造和培养一批在国内有广泛影响力的传媒集团，并使龙头企业带动产业链上下游各环节，以促进文化产业投资。

（三）进一步加强风险管理

文化产业投资需要良好的风险管理和专业化保险机制的支持。为了促进文化产业的健康稳定发展，就要完善文化产业保险市场建设，创新出诸如知识产权侵权险、艺术品综合保险、演艺人员保险、文化活动公共安全险、文化企业信用保险等一系列专业的文化产业保险产品及模式。同时，培养文化企业的风险防范意识，加强风险管理辅导、政策制定、平台建设，全方位完善风险管理制度，为文化产业提供有力保障。

B. 18

上海文化产业投资报告

摘要：2012年是上海文化产业深化发展的一年。动漫产业、网络游戏产业、网络视听产业等新媒体业态保持良好发展势头。上海文化产业在与金融、科技、贸易融合中破解发展难题、促进投资、实现创新，使相关产业得到了共同发展。上海面对文化产业投资的一些阻碍时，积极探索，不断创新。政府方面加强了对文化创意产业发展的政策倾斜，建立了扶持资金并协调各方力量推动文化产业发展。上海文化产业投资环境正在不断优化。

关键词：上海文化产业、文化产业投资、文化创意产业、文化无形资产

"十一五"期间，创意产业是上海产业发展的重点。由于文化产业对经济结构调整的重要促进作用，根据《上海市文化创意产业发展"十二五"规划》，到2015年，力争使上海文化创意产业增加值占全市生产总值的12%。2012年，上海文化创意产业实现增加值1247亿元，现价增长7.9%，占地区生产总值的6.2%。文化产业已成为上海经济支柱性产业，是上海创新转型的强大助力。2013年9月，上海自由贸易区对文化产业投资的开放政策为投资发展提供了更为宽松的环境，使得上海文化产业投资持续升温。

一 上海文化产业政策体系概述

（一）上海文化产业政策概述

在确定"创意产业"成为未来推动上海产业升级和城市功能转型的

"加速器"之后，上海市确立的文化创意产业的战略目标是：用 10 年时间，建成亚洲最有影响力的文化创意产业中心。将上海建成一个国际文化大都市，需要政府、市场、中介机构等各方力量共同推进，而产业政策的制定实施是上海文化产业发展的基础。上海从 2004 年开始就出台了一系列重要的文化产业政策。现在，上海已经形成了一整套文化产业政策体系，主要涉及产业规划、产业促进、分类认定、财政扶持、投融资服务、知识产权、人才建设等方面。

在产业规划政策方面，上海主要出台了《上海文化文物广播影视发展"十二五"规划》（2011 年）、《上海市文化创意产业发展"十二五"规划》（2011 年，以下简称《"十二五"规划》）等文件。《"十二五"规划》提出，在大力推动传统产业转型升级、积极培育新兴业态健康发展的前提下，重点发展媒体业、艺术业、工业设计业、时尚产业、建筑设计业、网络信息业、软件业、咨询服务业、广告会展业、休闲娱乐业等十大产业领域，形成"一轴、两河、多圈"的文化创意产业空间布局，到 2015 年，文化创意产业增加值要占全市生产总值的 12% 左右。

在产业促进政策方面，《上海创意产业发展重点指南》（2005 年）将创意产业分为研发设计、建筑设计、文化传媒、策划咨询、时尚消费等 5 大重点产业，其中涵盖 38 个中类行业、55 个小类行业。2012 年 8 月，上海召开文化和科技融合推进大会，颁布《上海推进文化和科技融合发展行动计划（2012～2015）》全面部署了文化和科技融合创新的目标和任务；提出了坚持融合发展、联动推进、应用导向、聚焦突破、创新示范工程、建设上海张江国家级文化和科技融合示范基地、建设文化科技融合发展关键要素支撑体系等主要任务；把突破共性关键技术，培育一批新技术、新模式、新业态的文化科技企业，培养和引进文化科技人才，建成数字化、网络化公共文化服务体系作为到 2015 年将要完成的目标。另外，还印发了《关于本市加强品牌建设的若干意见》等文件。

在财税扶持政策方面，上海主要出台了《上海市促进文化创意产业发展财政扶持资金实施办法（试行）》《上海市关于文化体制改革试点中支持文化产业发展若干财税政策实施意见》《关于支持文化企业发展若干税收政策问题的通知》《上海市旅游发展专项资金使用管理指导意见》等。2012 年，上海市文创办和市财政局制定了《上海市促进文化创意产业发展财政扶持资金实施办法（试行）》和《2012 年上海市促进文化创意产业发展财政扶持资金申报指南》，上海促进文化创意产业发展财政扶持资金

（以下简称"扶持资金"）项目首次实施，项目分为创意设计、现代服务、文化艺术、信息技术四个领域并予以支持，重点扶持文化创意产业领域的信息、贸易、技术、产权/版权交易、数字出版等公共服务平台的建设和应用推广。

在文化产业金融服务政策方面，2010 年 7 月，上海市委宣传部、市金融办会同人民银行上海分行、上海银监局、上海证监局、上海保监局等 11 家单位出台了《上海市金融支持文化产业发展繁荣的实施意见》，提出了建好文化产权交易所、培育专业评估机构、扶持文化产业融资担保机构、鼓励银行加大信贷引导力度、建设"文化企业上市后备资源库"等一系列具体举措。2012 年，上海编制了《文化创意和金融融合发展三年行动计划》等。

（二）文化产业投资开放程度

2010 年 12 月，《上海市文化产业投资指导目录》有关限制类、禁止类产业目录又重新界定了限制禁止领域。2013 年 9 月，《中国（上海）自由贸易试验区总体方案》对文化服务等行业扩大开放，暂停或取消投资者资质要求、股比限制、经营范围限制等准入限制措施，营造有利于各类投资者平等准入的市场环境。随后，《文化部关于实施中国（上海）自由贸易试验区文化市场管理政策的通知》对具体落实工作做出了详细规定。

表 1　上海文化产业投资的限制和禁止投资领域

资本类型	限制类	禁止类
非公有资本	设立广播电视节目制作经营企业，制作新闻和新闻类专题专栏节目、新闻类访谈节目及理论、文献电视专题片制作发行业务	投资设立和经营广播电台（站）、电视台（站），设立电视发射台（站）、转播台（站）、广播电视卫星、卫星上行站和收转站、微波站、监测台（站）、有线电视传输骨干网等，经营电影进口业务，从事书报刊、影片、音像制品成品等文化产品进口业务，设立书报刊出版企业、音像及电子出版物出版企业
外　资		投资设立和经营广播电台（站）、电视台（站），设立电视发射台（站）、转播台（站）、广播电视卫星、卫星上行站和收转站、微波站、监测台（站）、有线电视传输骨干网等，建设和运营有线广播电视分配网，设立广播电视节目制作经营企业，通过广告等经营活动变相进入电台、电视台的宣传编辑业务，设立电影制片企业，经营电影进口业务，在境内投

资本类型	限制类	禁止类
外　资	中外合作摄制的电影底片、样片的冲印及后期制作，应在中国境内完成	式设立文艺表演团体，设立演出经纪机构、中外合资、合作设立文物购售、拍卖企业。从事书报刊、影片、音像制品成品等文化产品进口业务，设立书报刊出版企业，设立音像及电子出版物出版企业 外商独资：在境内投资设立电影发行企业和院线企业，设立文艺表演团体、演出场所经营企业，设立舞厅、卡拉OK厅、音乐茶座、音乐餐厅、游乐场、棋牌室、台球室、电子游戏（艺）机（房）等经营企业，设立互联网上网服务营业场所，设立文物购售、拍卖企业，设立文化产品物流配送企业，设立出版物的总批发和进口企业，设立出版物印刷企业，设立只读类光盘复制企业
其　他	视频点播应以国产节目为主，不得超范围从事经营活动。与香港、澳门合拍的影片经广电总局批准可在内地以外的地方冲印	

说明：此标准不适用于上海自由贸易试验区。

具体到上海自由贸易试验区，投资准入标准的放宽，营造了有利于各类投资者平等准入的市场环境。开放领域主要在三方面。一是允许在试验区内设立外资经营的演出经纪机构、演出场所经营单位，为上海市提供服务。二是允许在试验区内设立外资经营的娱乐场所。三是允许外资企业在试验区内从事游戏游艺设备的生产和销售，经过文化主管部门审查的游戏游艺设备可面向国内市场销售。

二　上海文化固定资产投资现状

（一）2012年度上海文化固定资产投资规模

2012年，上海市固定资产投资金额总计1915334万元。在十大行业分类中，文化产品生产的辅助生产业固定资产投资总额最大，为608425万元，其次是文化休闲娱乐服务，投资额总计597813万元。文化产品生产的辅助生产业占全国该行业总投资的2.59%，而文化休闲娱乐服务仅占1.23%。文化创意和设计服务为154965万元，占全国行业投资比重达2.36%。除此之外，工艺美术品的生产和文化专用设备的生产这两个行业，投资规模较小，所占全国行业投资比重均未超过0.5%。

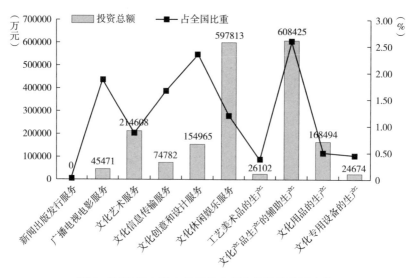

图1 2012年上海文化产业分行业投资总额及占比

数据来源：国家统计局。

（二）上海文化固定资产投资规模增长情况

自2004年以来，上海市文化及相关产业固定资产投资规模总体呈波动增长趋势，2012年，上海市固定资产投资金额总计为1915334万元。总体看，年度投资增长率波动较大，具体如下：2004年到2005年是上海市文化投资第一次高速增长，增长率达79.68%；但2006年投资减至492285万元，仅为2005年投资规模的一半，同比减少47.56%；2007年，上海市投资规模和增长率均同步走高，增长率更是在2008年达到100.85%；2009年到2011年，又重复下滑，投资开始逐年下降；2010年到2011年两年，投资规模增长率同比分别降低39.24%、29.46%；2012年，投资额快速回升，同比增长137.52%，资金规模增至1915334万元。

（三）上海文化固定资产投资重点行业增长情况

1. 新闻出版发行服务

自2006年到2008年，上海市新闻出版发行服务固定资产投资规模逐年增长，在2008年达到5621万元，此后投资规模逐年下降，在2011年和2012年降低为零。

2. 广播电影电视服务

自2004年到2009年，上海市广播电影电视服务固定资产投资规模大

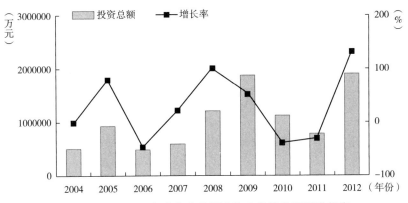

图 2　2004 ~ 2012 年上海文化固定资产投资总额及增长率

数据来源：国家统计局。

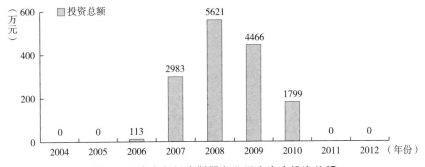

图 3　上海市新闻出版服务业固定资产投资总额

数据来源：国家统计局。

部分徘徊在 50000 万元以下，仅 2009 年达到 50098 万元。增长率呈现波浪状态。2010 年，投资规模明显上升，投资额达到 106814 万元，同比增长113.21%。2011 年和 2012 年没有保持增长趋势，2011 年，同比下降26.05%，投资额为 78992 万元，2012 年，上海市广播电影电视服务固定资产投资为 45471 万元，又同比下降了 42.44%。

3. 文化艺术服务

自 2004 年到 2012 年，上海市文化艺术服务固定资产投资规模基本在20 亿元左右。仅 2005 年投资达 483422 万元，同比增长 311.93%；随后的2006 年骤减，投资额下降九成，为 26451 万元；2009 年投资规模达到401412 万元；2011 年时投资额跌至 120282 万元；2012 年，上海市文化艺术服务固定资产投资规模为 214608 万元，比 2011 年同比增长 78.42%。

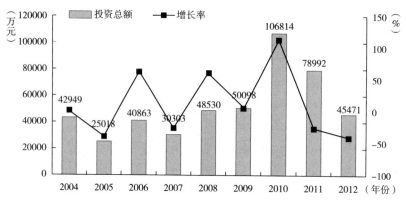

图4 上海市广播电影电视服务业固定资产投资总额及增长率

数据来源：国家统计局。

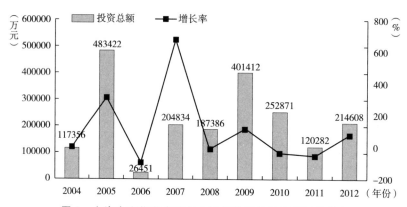

图5 上海市文化艺术服务业固定资产投资总额及增长率

数据来源：国家统计局。

4. 网络文化服务

自2004年到2011年，上海市网络文化服务固定资产投资规模总体呈波动增长趋势。2005年时投资达到巅峰值19429万元，同比增长率高达1042.88%。到2006年时投资额锐减近八成，只剩4158万元。随后几年，投资额逐年下滑，到2009年时降低为零。2010年开始重新起步，到2011年时，投资额增长至7087万元。2012年，上海市网络文化服务固定资产投资规模为74782万元。

5. 文化休闲娱乐服务

自2004年到2011年，上海市文化休闲娱乐服务固定资产投资总体呈波动增长趋势，但规模投资均在11亿元以下。2006年、2008年和2011年

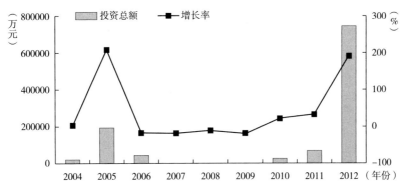

图 6 上海市网络文化服务业固定资产投资总额及增长率

数据来源：国家统计局。

这三年呈现高速的正增长，增长率分别为 70.54%、136.16% 和 24.97%。
2012 年，上海市文化休闲娱乐服务固定资产投资规模为 597813 万元，约
为 2011 年的 3 倍。

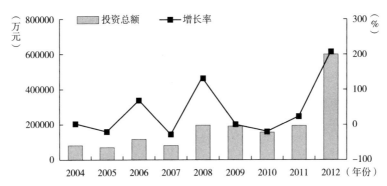

图 7 上海市文化休闲娱乐服务业固定资产投资总额及增长率

数据来源：国家统计局。

三 上海文化产业投资资金来源构成

（一）财政投入

2012 年，上海加大资金扶持力度。市级文化产业财政扶持资金总额达
3 亿元，撬动资金投入 10 亿元。促进文化创意产业发展财政扶持资金（现
代服务、信息技术、文化艺术方向）合计拟支持金额为 16074 万元。2012
年，在继续提升电影、数字出版、动漫游戏、网络视听、民营院团等领域

专项资金扶持效益的基础上，上海在全国率先投入出版物发行网点建设扶持资金，对全市首批 35 家中小微、专精特实体书店资助 500 万元，扶持鼓励更多出版物发行企业走品质化、专业化、特色化之路。

上海制定了《上海市促进文化创意产业发展财政扶持资金实施办法（试行）》（2012 年），并于 5 月发布《2012 年上海市促进文化创意产业发展财政扶持资金申报指南》。《申报指南》提出接受信息类、贸易类、技术类、版权/产权交易类和数字出版类等五个类型的产业公共服务平台申请资助（共有 122 个平台项目和 18 个课题项目列入扶持范围）。全市共有 511 个项目申报资助，经过评审程序，最终有 133 个项目获得资助，资助总金额约为 2.95 亿元（其中 2012 年度下拨资金 1.94 亿元），带动区县配套资金 1.15 亿元，撬动社会资本投入 13.38 亿元。各区县积极响应，纷纷出台了一系列配套资金政策和举措，市区两级产业推进工作得以全面推动，全市文化产业迎来良好发展机遇。

（二）银行信贷

在过去的 2012 年，上海几家商业银行加大了对文化产业的信贷投入，创新了金融产品和金融服务。据初步统计，2012 年度，上海银行完成 300 笔中小微文化企业贷款，提供的信贷融资总余额达 25 亿元；浦发银行上海分行为 120 余家文化创意类小微企业提供贷款余额达 10.9 亿元；北京银行上海分行完成 37 笔文化企业贷款，总贷款额 7.9 亿元；中国银行上海分行累计为 160 余家中小微文化企业提供授信，授信余额 5.48 亿元。

（三）上市融资

截至 2012 年，上海共有 14 家文化企业成功上市。在 14 家上市的企业中，8 家企业融资人民币，占上市企业数量的 57%，6 家企业融资美元，占上市企业数量的 43%。

2012 年，上海地区新增 A 股上市文化创意企业有"上海新文化"一家，其在创业板上市，融资 5.2 亿元，所属行业为广播电影电视业。上海上市企业数占 2012 年全国同期文化产业上市企业数的 5%。

2012 年 12 月，已在中国证监会申报但未上市的准上市文化创意企业共 80 家，其中上海地区企业有 8 家，占申报上市企业总数的 10%。

（四）私募股权融资

2012 年 1～12 月，上海文化产业股权投资发生案例 32 起，占全国总数

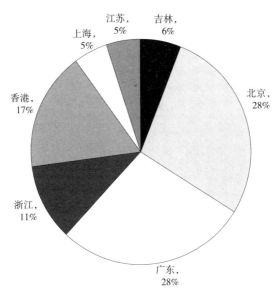

图 8　2012 年文化产业上市企业各地区所占比例

数据来源：新元文智根据公开资料整理。

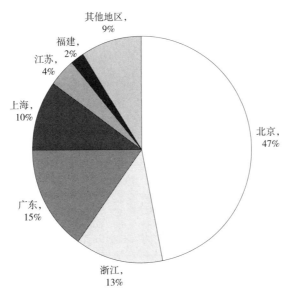

图 9　2012 年 12 月已在证监会申报的文化企业地区分布情况

数据来源：新元文智根据公开资料整理。

的 19.39%。全国披露资金规模的 100 起股权投资案例中也以一线城市居多，上海披露案例数量 21 起，发生金额 15.46 亿元，占披露总金额的 14.10%。

（五）其他资金来源

1. 债券融资

上海市文化创意类企业债券发行的渠道主要是中国银行间交易商市场协会和沪深两交易所，共计发行 18 次，发行总规模达到 187 亿元。上海东方明珠（集团）股份有限公司、锦江国际（集团）有限公司和上海豫园旅游商城股份有限公司等文化休闲娱乐服务（含旅游业）型企业，共计发行 13 次，发行总规模达到 159 亿元，发行次数和总规模分别占比 72% 和 85%。中国银行间交易商市场中，短期融资券 6 次、中期票据 10 次、定向工具 1 次。

2. 信托融资

据不完全统计，到 2013 年 7 月为止，上海市文创企业共发起 3 起信托计划，总规模达到 5 亿元，发行主体主要为文化休闲娱乐服务（含旅游业）。

四　上海文化产业未来发展的展望

（一）知识产权保护环境更加优化

"十一五"期间，上海已经完成了对《上海市科学技术进步条例》的修订，启动了《上海市专利保护条例》的修订工作，制定了《关于本市实施〈国家知识产权战略纲要〉的若干意见》《上海市专利资助办法》《关于本市促进知识产权质押融资工作的实施意见》等一批有关知识产权的规范性文件。同时，政府还出台了一系列促进文化创意产业发展、展会知识产权保护以及企业自主品牌建设的配套政策。另外，上海市知识产权发展研究中心、上海知识产权仲裁院等专业机构先后成立，知识产权工作取得了较快的发展。"十二五"期间，上海还将完善《上海市专利资助办法》，制定《上海市发明创造专利奖励办法》，进一步优化专利申请结构，奖励重大发明创造；制定和实施《上海市知识产权优势企业认定办法》，开展知识产权优势企业创建活动；继续实施《上海市加快自主品牌建设专项资金管理暂行办法》；并且建立知识产权保护长效机制，建立多元化的纠纷解决机制，加强重大涉外知识产权纠纷的统筹协调，完善知识产权信息公共服务平台，进一步完善包含专利、商标、版权等内容的知识产权信息公共服务平台建设。这些都将优化上海知识产权保护环境，使企业掌握和运用知识产权制度的能力大幅提高，产业自主知识产权数量快速增加。

（二）财政扶持力度更大，杠杆作用更加明显

政府的资金投入就是一种信号，有着很强的指导作用和示范效应，其作为撬动杠杆可以为投资人增加投资信心和提供有效保证。进一步发挥财政资金的杠杆作用，可有力扶持文化企业持续发展。2012 年，上海市级文化产业财政扶持资金总额达 3 亿元，撬动资金投入 10 亿元。上海在全国率先试点征收增值税，文化产业部分行业被纳入营业税改征收增值税试点。政策试点以来，超过九成的文化试点企业税负下降，试点总体取得良好效果。政府正在积极探索如何高效地利用财政资金，采用例如财政资金贴息支持、风险补偿基金等不同模式，推动更多资金用于支持中小文化企业，提高银行对中小文化企业不良贷款的容忍率等，以发挥财政资金的最大效用。

（三）文化产业知识产权评估体系更加完善

文化创意企业轻资产、核心竞争力是人才和商业模式等特性，使得企业经营具有较高的不确定性，可用于质押担保的资产十分不足，从而，金融机构很难对企业进行风险评估。目前，上海正在探索无形资产的价值评估体系、版权评估制度和系统化标准，以及发展上海文化产权交易所等机构建设。同时，各方正积极开发适合文化产业的评估模式，以推动无形资产、动态资产的评估、转让及担保体系的建立和完善。

个 案 研 究

Case Study

B. 19

北京歌华文化发展集团
文化产业投资特点分析

摘要：北京歌华文化发展集团投资主要集中于文化服务领域，成立初期迅速布局文化产业，并依托有线电视、文化互动展览、工程咨询等逐渐扩大到广告、演艺等领域，2007年有线电视领域进入高速发展阶段，新技术升级、三网融合和文化贸易平台项目的投资迅速带动企业进入新的发展阶段。

关键词：文化贸易服务、有线电视、三网融合、文化商品展示交易中心

北京歌华文化发展集团自1997年成立以来，经历了快速布局、稳步扩大文化领域投资、2007年借助奥运提升投资速度和2010年以后快速发展这四个阶段，逐渐扩大歌华集团在文化产业的投资领域，并朝着多元化、专业化、国际化的文化服务供应商的方向发展。

一 北京歌华文化发展集团经营概况

北京歌华文化发展集团成立于1997年，是北京市的大型国有文化产业集团，其业务领域包括文化创意设计服务、文化内容集成服务、文化贸易服务、文化金融服务、文化信息技术服务、文化设施运营管理服务六大体系，文化市场服务业务主体为文化中心，贸易中心，投融资中心，公益性、非营利文化机构，包括中华世纪坛世界艺术中心、北京国际文化艺术保护中心、歌华研究中心等。近几年，北京歌华文化发展集团依托主营业务投资，带动了主营业务收入的快速增长。

表 1 北京歌华文化发展集团收入状况

单位：万元，%

分 类	2011 年		2010 年		2009 年	
	收入	比例	收入	比例	收入	比例
文化活动和展览	6662.27	32.52	4584.25	18.39	5490.55	16.85
广告及设计策划	4008.19	19.56	3388.29	13.59	2611.23	8.01
物业及租金收入	9281.71	45.30	8852.63	35.52	6324.08	19.41
物业销售			7903.25	31.71	17944.58	55.07
其 他	535.81	2.62	194.97	0.79	212.66	0.66
合 计	20487.98	100	24923.39	100	32583.1	100

数据来源：北京新元文智据公开资料整理（文资网，www.ccizone.com）。

它以股权投资设立子公司的形式增加文化会展和演出、广告设计和传媒服务、文化创意服务等领域的投资。截至 2011 年，北京歌华文化发展集团纳入合并范围的子公司共有 22 家，其中全资子公司 13 家。

表 2 北京歌华文化发展集团子公司统计

单位：万元，%

名 称	注册资本	直接持股比例	间接持股比例
北京美光房地产开发有限公司	9965	—	100
北京歌华创意培训中心有限公司	4000	—	100
北京和融投资有限公司	3000	—	100
北京歌华文化产业投资基金管理有限公司	3000	—	100
北京华北酒店管理中心	1791	100	—
北京歌华文化中心有限公司	1000	80	10
北京歌华传播中心有限公司	1000	80	20
北京歌华科技中心有限公司	1000	51	49
北京歌华美术公司	1000	100	—
北京歌华美创空港置业有限公司	1000	—	100
北京歌华网络文化资讯有限公司	1000	—	100
北京歌华广告有限公司	1000	—	100

名　　称	注册资本	直接持股比例	间接持股比例
北京歌华阳光广告有限公司	1000	50	—
北京歌华科意设计文化传播有限公司	500	—	40
北京歌华文化设施管理有限公司	500	—	100
北京歌华移动电视广告有限公司	500	—	100
北京歌华中演文化有限公司	360	50	
北京文化艺术总公司	301.4	100	
北京歌华设计有限公司	200	—	60
北京歌华文化投资管理有限公司	100	—	60
北京歌华展览公司	100	—	100
北京歌华蓝石数字艺术有限公司	100	—	51

数据来源：新元文智据公开资料整理（文资网，www.ccizone.com）。

二　北京歌华文化发展集团投资历程

北京歌华文化发展集团自成立到 2002 年，成立了有线传输、旅游、工程咨询等 13 家文化产业子公司，迅速布局文化产业。2004 年之后三年，北京歌华文化发展集团投资广告、演艺等领域，扩大文化投资范围。2007年借助奥运增加音乐、演艺、文化创意等领域，进一步扩大文化投资范围，有线电视等主营业务领域进入高速发展阶段。2010 年以后，开始进行传媒领域技术升级和三网融合的投资，为下一步企业扩大文化服务领域，布局"文化""传播""科技"三产业和文化服务平台共同发展的战略模式奠定基础。

（一）成立初期集团快速布局文化产业

1997 年北京歌华文化发展集团成立。1999 年以来，北京歌华文化发展集团通过全额投资、合资、兼并收购等方式，不断扩大集团经营范围，如布局有线传输、演艺服务、广告、旅游、工程咨询、教育、音像、传媒等各文化服务领域，进入第一个快速布局发展阶段。

表3　1999～2002年北京歌华文化发展集团投资状况

年　份	投资状况
1999	北京歌华有线电视网络股份有限公司经北京市人民政府批准正式成立。发起人认购股份为北京歌华文化发展集团，占94.47%
2000	北京歌华演出艺术公司与北京广播艺术协会所属太阳文化艺术有限公司合并，成立北京歌华太阳文化艺术有限公司
2000	北京歌华广告艺术公司与《北京青年报》报社的阳光广告公司合并，成立了北京歌华阳光广告艺术有限公司
2000	北京歌华物业公司与北京外企服务中心所属的双新物业公司合并，成立了北京歌华双新物业管理有限责任公司
2001	获批复成立中华世纪坛管理中心
2001	北京歌华文化发展集团投资参股北京京城水系旅游开发有限公司
2001	北京歌华文化发展集团和北京麦华盛化工技术服务有限公司共同投资成立北京歌华美盛工程咨询有限公司
2001	北京歌华文化发展集团和北京自来水集团共同投资组建北京和融投资有限公司
2001	北京歌华文化中心有限公司成立
2002	北京歌华国际教育发展中心有限公司成立
2002	北京歌华音像有限公司注册成立
2002	北京歌华传播中心有限公司注册成立
2002	福建歌华音像有限公司成立
2002	歌华有线完成了远郊10个区县有线电视网络的收购

（二）稳步扩大文化投资范围

在原有文化产业布局和资源的基础上，2004年，北京歌华文化发展集团加大了广告、演艺、娱乐等领域的投资，由原有的文化服务和传媒领域不断向相关领域扩大投资，这一时期的投资主要围绕媒体和演艺服务展开，投资步伐相对稳定。

表4　北京歌华文化发展集团主营业务投资状况

年　份	投资状况
2004	歌华集团与歌华阳光广告公司共同投资组建的北京歌华移动电视广告有限公司正式注册成立，代理北京移动电视广告业务

年　份	投资状况
2004	北京歌华文化设施管理有限公司成立
2004	中国对外文化集团公司和北京歌华文化发展集团共同组建北京歌华中演文化有限公司
2004	北京歌舞剧院有限责任公司正式挂牌成立，由首都旅游集团、歌华集团、北京电视台、北京三奇广告公司共同出资组建
2004	歌华集团正式筹建"中华世纪坛世界艺术馆"
2005	北京歌华文化发展集团投资控股北京北奥大型文化体育活动有限公司
2005	歌华集团与开元旅业集团共同投资成立北京歌华开元酒店管理有限公司，持股51%
2005	歌华集团与中体产业集团股份有限公司共同投资组建北京中体票务发展有限公司
2005	北京歌华文化中心有限公司与北京歌舞剧院有限责任公司共同出资组建北京广德楼娱乐产业有限责任公司

（三）奥运带动歌华集团投资增长

2007 年，北京歌华文化发展集团组建北京奥运会开闭幕式运营中心音乐制作工作室。借助 2008 年奥运会的契机快速发展，有线电视领域进入高速发展阶段。除了稳定增长新媒体领域的投资外，北京歌华文化发展集团还增加了演艺、文化创意等其他领域的投资。

表 5　2007~2009 年北京歌华文化发展集团主营业务投资状况

年　份	投资状况
2007	歌华集团组建北京奥运会开闭幕式运营中心音乐制作工作室，承担并推进此项目运作
2007	歌华有线利用自有资金分别出资 5000 万元、2700 万元和 9.6 万元投资参股了深圳市茁壮网络技术有限公司、北京数码视讯科技股份有限公司和北京水木阳光传媒科技有限公司
2008	歌华有线子公司北京歌华有线数字媒体有限公司投资 196 万元与北京教育信息网络服务中心有限公司合资成立北京华讯视通科技有限公司，占被投资公司权益的 49%
2008	北京天创演艺制作有限公司、北京歌华文化中心有限公司和北京市文化艺术基金会共同投资设立北京歌华天创演艺公司，投资、创制大型视觉交响京剧《新白蛇传》

年　份	投资状况
2008	北京和融投资有限公司、北京歌华 DV 文化发展中心和普信通公司共同投资设立北京歌华在线文化传媒有限公司，从事视频新闻及网络运营等业务
2009	北京歌华文化创意产业中心成立
2009	歌华传播中心申报的《国际传媒交流与服务平台项目》通过北京市文化创意产业发展专项扶持资金评委会审核，该项目将建设北京国际传媒交流与服务平台

数据来源：新元文智据公开资料整理（文资网，www.ccizone.com）。

（四）技术升级和大型项目投资带动企业进入新的发展阶段

2010 年以后，北京歌华文化发展集团开始进行有线传媒领域技术升级的投资，通过高清交互数字电视基础应用工程项目和三网融合投资带动了传媒等主营业务的快速发展。2012 年，通过北京国际文化商品展示交易中心建设工程项目、中华世纪坛当代艺术中心推进企业未来主要文化服务领域业务，依托主营业务项目投资推进企业进入新一轮的快速发展阶段。

表 6　2010～2012 年北京歌华文化发展集团主营业务投资状况

年　份	主营业务投资状况
2010	歌华有线将 5630.79 万元投入绵阳科技城产业投资基金和中国电影股份有限公司，分别占被投资公司权益的 1.11% 和 1%
2010	高清交互数字电视基础应用工程项目，工程项目投资预算为 18 亿元，2012 年募集资金累计投资 8.12 亿元，投资进度 45.11%
2011	歌华有线对外投资金额为 5500 万元，投入绵阳科技城产业投资基金和富邦歌华（北京）商贸公司，占被投资公司权益的 1.11% 和 20%
2011	歌华有线投资管理有限公司与上海文广互动电视有限公司达成投资协议，投资管理公司已将首期投资款 1520 万元支付给上海文广互动电视有限公司；2012 年完成对上海文广互动电视有限公司的股权投资，投资总金额为 2500 万元，占该公司股权比例为 15.9664%
2011	歌华有线以自有资金出资 800 万元，投资设立一个全资子公司北京歌华益网广告有限公司，2012 年投资 3000 万元
2011	北京市歌华有线数字电视用户信息中心项目，在建而且投资进度达到 85.57%
2012	北京控股子公司北京视宽新创有线信息工程有限责任公司 2012 年实际被投资 1920 万元

续表

年　份	主营业务投资状况
2012	北京控股子公司北京歌华有线数字媒体有限公司 2012 年实际被投资 4135.6 万元
2012	涿州控股子公司涿州歌华有线电视网络有限公司 2012 年实际被投资 4180 万元
2012	"秦皇岛歌华营地"（一期）建成投入试运营
2012	全资子公司北京歌华益网科技发展有限公司 2012 年实际被投资 3000 万元
2012	全资子公司歌华有线投资管理有限公司 2012 年实际被投资 5000 万元
2012	北京国际文化商品展示交易中心建设工程项目开工建设
2012	中华世纪坛当代艺术中心建成

数据来源：新元文智据公开资料整理（文资网，www.ccizone.com）。

（五）控股上市企业歌华有线投资状况

2009 年以来，控股企业歌华有线通过扩大主营业务领域投资，带动企业快速发展，尤其是网络运营、文化服务等主营业务的投资不断增加，集团整体竞争力得到迅速提升。

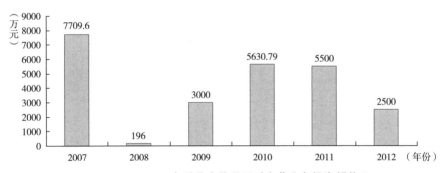

图 1　2007～2012 年歌华有线公司对主营业务投资额状况

数据来源：新元文智据公开资料整理（文资网，www.ccizone.com）。

三　北京歌华文化发展集团资金来源分析

北京歌华文化发展集团投资资金来源包括上市融资、银行短期贷款、债券发行，其中发行债券是目前主要资金来源。

1. 上市融资

2001 年 2 月，控股公司歌华有线在上海证券交易所挂牌上市，共募集资金 12.4 亿元，扣除发行费用 3500 万元后，实际募集资金 12.05 亿元。

目前，上市募集资金已全部用完。

2. 债券融资

2004 年以来，歌华共发行 4 次债券，融资 40.5 亿元，其中两次可转债融资 28.5 亿元，两次长期债券融资 12 亿元。债券融资主要是用于偿还银行短期贷款，降低融资成本。

表 7　2004~2013 年北京歌华文化发展集团发行债券状况

证券简称	发行额（亿元）	发行人中文名称	票面利率（%）	发行年份	债券期限（年）
歌华转债	12.5	北京歌华有线电视网络股份有限公司	—	2004	5
11 歌华转债	16	北京歌华有线电视网络股份有限公司	1	2010	6
13 歌华债	6	北京歌华文化发展集团	5.98	2013（1~7 月）	7
13 京歌华	6	北京歌华文化发展集团	5.98	2013（1~7 月）	7

数据来源：新元文智据公开资料整理（文资网，www.ccizone.com）。

3. 银行贷款

北京歌华文化发展集团过去的融资方式以短期银行贷款为主，使得流动负债所占比例较高。歌华集团通过发行债券逐渐改变企业负债结构，降低融资成本，目前，北京歌华文化发展集团的融资来源主要包括债券发行和短期贷款，债券融资主要用于长期投资性支出。

四　北京歌华文化发展集团未来投资计划分析

2012 年，公司完成了多个专网项目的签约，包括全年开通 2000 多条线路。三网融合云服务平台项目建设，融合通信平台、视频资源采集系统等子项目开始启动。歌华有线获得了有线电视网的互联网接入业务、互联网数据传送增值业务和国内 IP 语音业务的批复，制订了《三网融合业务发展规划（2013~2015 年）》，并实施"一网两平台"战略，加快传统媒介向新型媒体、单一有线电视传输商向全业务综合服务提供商转型，加快高清交互数字电视覆盖，提升网络基础设施和技术系统建设，推进高清交互新媒体向新型媒体转型，大力拓展三网融合业务。

五 北京歌华文化发展集团投资特点和借鉴

北京歌华文化发展集团投资主要集中在文化服务领域。1999 年以来，北京歌华文化发展集团通过项目投资和设立子公司，加大网络服务、演艺服务、文化贸易对接等主营业务领域投资，以直接项目投资为主，带动了集团整体的快速发展。

专业化的投资基金是北京歌华文化发展集团新的投资渠道。2009 年，北京歌华成立基金用于股权投资和其他投资，尽管投资比重较低，但是以创新的投资模式增加专业化投资渠道也是值得借鉴的。

北京歌华文化发展集团资金依赖债券发行和银行短期贷款。其融资通过银行贷款、上市、发行债券等渠道，其中银行贷款主要用于短期流动资金。2010 年北京歌华文化发展集团开始发行债券融资，2013 年融资力度不断加大，累计融资 40.5 亿元。

北京歌华文化发展集团投资速度加快。2009 年以来，北京歌华文化发展集团主营业务领域投资速度加快，尤其是歌华集团文化服务项目、歌华有线的三网融合投资以及北京国际文化商品展示交易中心等领域投资规模快速增长，大型投资项目带动整体业务快速发展。北京歌华文化发展集团成立以来，投资的区域主要集中在北京及周边地区，随着业务的不断扩展，也逐渐向上海等其他经济发达地区扩展。

B. 20

横店集团控股有限公司文化产业投资

摘要： 横店集团控股有限公司依托横店影视城投资，开展影视服务领域业务，在现有影视基地和服务资源的基础上，投资范围逐步渗透到影视制作领域，扩大了企业影视资源范围，调整了资源结构。2008 年，企业快速进入电影院线投资领域，延伸了文化影视领域产业链的投资范围，依托影视服务逐渐向影视制作和下游发行领域扩展。

关键词： 横店影视城、影视娱乐、影视制作、电影院线

横店集团把投资逐渐转移到影视发行的院线领域，扩大企业在影视发行领域的影响力。最初，横店集团依托影视城的 13 个影视拍摄基地和两座超大型的现代化摄影棚开展影视服务和影视旅游业务，并逐步渗透到影视制作领域，在此基础上，2008 年，横店集团加快了电影发行领域投资，在全国布局电影院线。

一　横店集团控股有限公司经营分析

横店集团控股有限公司主要经营电子电气、医药化工、影视娱乐三大产业。目前，横店集团控股有限公司在影视娱乐领域的投资主要分布在影视服务、影视旅游、影视制作、院线影城等领域。横店集团控股有限公司以投资影视旅游实景拍摄基地及相关服务为主，逐渐渗透到影视制作领域，最终渗透到下游影视院线，这种以影视城为核心逐渐渗透到下游影视制作和院线的投资模式，使横店集团控股有限公司得到快速发展。

2011 年度，公司影视娱乐板块实现主营业务收入 21.38 亿元，同比增长 30.96%，共接待游客 1080 万人次，同比增长 28.42%，接待中外影视

剧组 150 个，同比增长 4.9%。2012 年 1~3 季度，公司影视娱乐板块实现主营业务收入 18.33 亿元，接待游客 900 万人次，接待中外影视剧组 110个。横店院线拥有 64 家影院，发展趋势良好。

表 1 横店集团控股有限公司影视娱乐营业收入状况

年 份	影视娱乐营业收入（亿元）	占总收入比例（%）
2007	9.14	7.27
2008	11.29	8.01
2009	12.40	7.70
2010	16.33	8.01
2011	21.38	8.96
2012 年 1~9 月	18.33	8.40

数据来源：新元文智据公开资料整理（文资网，www.ccizone.com）。

截至 2012 年，横店集团控股有限公司直接控股及间接控股的子公司共有 43 家，其中涉及影视领域，浙江横店影视城有限公司具有世界上规模最大的影视旅游实景拍摄基地，拥有演员提供、设备租赁、场景道具制造、内容审查、居住生活服务等服务体系，有较为完善的影视拍摄制造服务链，是全国影视制作和拍摄最集中的地方之一。

表 2 截至 2012 年 3 季度末横店集团控股有限公司文化产业子公司收入情况

单位：亿元,%

子公司	2012 年 1~9 月		2011 年		2010 年		持股比例	主营业务
	收入	占比	收入	占比	收入	占比		
浙江横店影视城有限公司	7.2	58.02	7.62	55.70	5.3	58.18	90	景区旅游服务及管理
浙江横店影视娱乐有限公司	4.99	40.21	5.85	42.76	3.53	38.72	98	影视产业投资、院线投资、电视剧等
浙江横店影视制作有限公司	0.22	1.77	0.21	1.54	0.28	3.11	90	影视作品制作、发行等
小 计	12.41	100	13.68	100	9.11	100	—	—

数据来源：新元文智据公开资料整理（文资网，www.ccizone.com）。

浙江横店影视城有限公司游客接待数量从 2001 年的 57 万人次，增长至 2011 年的 1080 万人次，2012 年 1～9 月已经达到 900 万人次。公司 2011 年接待国内外各种剧组 150 个，2012 年 1～9 月达到 110 个。

表 3　横店影视城营运状况统计

横店影视城营运	2012 年 1～9 月	2011 年	2010 年	2009 年
游客接待数量（万人次）	900	1080	841	690
接待影视及广告摄制组（个）	110	150	143	117
影视旅游收入（万元）	71950	76191	52997	46661
占影视板块收入（%）	39.25	35.64	32.45	37.63

数据来源：新元文智据公开资料整理（文资网，www.ccizone.com）。

二　横店集团控股有限公司投资历程

横店集团控股有限公司主要依托影视城，然后逐渐渗透到下游影视制作和院线领域。自 1996 年以来，横店集团累计投入 30 亿元资金兴建横店影视城，建成广州街、香港街、明清宫苑、秦王宫、清明上河图、梦幻谷、屏岩洞府、大智禅寺、明清民居博览城等 13 个影视拍摄基地和两座超大型的现代化摄影棚，是目前亚洲规模最大的影视拍摄基地。2002 年，横店集团开始投资影视制作领域，依托横店影视基地，逐渐渗透到影视制作，2008 年，其在影视服务和影视制作的基础上投资影视院线领域，逐渐延伸企业投资产业链。

表 4　横店集团控股有限公司投资状况

年　份	投资状况
1996 年以来	横店集团累计投入 30 亿元资金兴建横店影视城，现已建成广州街、香港街、明清宫苑、秦王宫、清明上河图、梦幻谷、屏岩洞府、大智禅寺、明清民居博览城等 13 个影视拍摄基地和两座超大型的现代化摄影棚
2000	横店集团成立全资子公司浙江横店影视娱乐有限公司，进入影视制作领域，已初步形成了影视拍摄、制作以及电影院线发行等产业环节
2002	开始独立拍片，先后制作发行了《投名状》《农民代表》《暗哨》《叶问前传》《镖行天下》《寻龙夺宝》《遍地狼烟》《秋霜》《喋血钱塘江》《搞定岳父大人》等多部影视剧

续表

年　份	投资状况
2008	横店集团组建了浙江横店电影院线,并于2009年1月正式运作。该项目拟在全国县级以上城市建设数字化多厅影院,到2011年底累计开通了45家影院,2012年前建成75家,共计525厅,约778750座。横店集团依托影视城投资逐步渗透到影视制作甚至下游电影院线的投资,有力地带动了整个集团的快速发展
2009	联合摄制了电影《寻龙夺宝》、电视剧《秋霜》《喋血钱塘江》等
2010	公司投资拍摄的10部系列电视电影《镖行天下》,联合摄制了《寻龙夺宝》《幸福卡片》《遍地狼烟》
2011	制作发行了《疯狂的石头》《爱情呼叫转移》《投名状》等十多部优秀影片

数据来源:新元文智据公开资料整理(文资网,www.ccizone.com)。

依托影视城发展影视服务和旅游,发挥影视城效益,逐渐向影视制作领域投资延伸,到2012年横店集团影视娱乐领域投资额达到5.85亿元,其中原先收购3亿元,"上海滩"景区建设投资1.3亿元,电影电视投资每年在5000万元左右。横店集团在影视产业的影响力不断扩大。

表5　横店集团控股有限公司影视娱乐产业在建工程项目情况

单位:万元

项目名称	总投资	2012年已投资
国内各大、中城市收购和建设影院	120000	30000
电影电视剧生产	20000	5000
"上海滩"景区建设	62000	13000
横店国际会议中心扩建工程	25490	2500
横店旅游客运中心建设	145578	7000
横店度假村五星级酒店	30000	1000

数据来源:新元文智据公开资料整理(文资网,www.ccizone.com)。

横店集团控股有限公司还以联营及参股的方式进行股权投资,涉足专业基金领域,参股金浦产业投资基金管理有限公司和光大金控(天津)创业投资有限公司,扩大企业权益投资和经营范围。

三 横店集团控股有限公司资金来源分析

横店集团控股有限公司主要是通过发行债券和银行贷款两种渠道融资，到 2013 年，其债券融资 134 亿元，银行贷款 113.38 亿元。

1. 债券融资

横店集团控股有限公司每年债券发行较为稳定，2010 年以来，公司投资规模扩大，融资规模也逐步扩大。它最早于 2005 年 11 月 10 日首次发行短期融资债，募集资金 10 亿元。到 2013 年共计融资 11 次，短期债券 8 期，中期票据 1 期，长期债券 2 期，共计融资 134 亿元。

表 6　2005～2013 年横店集团控股有限公司发行债券状况

证券简称	发行总额 （亿元）	票面利率 （%）	发行年份	债券期限 （年）
05 横店 CP01	10	2.84	2005	364（日）
06 横店 CP01	10	4.59	2006	1
07 横店债	5	6.02	2007	10
08 横店 CP01	10		2008	1
09 横店 CP01	10		2009	364（日）
10 横店 CP01	15		2010	364（日）
11 横店 CP01	13	6.1	2011	1
11 横店债	12	6.3	2011	10
12 横店 CP001	15	3.99	2012	1
13 横店 CP001	19	4.3	2013（1～7 月）	1
13 横店 MTN1	15	4.88	2013（1～7 月）	3

数据来源：新元文智据公开资料整理（文资网，www.ccizone.com）。

2. 银行授信

横店集团控股有限公司与各银行之间建立了银企合作关系，截至 2012 年 9 月 30 日，各家银行给予横店集团的授信总额度为 256.46 亿元，其中已使用的额度为 113.38 亿元（其中含承兑汇票、信用证、保函），授信剩余额度为 143.07 亿元。横店集团控股有限公司凭借固定资产优势和企业市场良好影响力，贷款融资难度低于中小文化企业。

四 横店集团控股有限公司未来投资计划分析

影视娱乐产业打造影视服务和影视旅游两大高地，以横店影视实验区为载体，积极延伸产业链，提高服务能力和旅游接待能力。

影视旅游产业以横店影视实验区为载体，构建完整的影视制作服务体系，完成影视拍摄基地向影视产业基地的转型，并发展电影放映业务，加快在全国城市的影城建设步伐。到 2015 年，建成 150～200 家中高档规模影院，荧幕数 1000～1400 块，跻身全国院线前 5 名。

横店影视城要不断更新主题公园的参与性项目，构建比较完整的影视制作服务体系和完备的影视旅游服务接待体系，建设文化影视旅游项目，加快旅游新产品结构调整。

表 7　横店集团控股有限公司影视娱乐产业在建工程项目计划投资

单位：万元

项目名称	总投资	2013 年计划投资	2014 年计划投资	2015 年计划投资
国内各大、中城市收购和建设影院	120000	30000	30000	30000
电影电视剧生产	20000	5000	5000	5000
"上海滩"景区建设	62000	20000	20000	9000
横店国际会议中心扩建工程	25490	10000	10000	2990
横店旅游客运中心建设	145578	6000	2578	
横店度假村五星级酒店	30000	5000	10000	10000

数据来源：新元文智据公开资料整理（文资网，www.ccizone.com）。

五 横店集团控股有限公司投资特点和借鉴

横店集团控股有限公司文化产业投资围绕影视城，逐渐向影视制作和下游院线延伸。横店集团控股有限公司文化产业投资主要集中于影视基地建设和影视制作两大领域，依托横店影视城发展影视旅游实景拍摄服务业务，并逐渐渗透到影视制作、发行和下游院线，不断向上下游延伸的产业链为整个集团带来了快速发展，这种纵向延伸产业链的经营模式值得借鉴。

　　横店集团控股有限公司以固定资产投资和股权投资为主。横店集团控股有限公司投资主要集中于横店影视城及主题公园项目以及影视制作，投资资金需求量大，使用周期长。

　　横店集团控股有限公司发行债券融资以短期为主。从2005年到2013年共发行债券11次，其中有8期短期债券共融资102亿元，占总债券融资金额的76.12%，2期十年长期，1期三年中期。横店集团控股有限公司债券融资和银行贷款等多元化的融资相互补充，为其他文化创意企业提供了融资模式的借鉴。

B. 21

华侨城集团公司文化产业投资

摘要：华侨城集团公司依托主题公园文化旅游领域投资，带动企业稳定增长。近几年，华侨城集团的旅游综合业务收入及房地产业务收入呈逐年增长的趋势，并且其在整体营业收入中的占比也逐步提高。2012年，全国华侨城主题公园布局建设被推进，未来依托主题公园平台向产业链上下游延伸，构建"主题公园＋动漫＋衍生品"的产业链条。

关键词：华侨城、欢乐谷、主题公园、文化旅游

2012年，华侨城集团公司在深圳、北京、上海、成都、武汉的主题公园项目建成，在天津的主题公园项目已经获得立项审批，2013年，全力推进各地区文化主题公园建设，确保华侨城产业布局进度。

一 华侨城集团公司经营状况

华侨城集团成立于1985年，是隶属于国务院国资委管理的大型中央企业。集团有旅游、房地产、通信电子等三项核心业务，先后培育出康佳集团、华侨城控股、华侨城地产以及锦绣中华、民俗文化村、世界之窗、欢乐谷、深圳湾大酒店和威尼斯酒店等知名企业。华侨城开发出一系列旅游产品，业态覆盖文化主题景区、连锁文化主题公园、旅游度假区、旅游综合体、当代艺术馆群、公众开放空间、创意文化园、儿童职业体验园、星级酒店、经济型连锁酒店等，在全国重点城市已开发建设旅游综合项目14处。

最近三年公司的营业收入主要由旅游、电子及房地产收入组成，电子、旅游、房地产业务收入之和占全部主营业务收入的90%以上。自从采

取"旅游＋地产"的经营模式后，旅游综合业务收入及房地产业务收入呈逐年增长的趋势，并且在整体营业收入中的占比也逐步提高。2012年全年实现旅游综合业务收入104.6亿元。

表1　华侨城集团公司营业收入状况

单位：万元，%

类别	2012年1~9月		2011年		2010年		2009年	
	收入	占比	收入	占比	收入	占比	收入	占比
电子业务收入	1229733	54.07	1607475	48.08	1696301	49.48	1313114	54.49
旅游综合业务收入	473651	20.82	626287	18.73	944762	27.56	704562	29.24
房地产业务收入	504667	22.19	969910	29.01	663008	19.34	288596	11.98
包装业务收入	55504	2.44	81025	2.42	75757	2.21	60421	2.51
其他业务收入	10944	0.48	58827	1.76	48607	1.42	43084	1.79
合　计	2274499	100	3343524	100	3428435	100	2409777	100

数据来源：新元文智据公开资料整理（文资网，www.ccizone.com）。

二　华侨城集团公司投资历程

华侨城自2002年开始先后投资建设了北京华侨城、东部华侨城、成都华侨城、上海华侨城等大型旅游地产综合项目。

2009年以来，欢乐谷事业部、旅游事业部、酒店物业事业部及所属控股、参股企业发展迅速。

2010年泰州华侨城、东部华侨城大峡谷区域等项目建设完毕并开始经营。

2011年云南华侨城部分项目运营，欢乐海岸完成项目主体工程，招商工作全面推进，西安华侨城营业。

2012年武汉华侨城欢乐谷主题公园建成开业。截至2012年华侨城在深圳、北京、上海、成都、武汉的主题公园项目建成，在天津的主题公园项目已经获得立项审批。

2013年全力推进项目建设，确保天津欢乐谷、上海欢乐谷水公园顺利开园，云南华侨城加快建设；确保体育公园、温泉水乐园年内营业，欢乐海岸购物中心和海洋馆抓好市场运营及工程建设，成都欢乐谷公园二期确保试运营，北京欢乐谷完成三期工程建设。

表2 2012年华侨城主题公园板块投资项目及进度

项目	总投资额（亿元）	占地面积（万平方米）	项目进展
深圳欢乐谷	12.83	35	1998年对外开放
北京华侨城	58	123.44	2006年对外营业
成都华侨城	139.06	171.84	2009年对外营业
上海华侨城	33.99	65.5	2009年对外营业
武汉华侨城	163.92	211.8	欢乐谷公园建设完成95%，2012年4月对外营业，水公园工程建设完成90%，酒店工程进入室内装饰，演艺中心地下桩基础工程完成
东部华侨城	97.8	837.4	2007年开始运营，2009年大峡谷项目开业
泰州华侨城	32.22	207.78	公园练习场2010年开业，公园球场及会所2010年营业，鼓手寺景区2011年营业，温泉VIP加减洋楼主体完工
云南华侨城	80	389.83	温泉水公园项目规划阶段，花谷、生态餐厅、湿地公园和滇越铁路项目整改进行概念设计和工程勘察，体育公园施工
天津华侨城	154.8	204.6	在建
欢乐海岸	34.87	56	在建

数据来源：新元文智据公开资料整理（文资网，www.ccizone.com）。

未来3~5年，华侨城各个主营业务板块都处于关键发展和变革期，文化旅游业务的统筹管理，快速扩大市场规模。目前，公司正在全力推进，整合旅游、酒店、文化创新领域的投资项目，加大旅游、文化创新等已有项目的开发力度，依托主题公园平台向产业链上下游延伸，构建"主题公园＋动漫＋衍生品"的产业链条。

三 华侨城集团公司资金来源分析

华侨城集团公司融资渠道包括上市、发行债券、银行贷款三个渠道，其中债券融资和银行贷款是主要融资渠道，到2013年，债券融资405亿元，银行贷款288.74亿元。

1. 上市融资

华侨城于1997年在深圳证券交易所上市，实际募集资金2.99亿元。

上市以来，公司通过 IPO、配股、发行可转换公司债券、发行认股权证和发行限制性股票募集资金。

2. 债券融资

自 2008 年来华侨城集团公司每年均有不同金额和类型的债券发行，主要以发行短期债券为主，自 2008 年首次发行短期债以来，已累计发行短期债券 13 期，融资 296 亿元，占募集资金总额的 73.09%。

表 3 2008～2013 年华侨城债券融资状况

证券简称	债券类型	发行总额（亿元）	票面利率（%）	发行年份	债券期限（年）
08 华侨城 CP01	CP	30		2008	1
08 华侨城 CP02	CP	20		2008	1
09 华侨城 CP01	CP	30		2009	243（日）
09 华侨城 MTN1	MTN	30	4.2	2009	3
10 华侨城 CP01	CP	20		2010	1
10 华侨城 CP02	CP	24		2010	1
10 华侨城 MTN1	MTN	20	3.39	2010	3
11 华侨城 CP01	CP	20	4.3	2011	1
11 华侨城 CP02	CP	20	4.4	2011	366（日）
11 华侨城 CP003	CP	14	5.06	2011	366（日）
11 华侨城 MTN1	MTN	15	5.36	2011	5
11 华侨城 MTN2	MTN	14	5.08	2011	5
12 华侨城 CP001	CP	24	4.37	2012	1
12 华侨城 CP002	CP	20	4.41	2012	1
12 华侨城 CP003	CP	20	4.42	2012	1
13 华侨城 MTN1	MTN	30	5.08	2013（1～7 月）	5
12 华侨城 SCP001	SCP	30	3.85	2013（1～7 月）	120（日）
13 华侨城 SCP001	SCP	24	3.8	2013（1～7 月）	90（日）

数据来源：新元文智据公开资料整理（文资网，www.ccizone.com）。

3. 银行授信

截至 2012 年 9 月末，华侨城集团公司共获得银行授信额度 722.05 亿元，尚未使用的授信额度为 433.31 亿元，华侨城集团的主要授信银行包括工商银行、建设银行、农业银行、中国银行、交通银行、招商银行等。

四 华侨城集团公司投资特点和借鉴

1. 华侨城集团公司投资主要集中在旅游地产领域

华侨城在各地布局华侨城旅游、文化创意等项目，以主题公园、旅游景点等旅游地产的投资为主，发展旅游产业，先后投资建设锦绣中华·民俗村、世界之窗、欢乐谷、深圳东部华侨城等原创性、差异化的知名主题公园和文化旅游景区，构建华侨城旅游文化产业，依托旅游项目，向文化创意、出版、演艺等周边产业不断投资延伸，扩大投资范围，产业链相互联系、相互补充的投资模式很好地解决了深圳华强集团有限公司融资、创意之间的发展问题，华侨城集团公司这种"旅游＋地产"的经营模式值得借鉴。

2. 华侨城集团公司通过成立分公司来扩大经营范围

公司主要以增资并购、全额投资成立子公司等方式扩大投资范围，投资成立文化旅游科技公司和哈克文化公司进入其他文化经营领域。

3. 华侨城集团公司构建成熟的融资模式

2008 年以来，深圳华侨城集团有限公司债券融资在文化产业领域优势明显，2010 年以来，公司的融资规模不断增加。华侨城集团公司良好的融资模式值得文化产业借鉴。

B. 22

华谊兄弟传媒股份有限公司文化产业投资

摘要：华谊兄弟从联合投资电影、电视剧，从事电影衍生业务、电视剧发行业务等入手进入广播电影电视行业。华谊兄弟以影视制作投资为主，1998 年正式进入电影行业，到 2012 年影视投资 6.8 亿元左右，在电影电视领域影响力大，凭借影视资源和影响力，2008 年开始投资电影院线并逐步向下游增加投资，布局电影发行领域。

关键词：华谊兄弟、投资状况、电影电视剧、艺人经纪、音乐制作

华谊兄弟传媒股份有限公司主要投资电影、电视剧、艺人经纪、唱片、娱乐营销等领域，2006 年以来，主营业务收入快速稳定增长，在影视制作、发行领域的影响力不断扩大。2009 年，华谊兄弟传媒股份有限公司开始投资影院院线，并逐步向下游领域扩展。

一 华谊兄弟传媒股份有限公司经营状况

华谊兄弟传媒股份有限公司在 1994 年创立，是中国大陆一家知名综合性民营娱乐集团，1998 年正式进入电影行业，主要投资电影、电视剧、艺人经纪、唱片、娱乐营销等领域，成绩斐然，并且在 2005 年成立华谊兄弟传媒集团，将其打造成知名的综合性娱乐集团。2006 年以来，华谊兄弟传媒股份有限公司的主营业务收入快速稳定增长，在影视制作、发行领域的影响力不断扩大。2009 年 9 月 27 日，证监会创业板发行审核委员会公告，华谊兄弟传媒股份有限公司（首发）获得通过，华谊兄弟成为娱乐上市公司。

2012 年，华谊兄弟主要业务包括电影、电视剧、艺人经纪、音乐和电影院，其中，电影及衍生、电视剧及衍生和艺人经纪及相关服务是公司三

图1 公司主营业务收入状况

数据来源：新元文智据公开资料整理（文资网，www. ccizone. com）。

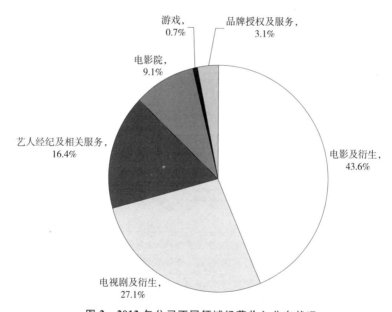

图2 2012年公司不同领域经营收入分布状况

数据来源：新元文智据公开资料整理（文资网，www. ccizone. com）。

大业务板块，也是公司利润的主要来源，并取得较好的投资收益。

二 华谊兄弟传媒股份有限公司投资现状分析

（一）影视制作投资

华谊兄弟从联合投资电影、电视剧，从事电影衍生业务（贴片广告等）、电视剧发行业务等入手进入广播电影电视行业。1998 年投资著名导演冯小刚的影片《没完没了》、姜文导演的影片《鬼子来了》，正式进入电影行业。2009 年开始投资院线发行领域，到 2012 年共投资 15 家影院，其中 13 家已运营，2 家在建。2012 年的影视制作投资在 6 亿元左右，其影视领域的市场地位迅速提高。

表1　华谊兄弟传媒股份有限公司投资状况

年　份	投资状况
1998	投资拍摄《没完没了》《鬼子来了》
2004	联合投资电影《天下无贼》之后，公司相继出品了《宝贝计划》《心中有鬼》《天堂口》《集结号》《功夫之王》《非诚勿扰》等影片
2005	取得"广播电视节目制作经营许可证"后加大了对电视剧的制作投资。先后摄制了《少年杨家将》《嘉庆传奇》《钻石王老五的艰难爱情》《恋爱兵法》《功勋》《末路天堂》《远东第一监狱》《士兵突击》《大院子女》《鹿鼎记》《身份的证明》《人间情缘》等电视剧
2007	除投资华谊有限公司及其子公司外，还有投资：华谊投资、华谊广告、华谊国际控股（BVI）。间接投资的企业有：中宝汽车、格林马术、影业投资、浙江天音影视、天音传媒、华谊国际发行（BVI）、动力影视、华谊顾问、华谊音乐、音乐经纪
2008	发行人控股子公司华谊影院投资以股权转让及增资等方式收购了华谊视觉 82% 的股权
2009	影院投资项目开发建设总投资额 1.3 亿元
2010	先后两次以收购股权的方式投资北京华谊兄弟音乐有限公司 3445 万元和 2920.4 万元
2010	投资拍摄上映影片有《全城热恋》《谍海风云》《歌舞青春》《唐山大地震》《线人》《狄仁杰之通天帝国》《西风烈》《非诚勿扰Ⅱ》等 8 部
2010	拍摄并销售电视剧《谍变 1939》《复婚》《南下南下》《梦想光荣 1942》《我的孩子我的家》《英雄荣耀》《兵圣》《追捕》《拯救女兵司徒慧》《风声传奇》《青春期撞上更年期》《爱上女主播》《理发师》等 13 部
2010	已建成投入运营的影院为 3 家，在建影院为 2 家
2011	拍摄上映《老夫子之小水虎传奇》《新少林寺》《建党伟业》《雪花秘扇》《全球热恋》《星空》《开心魔法》等 8 部影片
2011	拍摄销售电视剧《大妻那些事》《生死归途》《大时代》《最后一枪》《远去的飞鹰》《大丽家的往事》《蝴蝶行动》《你是我爱人》《川西剿匪记》《玫瑰传奇》《圣天门口》《追逃》等 12 部
2011	成功投入运营的影院有 9 家，在建影院有 5 家

续表

年　份	投资状况
2012	拍摄上映影片有《逆战》《爱》《画皮Ⅱ》《太极1：从零开始》《太极2：英雄崛起》《一九四二》《十二生肖》等7部
2012	拍摄销售电视剧《唐山大地震》《连环套》《川西剿匪记》《夫妻那些事》《我们的生活比蜜甜》《秀秀的男人》等6部。《钢魂》《石光荣和他的儿女们》和《踮起脚尖吻到爱》已经取得发行许可证；《双雄》拍摄完成；《爱你不商量》和《坦白》进行了工作计划调整，尚未拍摄
2012	已建成投入运营的影院有13家，在建影院有2家

数据来源：新元文智据公开资料整理（文资网，www. ccizone. com）。

2009年电影、电视制作投资在2.8亿元左右，2010年电影、电视、音乐制作投资在5.5亿元左右。2011年电影、电视、音乐制作投资在3亿元。2012年电影、电视、音乐制作投资在6.8亿元左右。华谊兄弟以影视制作投资为主，在电影电视领域影响力大，2009年华谊兄弟传媒股份有限公司扩大经营，增加影院投资，近几年，影视院线领域投资不断扩大。

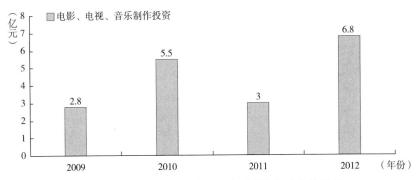

图3　华谊兄弟电影、电视、音乐制作领域投资状况

数据来源：新元文智据公开资料整理（文资网，www. ccizone. com）。

（二）对外股权投资

对外股权投资方面，截至2012年底，华谊兄弟拥有25家全资或控股子公司及孙公司，18家参股公司。2012年除公司新设立的全资子公司外，公司对外投资的情况如表2所示。

表2 2012年华谊兄弟对外股权投资状况

单位：%

投资方	被投资方	持有股权
全资子公司华谊兄弟国际有限公司	All's Well Media Company Limited 的 NOWPOP TV 频道	21.66
华谊兄弟	投资参股北京随视传媒科技有限公司	8
华谊兄弟	投资参股华狮盛典（北京）文化传媒有限公司	45
华谊兄弟国际有限公司	设立 China Lion Entertainment Limited	17.75
华谊兄弟（天津）实景娱乐有限公司	投资参股海南观澜湖华谊冯小刚文化旅游实业有限公司	35
华谊兄弟时尚（上海）文化传媒有限公司	投资参股北京华谊兄弟新面孔时尚文化传媒有限公司	51
华谊兄弟（天津）实景娱乐有限公司	投资参股深圳华谊兄弟文化创意产业有限公司	40
华谊兄弟（天津）实景娱乐有限公司	增加持有华谊影城（苏州）有限公司股权	45
Huayi Brothers International Investment Limited	投资参股 Duomi Music Holding Limited	5.17
Huayi Brothers International Investment Limited	自有资金或贷款以收购 GDC Technology Limited 股权	9
北京华谊兄弟娱乐投资有限公司	投资参股上海星浩投资有限公司	1
Huayi Brothers International Investment Limited	投资参股 AdBeyond Holdings Limited	20

数据来源：新元文智据公开资料整理（文资网，www.ccizone.com）。

三 华谊兄弟传媒股份有限公司资金来源分析

华谊兄弟传媒股份有限公司主要通过上市、发行债券和银行授信获得资金，其中上市融资和债券融资各占融资总规模的42.1%。

1. 上市融资

2009年，华谊兄弟传媒股份有限公司首次公开发行人民币普通股股票4200万股，募集资金总额人民币12亿元，扣除发行费用，实际募集资金净额11.15亿元。

2. 债券融资

2011 年至今，华谊兄弟传媒股份有限公司通过发行债券融资 12 亿元，以短期债券为主，用来偿还金融结构借款，降低资金成本，补充运营中的资金需求，具体发行债券情况如下。

表 3 2011~2013 年华谊兄弟传媒股份有限公司发行债券

证券简称	债券类型（期限）	单次发行总额（亿元）	发行年份	债券期限（年）
11 华谊兄弟 CP001	CP	3	2011	1
12 华谊兄弟 CP001	CP	3	2012	3
13 华谊兄弟 CP001	CP	3	2013（1~7月）	1
13 华谊兄弟 CP002	CP	3	2013（1~7月）	1

数据来源：新元文智数据公开资料整理（文资网，www.ccizone.com）。

3. 银行授信

华谊兄弟与多家银行展开合作，截至 2012 年底，华谊兄弟传媒股份有限公司累计获得各银行授信 85000 万元，已使用 44762.17 万元，尚未使用额度为 40237.83 万元。

四 华谊兄弟传媒股份有限公司未来投资计划分析

在电影业务方面，2013 年和 2014 年，公司影片包括制作成本及宣发费用在内的投资额预计达到 6.44 亿元和 5.7 亿元。

表 4 华谊兄弟传媒股份有限公司影片计划投资情况

单位：亿元

项 目	2013 年	2014 年
制作成本	4.84	4.5
宣发费用	1.6	1.2
合 计	6.44	5.7

数据来源：新元文智数据公开资料整理（文资网，www.ccizone.com）。

2013 年，公司计划制作 19 部电视剧共计 740 集，预计总成本达 9.99 亿元。计划 2014 年底前建设影院 15 家，公司建设影院主要选择在二线三线城市，分别位于重庆、哈尔滨、沈阳、上海、咸宁、铜陵和无锡等城市。2013~2014 年，公司计划分别在西安和武汉投资 2 家影院，预计投资总额为 8500 万元。

在对外投资方面，公司预计并购或投资 5~10 家公司，持股比例在 5%~60% 左右，总投资额达到 9 亿元，并将进行文化旅游项目如文化城的开发。

表 5　华谊兄弟传媒股份有限公司预计资本支出

单位：亿元

项　目	2013 年	2014 年
并购及投资	3	3
文　化　旅　游	1.1	0.5
合　计	4.1	3.5

数据来源：新元文智据公开资料整理（文资网，www.ccizone.com）。

五　华谊兄弟传媒股份有限公司投资特点分析

华谊兄弟传媒股份有限公司投资以影视、音乐制作为主，逐渐向电影院线、广告、经纪、顾问等周边产业渗透，不断延伸产业链，扩大投资经营范围。这种依托影视制作投资不断发展壮大，逐渐渗透到广告、电影院线等相关领域的投资模式值得借鉴。

华谊兄弟传媒股份有限公司在电影院线领域投资以二线和三线城市为主，加大了电影发行渠道建设。

华谊兄弟传媒股份有限公司以投资、收购、兼并的方式设立分支机构，向周边产业或上下游领域投资，影片运作、资金链管理、版权经营模式独到，电影、电视和艺人经纪的业务协同发展，向多层次、跨媒体、跨地区方向扩张的运作模式，为影视制作领域企业提供较好的借鉴。

B.23

曲江文投（集团）文化产业投资

摘要： 西安曲江文化产业投资（集团）有限公司构建了以文化旅游、影视、会展、出版、传媒、演艺、动漫、重大文化开发工程等为核心的文化产业集群，依托文化产业工程，逐步扩展演艺、会展、传媒、动漫、影视等领域投资。

关键词： 曲江旅游、文化产业工程、演艺服务、曲江模式

自 1995 年西安曲江文化产业投资（集团）有限公司（简称"曲江文投"）成立以来，先后建成六大遗址公园等重大文化旅游项目。其对文化旅游领域的投资，带动了企业主营业务快速增长。公司借助文化旅游和工程等资源，逐渐向下游影视制作领域投资，2012 年投资《曲江剧场》《文话中国》栏目和 7 部影视作品，扩大了影视制作领域投资。

一　曲江文投经营状况

西安曲江文化产业投资（集团）有限公司成立于 1995 年，是由西安曲江新区管委会投资设立的国有独资有限公司，前身为管委会投资设立的西安曲江旅游建设开发总公司，2009 年底，公司注册资金 42 亿元，构建了以文化旅游、影视、会展、出版、传媒、演艺、动漫、重大文化开发工程等为核心的文化产业集群，已成为涉足多个文化产业领域的大型国有企业，实现了从单一的文化项目投资向多元化的文化产业投资的转变。目前，集团旗下拥有全资子公司 11 个，控股和参股主要企业 12 个。

西安曲江文化产业投资（集团）有限公司近三年文化旅游经营收入呈稳步增长态势，文化产业（工程）项目收入及景区基础设施建设收入波动

较大，主要受曲江新区整体规划和年度建设任务影响，因为发行人承担的代建及回购项目具有不确定性，所以该部分收入也具有不确定性。影视、演出、会展、出版等子板块目前处在发展初期，文化旅游经营尚未形成一定的规模和品牌效应。

表1　西安曲江文化产业投资（集团）有限公司营业收入状况

单位：万元，%

项　目	2009 年		2010 年		2011 年		2012 年 1~9 月	
	收入	占比	收入	占比	收入	占比	收入	占比
文化旅游	86303.33	41.47	117259.46	28.22	145660.47	18.97	137945.32	47.12
文化产业工程	88202	42.39	15294.58	3.68	122956.78	16.02	37162.36	12.69
景区基础设施建设	14306.52	6.87	267017.2	64.28	456427.67	59.45	62295.64	21.28
房地产	19283.44	9.27	15801.37	3.80	42658.08	5.56	55343.55	18.90

数据来源：新元文智据公开资料整理（文资网，www.ccizone.com）。

　　文化旅游经营板块是发行人主营业务的核心，主要收入来源有旅游门票收入，景区商业收入，影视、演出、展会、图书销售收入等。

　　文化产业（工程）项目板块收入主要来源于西安曲江新区管理委员会的回购和企业自营文化项目收入。西安曲江文化产业投资（集团）有限公司先后建设了大雁塔北广场、戏曲大观园、民俗大观园、音乐厅、电影厅、美术馆、艺术展廊等项目。

二　曲江文投投资历程

（一）项目投资

　　自1995年西安曲江文化产业投资（集团）有限公司成立以来，不断扩大对影视演艺领域、文化旅游项目领域的投资规模，依托文化旅游项目和演艺服务业，逐渐渗透到影视制作领域。在原有文化和资金等资源的基础上，为促进曲江文化产业发展，2007年西安曲江文化产业投资（集团）有限公司设立了专项文化基金。2010年通过秦汉唐广场项目，西安曲江文化产业投资（集团）有限公司进入快速投资阶段，文化旅游项目投资快速增长，进而向下游影视制作领域投资扩展。

表 2 西安曲江文化产业投资（集团）有限公司投资状况

年 份	投资状况
1998 年以来	已完成曲江新区一期项目，并先后建成"大雁塔北广场""西安曲江海洋世界""曲江国际会展中心"，以及"曲江池""唐大慈恩寺""唐城墙""曲江寒窑""秦二世""大唐芙蓉园"六大遗址公园等重大文化旅游项目
2007	设立曲江新区文化产业人才创业基金、文化原创基金、中国电影电视新人新作助推基金等 5 个基金共计 5 亿元人民币。每年设立 1 亿元的曲江文化产业扶持资金，扶持重点文化产业项目和文化企业，资助文化活动
2010	批复秦汉唐广场项目，项目建设期 2010 年 5 月~2013 年 3 月。项目计划总投资 90000 万元，其中自筹资金 33700 万元，对外筹资 56300 万元。目前，该项目已投资 74108 万元，其中自筹资金为股东出资 20220 万元，土地作价投入 13480 万元。该项目取得银行借款 30000 万元，剩余资金通过招商引资和项目公司股东借款获得
2011	批复海洋公园二期项目，项目计划总投资 49000 万元，已投入资金 45070 万元。自筹资金以公司股本及以前年度的盈余投入。该项目建设周期为 22 个月，目前正在办理项目相关手续的过户事宜，2013 年投入使用
2011	欧御大酒店项目，建设期 2011 年 10 月~2014 年 9 月，目前正在进行土方开挖和边坡支护工程。项目计划总投资 140000 万元，其中自筹资金 40000 万元，对外筹资 100000 万元。已投入资金 18360 万元（含土地使用权）。对外筹资以申请园区文化产业扶持基金、招商引资及申请银行贷款为主
2012	楼观道温泉项目，计划总投资 18000 万元，已投入资金 15015 万元，全部为自筹。项目建设内容为秦岭北麓道文化主题温泉度假酒店项目，项目建成后将成为楼观台景区旅游休闲度假板块的重要组成部分
2012	曲江国际会议中心，项目总投资 9.2 亿元，目前项目已经完工并投入使用，已投入自有资金 6.6 亿元，发行人子公司会展控股公司拟用本次中期票据的资金支付剩余的工程款 2.6 亿元
2012	与陕西广播电视台合作，重新打造陕西文艺频道，买断经营《曲江剧场》和《文话中国》栏目，两栏目总投资 7400 万元
2012	七部影视作品的制作费用总计人民币 28900 万元，其中《西北汉子》《大米市》《黄金背后的女人》《白鹿原》由曲江影视集团投资拍摄，本期募集资金拟安排 12000 万元用于其拍摄的资金缺口；《赖汉的幸福指数》《神秘人质》《斗婚》由曲江丫丫影视投资拍摄，本期募集资金拟安排 5000 万元用于其拍摄的资金缺口

续表

年　份	投资状况
2012	演出板块制作费用投资 10300 万元，本期募集资金拟安排 7000 万元用于制作费用的资金缺口，其中发行人子公司曲江演出集团 6000 万元，子公司曲江秦腔剧院 1000 万元，剩余 3300 万元用有自有资金解决
2012	西安曲江新区管理委员会批复该项目，建设内容为位于大唐芙蓉园南侧的大酒店，项目建成后将成为曲江新区旅游核心区板块的重要组成部分，目前已取得土地使用权证、建设用地规划许可证、建设工程规划许可证

数据来源：新元文智据公开资料整理（文资网，www.ccizone.com）。

（二）股权投资

西安曲江文化产业投资（集团）有限公司还通过参股的形式扩大经营投资范围，2012 年 9 月主要参股企业如下。

表 3　截至 2012 年 9 月曲江集团参股公司情况

单位：万元，%

被投资单位	投资金额	持股比例
西安曲江大明宫投资（集团）有限公司	99552.65	35.71
陕西法门寺景区文化产业集团有限公司	30000	27.27
西安曲江楼观旅游农业开发有限公司	10000	45.45
西安汉华房地产开发有限公司	2450	49
西安曲江爱乐艺术创作有限公司	200	40
西安鑫正实业有限公司	200	3.25
西安曲江海洋世界有限公司	1400	20
西安曲江宏梦卡通影视文化传播有限公司	147	49
陕西文化产业（西安）投资有限公司	10000	40
陕西文化产业（影视）投资有限公司	1081.4	20

数据来源：新元文智据公开资料整理（文资网，www.ccizone.com）。

三　曲江文投资金来源分析

西安曲江文化产业投资（集团）有限公司资金来源主要依赖银行贷款、信托、基金、发行债券、股权投资等各类融资方式。其中银行贷款和发行债券是西安曲江文化产业投资（集团）有限公司的主要融资渠道，截止到 2013 年，银行贷款 116.8 亿元，债券融资 20 亿元。

1. 政府文化产业扶持基金

西安曲江文化产业投资（集团）有限公司获得的此类文化产业专项补贴、营业税补贴、市政设施运营补贴分别为 2009 年 9728 万元、2010 年 10137 万元、2011 年 11793 万元。部分偿还资金来源于政府文化产业发展扶持资金。

2. 投资收益

随着西安曲江文化产业投资（集团）有限公司自身的发展和国家、省市以及曲江新区的不断支持，资金逐年快速增加。西安曲江文化产业投资（集团）有限公司部分偿还资金来源于股权投资收益。

3. 债券融资

2011 年 6 月 10 日，西安曲江文化产业投资（集团）有限公司发行 10 亿元短期债券。2013 年 2 月 27 日，西安曲江文化产业投资（集团）有限公司发行 10 亿元中期票据。

表 4　2011～2013 年西安曲江文化产业债券发行融资状况

证券简称	债券类型 （期限）	发行总额 （亿元）	票面利率 （%）	发行年份	债券期限 （年）
11 曲文投 CP01	CP	10	5.3	2011	1
13 曲文投 MTN1	MTN	10	5.08	2013（1～7 月）	5

数据来源：新元文智据公开资料整理（文资网，www.ccizone.com）。

4. 银行授信

发行人与各家商业银行及国家开发银行等政策性银行保持了良好的合作关系，截至 2012 年 9 月 30 日，发行人及其子公司从国内各商业银行获得的授信总额为 210.57 亿元，其中已使用额度为 116.81 亿元，未用额度为 93.76 亿元，已使用额度占授信总额的 55.47%。

四　曲江文投未来投资计划分析

根据公司未来三年投资计划，2012～2014 年，公司在建、拟建项目将合计投入超过 300 亿元。

曲江文化集团未来的投资主要分为三部分，一是对文化产业的投资和投入，包括收购一些演出、影视制作公司，动漫、网游、电视频道等。二是对部分文化旅游资源和项目的投入，主要是楼观道文化展示区、临潼旅游度假区、曲江新区二期文化产业项目。三是对曲江新区管委会个别回购项目的投入，主要是一些农民安置小区、曲江国际会议中心等。

表5 西安曲江文化产业投资（集团）有限公司投资计划

主要项目名称	总投资（万元）	资金筹措		建设期	项目性质	建设进度（%）	项目进度
		融资（万元）	自筹（万元）				
秦汉唐广场项目	90000	56300	33700	2010.5～2013.3	自营	93	已开工
海洋公园二期	48684	26365	22319	2010.5～2013.4	自营	94	已开工
西安欧御大酒店	140000	40000	100000	2011.10～2014.9	自营	1.49	已开工
楼观道温泉项目	18000	10000	8000	2011.1～2013.3	自营	94	已开工
财富酒店	40000	20000	20000	2012.3～2014.4	自营	—	前期手续办理中
电视剧《白鹿原》	10000	4000	6000	2012.1～2014.6	自营	—	剧本创作阶段
《大秦帝国》系列剧二-五部	32000	19200	12800	2010.11～2015.6	自营	—	第二部拍摄完成
歌舞剧《丝绸之路》	2200	1430	770	2012.8～2013.5	自营	—	前期调研
合 计	380884	177295	203589	—			

数据来源：新元文智据公开资料整理（文资网，www.ccizone.com）。

五 曲江文投投资特点和借鉴

西安曲江文化产业投资（集团）有限公司投资由文化旅游项目逐渐渗透到影视演艺制作领域。公司以文化产业（工程）项目、景区基础设施项目投资为主，依托文化旅游项目，增大演艺服务领域投资，进而逐渐渗透到影视制作领域，不断扩大投资范围，实施多元化的投资策略，实现了快速发展。通过产业链向上下游延伸，以"文化＋旅游＋城市"的曲江模式整合，西安曲江文化产业投资（集团）有限公司为相关企业的业务发展提供了借鉴。

西安曲江文化产业投资（集团）有限公司融资渠道众多。其融资渠道包括基金、财政补贴、债券、银行信贷和投资受益，其中银行贷款为主要渠道，债券融资规模在不断扩大。多样化的融资渠道为文化领域企业融资提供了借鉴。

大 事 记

Chronicle of Events

B. 24

2012 年中国文化投资大事记

一月

1月1日，中央电视台、北京电视台、天津电视台、上海电视台、江苏电视总台、深圳电视台6家电视播出机构联合开办的国内首个3D电视试验频道试运行上线，春节期间则正式开播，这能够进一步推动3D电视的普及。2012年春节，在整个彩电消费中，3D电视霸占了六成的市场。随着年前3D频道的开通，春节期间3D电视销量猛增，2011年春节期间仍占绝对优势的2D电视今年春节"黯然失色"。

1月9日，为提升我国新闻出版业的国际竞争力、传播力和影响力，新闻出版总署出台了《关于加快我国新闻出版业走出去的若干意见》，首次从国家层面对新闻出版业走出去进行全方位布局，提出了推动新闻出版业走出去的10条"新政"。这也是我国出台的首个新闻出版业走出去专门文件。

1月12日，中国音乐著作权协会与中国广播电视协会电视版权委员会成员单位音乐付酬集体签约仪式在京举行。继2010年中央电视台与音著协签署付酬协议，迈出我国广播组织音乐付酬工作第一步后，本次集体签约将成为此项工作向全国辐射开来的又一重要事件。此次签署合作协议的电视版权委员会成员单位共有32家，包括绝大多数省级电视台和部分市级电视台。据了解，此前央视与音著协采用的解决音乐作品著作权问题的"一揽子许可"模式，是国际通行的许可授权模式，可以从根本上为广播组织解决因大量使用中外音乐作品而需要逐一获得授权的难题。

1月13日，中国证监会发布公告，宣布人民网股份有限公司（首发）获通过。同样在13日，中央文化体制改革和发展工作领导小组召开第一次全体会议，会议指出：如期完成既定的阶段性改革任务，不断深化国有文化单位改革。这就意味着，人民网成为首家A股上市的国家重点新闻网站，文化单位进军资本市场的大幕开启。

1月16日，内地最大民营电视剧制作机构海润传媒娱乐集团与香港最大有线电视运营商（NOW TV）在香港举行盛大新闻发布会，双方联合宣布成立合资公司，推出24小时全天候播出的NOW海润电视台（频道105）。这标志着内地首家民营影视企业成功登陆香港，与香港当地电视台开设专属电视台，它开启了内地传媒集团海外市场发展的崭新纪元。为适应香港观众及海外华人观剧习惯，NOW TV会把海润的华语电视剧集内容重新包装，打造成适应香港及海外华人口味的内地电视剧集。双方还将成立联合销售机构将海润和内地生产的华语剧集拓展至东南亚、北美及其他海外市场。

二月

2月7日，网易公司旗下视频业务部门网易视频宣布与乐视网就网络视频版权业务达成战略合作，网易视频将通过投资1亿元获得乐视网代理的影视版权，乐视网也成为网易视频最重要的合作伙伴之一。据介绍，这也是网易在其宣布发展网络视频业务以来第一笔超过亿元的版权投入，在合作达成之后，网易视频将获得由乐视代理的全部正版影视剧版权，进一步丰富网易视频平台的内容资源，其中包括《失恋33天》《亲密敌人》和《永无止境》在内的数十部热门电影和电视剧已于近日在网易视频上线播放。

2月13日，新闻出版总署发布《关于开展2012年春季中小学教辅材料出版发行专项检查的紧急通知》（下简称《紧急通知》），决定在2012年春季开学前后，组织一次中小学教辅材料出版发行工作专项检查。《紧急通知》在中小学教辅材料的出版环节、印刷复制环节、发行环节中都提出了具有针对性的要求，《紧急通知》还要求，各省、自治区、直辖市新闻出版局要在2月至3月组织本地区2012年度春季中小学教辅材料质量专项检查，要重点检查出版单位是否严格执行国家有关价格政策，合理确定中小学教辅材料价格，同时，也要重点检查各级新华书店、各级各类图书批发市场、书店等出版物市场，特别要严查校园周边出版物市场摊点；加大对群众举报、媒体曝光的侵权盗版和非法出版中小学教辅材料案件的查办力度，追根溯源、一查到底。

2 月 15 日，从 2012 年开始，广电总局将组织实施剧本精品创作工程，设立优秀剧本奖励基金，着力扶持优秀剧本项目。每年拿出 3000 万元，向全社会征集好剧本，给予每个优秀影视剧本 100 万元到 300 万元奖励。用 5 年左右的时间，每年选拔 100 名左右的编剧、导演等进行系统培训，扩大国际影响力和竞争力。

2 月 16 日，广东省惠州市政府与读者出版集团共同举行读者（惠州）数字出版基地项目投资推介会。读者出版集团将投资 20 亿元，在惠州建设数字出版基地，首期项目定于 2013 年建成。

据读者集团董事长吉西平、总经理董有山介绍，读者（惠州）数字出版基地将建设一个大型的内容推送平台——读者云图书馆，成立国内首家"云计算"的工业化数据加工中心，搭建大型的内容原创园区。基地力争通过 5 年左右的努力，在基地内形成大规模的数字出版产业集群，并建立起较为成熟完整的数字内容产业链，数字出版产业年产值达到 10 亿元以上。预计在基地建成后，经济收益以及带动相关产业的收益将超过 100 亿元。

2 月 18 日，华人文化产业投资基金联合上海东方传媒集团有限公司、上海联和投资有限公司与美国梦工厂动画公司在上海合资组建上海东方梦工厂影视技术有限公司。东方梦工厂首轮投资达 3.3 亿美元，中方控股 55%，美方持股 45%。东方梦工厂主要以自营及合作的形式，进入动画技术研发、动画影视制作、版权发行、衍生产品、演艺娱乐、数码游戏、主题乐园等多个领域。

2 月 18 日，中美双方就解决 WTO 电影相关问题的谅解备忘录达成协议。据悉，中国每年将增加 14 部美国进口大片，以 IMAX 和 3D 电影为主；美国电影票房分账比例从 13% 提高到 25%。对此，业内人士普遍认为值得期待，其将对国内电影市场提高质量、整合资源起到积极作用。

2月21日，中国网络电视台旗下子公司未来电视与PPTV宣布，双方在互联网电视业务领域达成合作，将在内容运营及视频技术等方面展开合作。此次合作将实现双方资源互补，将整合后的内容资源转变为用户收视增长和营销收入。双方将就互联网电视行业标准展开合作，携手行业伙伴建立中国自己的互联网电视行业终端服务标准、内容分发技术标准等标准体系。

2月24日，上海新文化传媒集团股份有限公司（下称新文化）披露了其招股说明书，成为继华谊兄弟、华策影视、华录百纳之后，又一家冲击IPO的影视公司。但不少人在阅读招股书后，发现新文化存在着不少隐忧，比如该公司鲜有扛鼎之作、现金流不乐观以及主营业务单一。

三月

3月1日，由北京厚德雍和资本管理有限公司、北京酷米网络科技有限公司、北京云视天创网络科技有限公司、北京东方雍和国际版权交易中心有限公司联手打造的"国产动漫新媒体联播平台"在北京成立。该平台致力于采用云视频分发技术，努力使虚高的版权价格趋于合理，并引导、促进各类播出平台正版化。随着新媒体迅猛扩张，互联网和手机等正在颠覆国内传统影视产业的营销传播渠道和运营管理模式，动漫制作发行方也获得了新的市场机会。国产动漫新媒体联播平台定位于中国最大的国产动漫新媒体版权库和新媒体传播网络，计划在未来3年内每年投入1亿元，汇聚50万分钟优秀国产动漫，覆盖4000万户家庭，年访问量预计将达到50亿次以上。

3月8日，在线旅游网站同程网今日宣布获得中国农业银行1亿元贷款授信。同程网CEO吴志祥表示，去年已经实现规模化盈利，现金流良好，没必要再进行股权融资。此次贷款相关合作协议已于3月7日签署，这也成为OTA行业为数不多的银行债权融资案例。吴志祥还表示，借助银行进行债权融资，是为了将股权以员工持股的方式，留给与公司一同成长的核心员工，对企业长远发展更有利。

3 月 9 日，浙江省海宁市十四届人大一次会议日前表决通过了《关于加快以盐官古城为龙头的"百里钱塘国际旅游长廊开发建设"的决定》。根据《决定》，海宁将打造一个依托百里钱塘海岸线的集文化、休闲、旅游于一体的"百里钱塘国际旅游长廊"。

近年来，海宁相继投入 11.6 亿元开发资金，建成了以宰相府第风情街、潮文化展示馆、金庸书院、4D 影院、春熙门城墙、白石坛广场、潮韵街等为代表的一批知名景点。未来 3 年，盐官古城还将投资 30 亿至 40 亿元进行复建，挖掘其人文历史资源，进行古城风貌营造和旅游开发。

3 月 11 日，优酷网与土豆网共同宣布，将以 100% 换股的方式合并，双方合并后土豆将退市，新公司则命名为优酷土豆股份有限公司（Youku-Tudou Inc.）。优酷一方将拥有新公司约 71.5% 的股份，而土豆一方则拥有其余 28.5% 的股份。国内网络视频领域两家大佬级企业的"闪婚"促使行业进一步整合，也必将导致整个行业的新一轮洗牌。

3 月 11 日，著名导演贾樟柯在微博中宣布，明年将在北京建起一家100 个座位的单厅艺术电影院，并且对前景十分看好。中国内地尚未实行商业院线与艺术院线分类放映制度，贾樟柯将为此首开先河。对此，业界人士一方面对其想法和责任感表示感兴趣与赞赏，另一方面对其盈利能力持怀疑与观望态度。

3 月 14 日，位于天津中新生态城内的国家动漫园近日宣布将在年内启动"创意空间"孵化器二期建设，对于动漫创作团队的扶持也将从硬件提供转为市场渠道建设，助力创意与作品实现市场化。

"创意空间"孵化器首批入驻了 12 家创作团队，动漫园引入审核机制聘请专家，定期对团队的潜力进行审核。随着部分团队注册成立动漫公司，具备了一定的市场竞争力，对接市场的需求也变得日益迫切。为此，国家动漫园拟在近期与日本三大动漫出版社之一的小学馆漫画出版社签订合作协议，该出版社旗下的动漫网站将开辟中国动漫专区，为日本动漫迷免费连载国家动漫园"创意空间"孵化器中漫画创作团队的漫画作品。此外，动漫园还将争取年内开辟自有网站的动漫连载专区，同步更新这些在海外连载的漫画作品，并根据作品的反响程度，适时出版杂志刊登系列作品。对于动画制作团队，国家动漫园将协调联系有关经纪公司，推广其原创动画作品。

3月14日，国家大剧院启动了2000万元的"高级剧院管理人才培训奖学金"计划，从今年起每年面向全国举办1～3期培训班，5年内培养300～400名剧院管理人才。

3月16日，新闻出版总署日前发出通知，将组织实施社会主义核心价值体系建设"双百"出版工程，计划分三年推出优秀理论读物、优秀通俗读物各100种。"双百"出版工程将采取"自上而下"和"自下而上"相结合的方式：一方面，将策划部分重点选题，面向学术界征集优秀作品；另一方面，将面向全国出版界征集作品。新闻出版总署将组织评审专家对上报的选题和书稿进行审核，评议出优秀选题和书稿列入"双百"出版工程计划，并根据《国家出版基金资助项目管理办法》的有关规定进行遴选资助。

3月18日，四川首支艺术品投资信托基金正式浮出水面，"名轩一号"艺术品信托基金在成都宣布成立。据悉，该基金首期对市场募集资金6000万元，预期年收益在11%左右。"名轩一号"的出现，标志着四川金融资本开始介入艺术品市场的全新开发。

3月19日，新一代iPad产品火爆销售之时，近百部文学作品，在没有得到任何授权的情况下，被摆在苹果应用商店出售，甚至免费下载。目前，一些作家和出版机构发起成立了作家维权联盟，召集22位作家，针对95部作品涉嫌被苹果应用商店侵权，索赔金额超过千万元。从事苹果应用商店图书出版程序开发的林先生说，靠上传盗版出版物牟利是圈子里公开的秘密。苹果公司与应用程序开发者的合作模式是根据下载量的收入进行三七分成，苹果拿三成，开发者得七成。民营数字出版商磨铁数盟总经理毕建伟表示苹果应用商店这种经营模式，为吸引更多的用户，通过收入分成跟盗版者共同获利，实际上成了盗版的帮凶。国家版权局相关负责人前日表示，根据目前掌握的情况，苹果应用商店确实存在盗版侵权嫌疑，但尚需相关部门确认后才能做出最终判断。

3月21日，延安拟投资50.9亿元对红色革命旧址十大景区，包括枣园、杨家岭、王家坪、宝塔山、清凉山、凤凰山、南泥湾、抗小遗址、桥沟鲁艺旧址、西北局旧址景区进行规划建设，总规划面积 2079.3 公顷。据了解，这次规划本着"尊重历史、修旧如旧"的原则，将彰显红色文化、历史文化和地域文化特色，挖掘景区的革命历史文化和名人逸事，进一步提升景区服务功能，改善旅游环境，打造国内一流的红色文化旅游区。景区保护建设主要分为内部和外部两大部分。内部以保护旧址，挖掘旧址历史文化内涵为主。外部主要是以恢复和塑造历史环境氛围为主，建设完善景区参观道路、旅游环线、旅游配套基础设施，从而达到"修旧如旧"的目的。

3 月 27 日，百视通新媒体股份有限公司发布公告称，将与中国网络电视台（CNTV）组建合资公司，经营 IPTV 中央集成播控总平台。另外，该公司还将斥资 3000 万美元收购风行网络 35% 的股权。据了解，百视通将以全资子公司百视通网络电视技术发展有限责任公司出资，与 CNTV 共同发起设立合资公司。合资公司注册资本为 5000 万元，分两年注资，首期注资 2000 万元。央视国际出资 2750 万元，占股 55%；百视通出资 2250 万元，占股 45%。董事会将由 5 人组成，其中，CNTV 提名三名董事，百视通提名两名董事；董事长由 CNTV 派出，总经理由百视通提名。

3 月 27 日，上海文化产权交易所北京总部在京揭牌开市，同时启动中央文化企业国有产权交易系统。中国国际电视总公司、中国文化传媒集团有限公司、中国动漫集团有限公司、中国数字文化集团有限公司等首批 14 家中央文化企业与上海文化产权交易所北京总部签订了战略合作协议，内容包括 200 多个文化项目，涉及版权、股权、物权等各类文化权益。

四月

4 月 1 日，从近日召开的上海市网络视听企业专项资金资助座谈会上获悉：上海自 2011 年起每年设置 1000 万元，以扶持网络视听产业发展。这是我国首笔扶持该产业的专项资金。

上海于 2011 年末正式设立上海市网络视听产业专项资金，确定了原创网络剧、原创网络短片、原创视听栏目等八大重点扶持类别。经过初评和终审，12 家企业的 22 个项目最终获得资助。《欢迎爱光临》是土豆网独立制作的第一部电视剧，此次获得了原创网络剧资助。

4月8日，新华联合物流中心奠基典礼在北京举行。新闻出版总署副署长阎晓宏表示，新华联合物流中心要建设成国内一流、运营高效的现代化物流企业，打造成为贯通出版产业链、面向全国、有市场影响力的出版发行平台，要让新华联合发行有限公司成为出版业跨地区、跨行业成功合作的典范。

新华联合物流中心坐落于顺义区北小营镇宏大二三产业基地，由中国出版集团和江西新华发行集团共同投资兴建，总占地面积340亩，建筑面积约20万平方米，计划分两期建设，一期建设的图书物流中心年发货设计能力为80亿码洋。

4月10日，中国动漫集团有限公司、华特迪士尼（上海）有限公司和深圳市腾讯计算机系统有限公司在北京共同签署动漫创意研发合作项目协议，标志着我国第一个国际化、专业化、高端化的动漫创意研发合作项目正式启动。

4月11日，扶持动漫产业发展部际联席会议2012年工作会议在京召开，会议研究审议了《"十二五"时期国家动漫产业发展规划》（讨论稿）。扶持动漫产业发展部际联席会议办公室主任、文化部副部长励小捷表示，联席会议办公室下一步将在以往工作的基础上，立足产业发展实际，推动《"十二五"时期国家动漫产业发展规划》尽快出台，并推动扶持动漫产业发展的相关财政、税收政策落到实处。文化部部长蔡武强调，贯彻"大动漫观、全产业链"发展思路，拓展动漫产业发展新空间；培育精品、培养人才，打造一批知名动漫品牌、形象；培育骨干动漫企业，推动动漫走向世界；增强技术创新能力，促进产业升级，推动我国从动漫大国向动漫强国迈进。

4月15日，深圳文交所发布公告称，将以投资者购入价回购已挂牌交易的艺术品份额，已发行未上市的份额则由原始持有人和交易商原价回购。深圳文交所艺术品份额交易处理方案终于落定。这意味着，深圳文交所将为此掏出数千万元买单。有投资者表示，对于这一方案难以接受，因为他们购入较早，若按购入价回购，他们将为此蒙受损失。对于方案能否最终执行，他们表示担忧。

4 月 16 日，虽然芭蕾舞剧《红色娘子军》是中央芭蕾舞团的代表作之一，但这部作品的电影文学剧本作者却将中芭告上法庭，表示该作品侵犯了其著作权，希望给予相应补偿。梁信的女儿和女婿——演员梁丹妮、冯远征夫妇在京召开了关于该作品著作权诉讼案说明会，希望以此行为让梁信的合法权益得到肯定和尊重。对此，中芭不做回应，只表示"静待审判结果"。据悉，该案件已经由北京市西城区人民法院受理，将于 4 月 18 日开庭审理。

4 月 18 日，由天津北方电影集团作为第一出品人、历时 3 年创作完成的 3D 动画电影《兔侠传奇》已与韩国、泰国、意大利、俄罗斯、波兰等 70 个国家签订了海外发行协议，开创了近 30 年中国电影"走出去"的最好成绩。另外，该片的付费电视播映权销售至澳大利亚、印度、巴基斯坦、新西兰、菲律宾等国家，发行保底金额已逾 50 万美元。

4 月 18 日，中国最大的教育服务公司龙文教育和信中利投资集团、深圳创东方投资公司成功地签署股权投资协议，4.5 亿元的投资是国内教育产业到目前为止最大的一笔股权 PE 投资。龙文教育精心打造的"名师大讲堂"为的是搭建学生与名师的沟通桥梁，让更多的学生体验和吸收经验丰富的教育专家所讲授的学法和技巧。这项合作也实现了国内领先的专业投资管理机构与国内最大的教育服务公司之间的巅峰合作，形成强强联手的态势。龙文教育与信中利投资集团的成功签约，也是龙文教育服务公司上市前的最后一轮融资。双方在真心做教育这一基础之上，强强联手，希望通过这一合作项目促使龙文教育成为国内第一家和最大一家非职业基础教育的上市企业。

4 月 19 日，第五届网页游戏＆移动游戏高峰论坛在嘉兴南湖召开。文化部文化市场司网络文化处副处长马晓琛表示，文化部网络游戏管理方面的工作重点将与网页游戏和移动游戏有着密切的关系。今年文化部将把政策培训、运营监管和整个的执法监管作为工作重点。文化部会调研出台专门针对移动游戏的政策，解决海量游戏审查和备案的问题，同时考虑到境外游戏平台的管理，力争为移动游戏的发展提供一个健康的政策环境。近几年来，网页游戏快速发展，网页游戏低俗推广的问题也是文化部关注的重点，今后，将对造成恶劣影响的企业进行吊销网络文化经营许可证等处罚。

4月22日，2012华谊兄弟电影"H计划"在京发布，会上宣布，华谊兄弟将与中国电信成为紧密的战略合作伙伴，双方致力于共同打造国内最大的付费"微电影微剧"发行平台。华谊兄弟此举被视为继与腾讯达成深度合作后由全娱乐内容提供商向全娱乐运营平台转型的重要举措，进一步落实了全产业链布局的渠道建设。

4月27日，人民网正式登陆上海证券交易所，成为第一家在国内A股上市的新闻网站，也是第一家在国内A股整体上市的媒体企业，被称为"中国官网第一股"。人民网发行价为每股20元，共募资13.8亿元。人民网作为人民日报的官方网站，以企业身份成功进入资本市场，无疑为中国报业资源整合与模式创新提供了极好的案例。

4月28日，第二届北京国际电影节洽商签约金额突破50亿元，再创国内节展交易额之最。据组委会相关负责人介绍，在刚结束的第二届北京国际电影节洽商活动中，有600多家中外影视机构参加洽商活动，共有21个签约项目，金额高达52.73亿元，签约金额与2011年相比增加88.7%，再一次创下国内节展交易签约金额的数量之最。其中，签约项目包括电影新片投资计划、院线建设、影视基地建设、特效基地合作、微电影计划、影视融资担保、电影合拍项目等多种类型的电影投资项目。

五月

5月3日，计划总投资15亿元，规划占地4921亩的京东玉龙湾体育休闲产业园项目是依托玉田县北部丰富的山地资源、林木资源和便利的交通条件，引进的集体育健身、休闲度假和生态旅游于一体的现代服务业项目，已列入河北省"十二五"重点项目。目前，项目已投入资金1亿多元，完成12条雪道平整工程，以及温泉会馆、雪具大厅、木屋别墅等工程。该项目全部建成后，将成为全国唯一的综合性体育休闲园，滑雪场被国家体育总局冰雪运动管理中心指定为冬季滑雪项目训练基地，有能力承接高标准的国际、国内赛事。预计年收入 3 亿元，上缴税金 3000 万元，安排就业 2000 人。

5 月 8 日，中国商务部与天津市共建项目"国家会展中心"开工仪式在天津市津南区举行。中共中央政治局委员、天津市委书记张高丽宣布项目开工。商务部部长陈德铭，天津市委副书记、市长黄兴国为国家会展中心（天津）有限责任公司揭牌。据了解，国家会展中心项目位于该市津南区海河中游南岸，占地面积 3.08 平方公里，采取一次规划、分期建设方式进行，建成后建筑面积将达到 120 万平方米。

5 月 14 日，截至目前，百度已和国内外 500 家唱片公司杀青版权合作，其中既有全球、华纳、索尼、EMI 四年夜国际唱片公司，也有多家日韩、港台、内地唱片公司及自力音乐人工作室。基于百度音乐平台"百度 ting!"，百度为网民提供了超过 150 万首正版歌曲，而歌曲播放及下载带给版权方的版税收益，也已经高达数千万元。

5 月 16 日，凡客相关负责人透露，今年计划在移动互联网方面投放 1 亿元左右的广告，这也使凡客成为在移动互联网投放规模最大的电商公司。无线互联网正逐步成为凡客的重要阵地：上周移动互联网大会席间，凡客 CEO 陈年对网易科技表示，凡客在无线市场上增长迅速：一年内移动客户端订单量增长接近 3 倍，由 8000 单增至 31000 单；来自移动端的销售额已经超过凡客销售总额的 10%，2011 年同期这一比例还只有 5%，团队内部定出的目标是明年达到 30%。

5 月 16 日，常州国家广告产业园区投资说明会暨项目签约仪式举行。银都奥美广告、凤凰出版传媒集团、蓝色光标传媒集团等 11 家国内外知名广告企业采取控股、合资合作、直接投资等方式率先加盟园区，在会上集中签约。为形成差异化竞争发展优势，园区大力推进平台建设，启动建设四大中心，即广告研究中心、广告技术中心、广告人才培养中心、广告交易中心。

5 月 17 日，郑州文化艺术品交易所（下称"郑州文交所"）在其官方网站上发表公告，以澄清日前已被传得沸沸扬扬的董事长王迪携款 2 亿元出逃事件，然而，这仍不足以打消投资者对它的疑虑。一份由多名该文交所投资者签名并摁下手印的举报信，已被发至中国证监会、河南省政府金融办等部门，投资者在信中要求"调查、取缔郑州文交所"。这份举报信直指郑州文交所涉嫌造假、敲诈等行为，并列举了相关事例做支撑。

5月21日，大连万达集团和全球排名第二的美国AMC影院公司签署并购协议。此次并购总交易金额26亿美元，包括购买AMC影院公司100%股权和承担债务两部分，并购后万达还将投入运营资金不超过5亿美元。AMC于1920年在美国堪萨斯成立，旗下现有350家影院、5050块银幕，在全美排行前十的电影院中，AMC拥有6家。

六月

6月18日，作为中央文资办设立后全国第一个做出响应的省级政府国有文化资产监管机构，北京文资办挂牌成立，并成功地与10家银行签订文化金融创新发展合作协议，为北京文化产业发展提供授信额度1000亿元。北京市文资办还与万达集团有限公司、中国数字文化集团有限公司、北京奇虎科技有限公司、北京小马奔腾传媒有限公司等11家企业签订文化创意发展合作协议，首批签约项目总投资额度达608.7亿元。

6月18日，继中国第一家电影基金——铁池基金败北后，中国资本圈再次要以私募基金的方式制造"好莱坞"。国影基金6月18日在上海宣布已完成3亿美元的融资，将投资10部合拍片，其中包括携手好莱坞"超级英雄之父"、漫威（Marvel）动画创始人斯坦·李推出中国英雄巨片《超能侠》（暂名）。

据介绍，国影基金是由中国电影基金会发起，各地政府的文化产业引导基金配套及扶持，民间私募的有限合伙基金，由多支基金构成，目前以人民币为主，在北京、上海、洛杉矶设有办公室。国影基金合伙人许晓峰昨日表示，国影基金已经筹备约两年，将主要投资于电影的制片、宣发和院线，其中约2亿美元将投资于10部合拍片，每部合拍片的最高投资额约为5000万美元。

6月19日，粤传媒向《广州日报》定向增发的3.42亿股股票正式在深交所上市交易,《广州日报》成为继《浙江日报》上市之后第二家整体上市的报业集团。人民日报传媒广告有限公司 2012 年正式在京揭牌,其他如《湖南日报》《河南日报》《大众日报》《南方日报》等省级报业集团在 2012 年里正按照"一媒介一公司"的体制要求,借助资本力量做大做强。

6 月 20 日,北京市将在中心城区内斥资 150 亿元,建成 30 个演出剧场,打造 7 条特色街区,剧目编创与剧院建设同步启动。北京天桥演艺区战略合作协议 6 月 20 日在京签约。自此,北京将致力打造集演艺总部、文艺演出、文化展示、休闲体验、文化商务等功能于一体的首都演艺核心区。

2012 年 6 月 20~26 日,由世界知识产权(WIPO)组织主办、中国国家版权局和北京市人民政府共同承办的保护音像表演外交会议在北京成功举办,来自 155 个 WIPO 成员国和 49 个国际组织的 204 个代表团的 721 名代表出席会议。外交会议上,《视听表演北京条约》正式签署。这是新中国成立以来首次承办的涉及国际版权条约缔结的外交会议。条约的签署,填补了视听表演领域国际版权条约的空白,进一步完善了国际版权保护体系,是世界知识产权组织在版权保护方面的重要里程碑。

6 月 27 日,从文化部召开的文化财政投入及文化设施建设情况新闻发布会上获悉:我国拟设立国家艺术基金,通过基金运作的形式对文艺创作提供资金扶持。目前,国家艺术基金总体方案已经报送财政部,正在商请财政部联合向国务院申请设立国家艺术基金。财政部已同意在"十二五"期间安排 20 亿元资金用于国家艺术基金。

6 月 27 日,中影星美电影院线与中影数字巨幕(北京)有限公司签约,购置 18 套"中国巨幕"系统。业内人士表示,"中国巨幕"的诞生不仅标志着我国电影放映技术和装备自主知识产权的建立,而且填补了国内这一技术领域的空白,中国电影从此跻身世界"高格式""全景音效"电影行列。

6 月 28 日,新闻出版总署在官方网站发布《关于支持民间资本参与出版经营活动的实施细则》,支持民间资本投资参股报刊出版单位的发行、广告等业务，鼓励民资参与"走出去"出版经营，从事图书、报纸、期刊、音像制品、电子出版物等出版产品的出口业务，到境外建社建站、办报办刊、开厂开店等出版发行业务。支持民资文化企业，以选题策划、内容提供、项目合作、作为国有出版企业一个部门等方式，参与科技、财经、教辅等专业图书出版经营活动。

6月29日，晋宁县政府、昆明诺仕达集团举行古滇国历史文化旅游项目签约仪式，作为云南省十大历史文化旅游建设项目的第一个启动项目——七彩云南·古滇王国项目将由昆明诺仕达集团投资220亿元建设，建成后将具备精品文化项目、精品旅游景点、云南最大的旅游集散中心三大功能。

七月

7月3日，新闻出版总署署长柳斌杰、中国进出口银行行长李若谷在京共同签署了《关于扶持培育新闻出版业走出去重点企业、重点项目的合作协议》。根据协议，在今后5年合作期内，中国进出口银行计划为新闻出版企业提供不低于200亿元人民币或等值外汇融资支持，扶持并推动新闻出版企业走出去。双方将采取"新闻出版总署组织推荐、专家组认真评选、中国进出口银行独立审贷"的合作方式，着力打造新闻出版走出去重点企业和重点项目的融资平台。

7月12日，2012年上半年中国电影整体性亏损，国内影视基地的日子不好过。但是，这样的"橙色警报"似乎并没有吓退无锡国家数字电影产业园崛起的雄心，这座计划投资百亿元、号称"华莱坞"的产业园在太湖之滨喊出了"北有怀柔，南有无锡"的口号。

7月20日，国际印刷设备界的三大巨头海德堡、高宝、曼罗兰齐齐进驻位于横岗的深圳国际创意印刷文化产业园，陆续带动20多家印刷和设计企业、40多家行业协会及相关团体登陆产业园，一年之间，一期已经形成产值20多亿元。二期建成后，将形成产值百亿的行业集群。

7月24日，支付宝、分众传媒、聚划算联合宣布开启战略合作，联手进军 O2O 市场。业内分析认为,随着手机首次跃居中国网民第一大上网终端,基于移动互联网技术的线上线下业务融合正在提速。

7 月 31 日,全球华人领域规模最大、拥有巨大影响力的视频媒体 PPTV 网络电视与微软公司达成一份战略合作备忘录,双方将携手合作,在全球推出基于 Windows Azure 云平台的 PPTV 电视云平台。PPTV ATN (Asia TV Networks)电视云平台基于微软 Windows Azure 平台,将为第三方内容提供商及服务商打造全新、开放的全球电视云生态系统,以及一站式电视云服务平台。

7 月 31 日,江苏省体育产业发展引导资金 2012 年度资助项目签约仪式在南京举行,共有 97 个项目获得 6000 万元引导资金资助。

八月

8 月 6 日,有“新中国电影摇篮”之称的长春电影集团在海南海口投资 436 亿元、圈地近 7000 亩建造“环球 100”电影主题公园。国家级文化产业示范园区陕西西安曲江新区已完成二期规划,签订了投资总额高达 870 亿元的文化产业项目。

8 月 7 日,天津北方电影集团和天津海泰控股集团、卡梅隆 – 佩斯集团联合出资成立的卡梅隆 – 佩斯集团中国总部在天津滨海高新区成立,同时揭牌的还有卡梅隆 – 佩斯集团中国拍摄制作基地,标志着代表全球影视技术最高水平的 3D 影视制作和设备研发基地将在天津正式投入运行。卡梅隆 – 佩斯集团联合主席、著名导演詹姆斯·卡梅隆表示,相信中国区总部会将电影艺术和 3D 技术完美融合。

8 月 26 日,市文化局、石景山区委区政府、中国动漫集团联合主办,北京动漫游戏产业联盟承办的“动漫北京”活动于 2012 年 8 月 26 日结束,历时 4 天的“奇幻”之旅正式闭幕。组委会统计,4 天内,近 3 万市民前往活动现场,200 多家企业参与民族动漫游戏推介洽商会和民族原创动漫发展论坛,达成的合作意向涉及金额 55.8 亿元。

8 月 31 日，一个拟投资 55 亿元，完全模仿湖南湘西自治州凤凰古城而建的新镇"烟雨凤凰"将于年内动工，以解决日益增多的游客与凤凰古城接待能力不足的矛盾。进入暑期以来，湖南湘西自治州的凤凰古城内人头攒动，沈从文故居、杨家祠堂等景点游客摩肩接踵；穿城而过的沱江两岸，等待上船游江的客流排起上百米"长龙"，就连江中央狭窄的"跳岩桥"上也堆满了人。

九月

9 月 1 日，中国电视剧首届电视剧编剧讲坛在南京举行，著名编剧、电视剧编剧委员会常务副会长刘和平在发言中透露，国家广电总局已批准设立中国电视剧优秀原创年度剧本大奖，以抑制跟风、鼓励原创，奖金总额高达 1000 万元。

9 月 5 日，力美广告宣布，正式与中兴汇天地建立移动广告独家战略合作伙伴关系。这是力美广告继宇龙酷派之后，在手机领域的又一次重大合作。"中兴汇天地"作为一个中兴品牌的在线应用和服务平台，旨在为中兴品牌终端用户提供最好的安卓应用和丰富的服务。力美广告成立于 2010 年，2011 年获得 IDG 近千万美元的 A 轮投资，不久前宣布获得 B 轮 KPCB 和 IDG 的 2000 万美元，目前是国内营收规模最大的移动营销解决方案提供商。与中兴合作，是力美广告在发展移动广告平台上的新方向，也是其强化在移动广告行业地位的重要策略之一。

9 月 11 日，第八届"中国吉林·东北亚投资贸易博览会"在长春闭幕。本届博览会总参会人数达 10 万人，共签订投资合作合同项目 259 个，总投资额达 2265.92 亿元人民币。自 2013 年起，"中国吉林·东北亚投资贸易博览会"将正式更名为"中国—东北亚博览会"，这意味其更具包容性和广泛性，并将继续促进中国与东北亚各国在经贸、科技、文化、教育、法律、旅游等多领域开展更广泛的交流合作。

9 月 13 日，由文化部与天津市政府共同建设的国家级重大文化产业项目，国家动漫产业综合示范园将于年底建成。据了解，园区整体占地 1 平方公里，规划建设面积 77 万平方米，规划建设创意编剧策划区、研发与孵化区、综合服务区、高端设备集成和智能衍生品集成基地、动漫主题公园等七大功能区。

国家动漫产业综合示范园计划组建中国动漫集团公司作为国家动漫产业综合示范园运营开发主体，用 3 年时间实现综合收入超过 100 亿元人民币，制作 5～10 部动画片，20～30 种延伸产品；用 10 年左右时间，成为拥有上千亿元人民币收入的经济实体，产品达到几十种，拥有独立电视频道、专门手机动漫频道，并在国内建设 3～5 个主题公园。

9 月 13 日，歌华文化发展集团已与苏富比集团展开深入合作，签署合资协议，联合组建了一家合资公司。该合资公司具体由歌华集团旗下的全资子公司北京歌华美术公司与苏富比集团旗下的香港苏富比有限公司共同出资 1000 万元人民币注册，被命名为苏富比（北京）拍卖有限公司。目前，公司注册等相关手续正在办理中。

9 月 13 日，一壹影视文化投资基金（以下简称一壹资本）推出国内首支影视文化集合信托产品，该产品由外贸信托发行，招商银行托管，指南针财富负责营销推广。此次发行量在 1 亿～2 亿元之间，自有资金与募集资金的比例是 1∶9。

十月

10 月 5 日，第四届中国国际影视动漫版权保护和贸易博览会（以下简称"漫博会"）圆满闭幕。本次漫博会共有 382 家海内外企业参展，入场参观和直接参与本届漫博会的观众超过 56 万人次。漫博会共举办了 20 多项主体活动，现场达成合作签约金额 28 亿元。本届漫博会参展企业比上一届的 275 家增长 38.9%。其中，主会场企业 311 家，分会场参展企业 71 家。境外参展企业方面，共有美国、英国、韩国、澳大利亚等国家，以及中国台湾、香港等地区的 54 家企业参展，比上届的 43 家增长了 25.6%。其中有不少是海外知名动漫企业，包括美国迪士尼、英国 BBC、新西兰维塔工作室、澳大利亚漫画家协会等。

10 月 9 日，在广东清远恒大皇马足球学校校园内，来自国内近 500 家媒体、足校学生家长代表、恒大皇马足球学校首期的 1086 名学生以及他们的老师和教练们，共同见证和庆祝了中国足球"黄埔军校"第一期开学。2011 年 8 月 2 日，广州恒大与皇马在广州结成战略合作伙伴关系，在中国建立恒大皇马足球学校。今年 4 月至 8 月，恒大皇马足球学校花费 5 亿人民币在全国进行了大规模招生，最终在 4578 万小学生中选拔出首批 1086 名优秀的足球苗子，并对他们进行系统科学的培训。

10 月 16 日，国内首家虚拟摄影棚落户生态城动漫园。摄影棚建成后面积将大于好莱坞现有的环球虚拟摄影棚，成为国内首家、世界最大的虚拟摄影棚。虚拟摄影棚是影视产品数字化功能集成的又一次全新尝试。目前，拥有该技术的仅好莱坞环球公司虚拟摄影棚一家，电影《阿凡达》和《爱丽丝梦游仙境》等均拍摄于此。该项目一次性技术设备投资 1.2 亿元，将分两期建设，还计划创建 600 人至 800 人的虚拟影视拍摄和特效团队，虚拟摄影棚预计可于 2013 年 4 月建成投用；二期计划再增设 6 个摄影棚。

10 月 19 日，广电总局的数据显示，截至 2012 年 6 月底，全国有线电视用户数已突破 2 亿户。在电广传媒的 NGB 建设计划中，其目标是 3 年发展 100 万新有线电视客户，使客户总数达到 600 万户，在现有条件下，通过改造使双向客户总规模达到 400 万户。为此，公司计划在基础网络建设和优化、支撑平台扩容升级方面共投入 19 亿元，在专项业务系统建设方面投入 16.37 亿元。以此粗略推算，2015 年前，全国有线网络升级改造的市场空间达数百亿元，综合多家研究机构的数据，具体在 400 亿～500 亿元，此外，终端设备市场规模也有望达到千亿。

十一月

11 月 2 日，浙江卫视 2013 年广告招标会举行。2012 年红遍全国的《中国好声音》成为最受客户们关注的目标，在经历了一番穷凶极恶的竞价之后，标底价为 9000 万元的《中国好声音》总冠名权再次由加多宝获得，而最终的价格则达到了惊人的 2 亿元。

11 月 4 日下午，小马奔腾与美国顶级特效公司数字王国（Digital Domain）就签约合作项目落户北京召开发布会。小马奔腾副董事长钟丽芳、数字王国首席执行官艾德·乌尔布里奇（Ed Ulbrich）就组建合资公司，将全球顶尖的影视特效技术引入中国、落户北京进行签约。这次合作意味着小马奔腾公司未来不仅直接服务于华语影片的特效制作，还会在北京制作完成全球重点好莱坞大片的重要部分，可谓意义重大。

11 月 5 日，上海文化产业股权投资基金在沪成立，这是上海市政府批准成立的一家全国性大型文化类股权投资基金。上海文化产业股权投资基金目标规模为 100 亿元，首期募集 30 亿元。

据介绍，上海文化产业股权投资基金重点投资领域为文化及相关产业，包括广播影视、新闻出版、网络文化、数字内容、动漫、旅游广告、休闲娱乐、创意设计、文化用品及设备等产业。上海文化产业股权投资基金的目标是通过对文化及相关产业的股权投资，积极参与文化及相关领域企业的重组、改制、上市及并购，帮助企业整合资源，提升价值，并最终实现基金的价值。

十二月

12 月 7 日，好莱坞特效巨头 fx3x 公司、美国九天石电影公司与中视完美动力在北京蟹岛动漫节正式签署合作协议，这意味着全球顶级的电影特效公司正式进入中国，未来将与中方合作伙伴进行资源与制作的协同作战，这不仅有利于中国电影业更直接地获得世界最先进的电影特效服务，还将极大地提升中国 3DCG 动画及电影特效的制作水平。本次合作也意味着 fx3x 公司将为中方合作伙伴完美动力提供面向国际市场的业务机会，并为完美动力的设计人员进行制作工作的指导与培训。

12 月 12 日，投资 3000 万元的《人再囧途之泰囧》上映，整体票房超过 12 亿元，也是近 10 年来首日票房最高的国产喜剧片，投资方光线传媒在影片上映三天股价累计上涨 11.5%。国产影片的票房纪录被不断刷新，从《唐山大地震》到《画皮Ⅱ》《泰囧》，国产影片冲破 12 亿元票房高峰，表明中国电影市场在急速增长。

12 月 12 日，新闻出版总署发布了"十二五"时期信息化发展规划，明确提出，到 2015 年，要重点打造"新闻出版电子政务综合平台"、"新闻出版信息资源库"和"出版发行信息服务云平台"三大国家级信息化平台，建成网络互通互联、资源整合共享、业务有效协同、"两化"（信息化与工业化）深度融合、标准体系完备的新闻出版信息化新格局，实现信息资源开发利用力度明显加大，行政管理、公共服务、改革发展和"走出去"信息化水平显著提高，信息化对新闻出版业的牵引推动作用明显增强，新闻出版信息化建设进入全面、协调、可持续的良性发展轨道。

12月19日，《南水北调中线工程生态文化旅游产业规划纲要》在京发布，它是"十二五"时期重要的跨区域旅游规划之一。它指出，南水北调中线工程途径北京、天津、石家庄、郑州等19座大中城市以及130余座城镇，涉及的受益人口约为1.45亿。因此，加快南水北调中线生态文化旅游产业带建设非常有必要，有利于进一步发挥工程综合效益。

12月25日，乐视网与湖北卫视在北京联合召开战略合作发布会，宣布将在联合拍剧、节目双向输出、多屏互换宣传等多个方面展开紧密合作，除了网台联合的黄金剧场将比从前合作更深度外，乐视网网络自制剧及综艺节目方面还将制作出适合电视台播出的版本，实现网络自制内容向电视台的首次大批反向输送，开辟网台联动全新格局。据了解，潘长江、李艾主持的湖北卫视热门综艺节目《我爱我的祖国》和王芳、王为念主持的《大王小王》及乐视网王牌自制节目《星月私房话》《乐视影视盛典》将有望成为国内首批网台资源深度双向输送，除此外，乐视网自制剧也将有望实现平台突围，大批优质网络剧将实现网台之间的三屏互动。

图书在版编目（CIP）数据

中国文化投资报告. 2014 / 中央文化企业国有资产监督
管理领导小组办公室，中国社会科学院文化研究中心编.
—北京：社会科学文献出版社，2014.9
ISBN 978 - 7 - 5097 - 6228 - 8

Ⅰ. ①中… Ⅱ. ①中… ②中… Ⅲ. ①文化产业 - 投资 -
研究报告 - 中国 - 2014　Ⅳ. ①G124

中国版本图书馆 CIP 数据核字（2014）第 152657 号

中国文化投资报告（2014）

编　　者 / 中央文化企业国有资产监督管理领导小组办公室
　　　　　中国社会科学院文化研究中心

出　版　人 / 谢寿光
项目统筹 / 邓泳红　桂　芳
责任编辑 / 周映希　胡群英

出　　版 / 社会科学文献出版社·皮书出版分社（010）59367127
　　　　　地址：北京市北三环中路甲 29 号院华龙大厦　邮编：100029
　　　　　网址：www. ssap. com. cn
发　　行 / 市场营销中心（010）59367081　59367090
　　　　　读者服务中心（010）59367028
印　　装 / 北京鹏润伟业印刷有限公司

规　　格 / 开　本：787mm × 1092mm　1/16
　　　　　印　张：23.5　字　数：396 千字
版　　次 / 2014 年 9 月第 1 版　2014 年 9 月第 1 次印刷
书　　号 / ISBN 978 - 7 - 5097 - 6228 - 8
定　　价 / 79.00 元